本书为中央高校基本科研业务费项目人文社科专项（2024CDJSKJJ11）成果，并获重庆大学法学院专项资助

重大法学文库

《反不正当竞争法》
一般条款适用研究

赵 丰◎著

中国社会科学出版社

图书在版编目（CIP）数据

《反不正当竞争法》一般条款适用研究 / 赵丰著. --
北京：中国社会科学出版社，2025.6. --（重大法学文
库）. -- ISBN 978-7-5227-4890-0

Ⅰ. D922.294.5

中国国家版本馆 CIP 数据核字第 2025LS5216 号

出 版 人	赵剑英	
责任编辑	梁剑琴	
责任校对	刘　娟	
责任印制	郝美娜	

出　　版	中国社会科学出版社	
社　　址	北京鼓楼西大街甲 158 号	
邮　　编	100720	
网　　址	http://www.csspw.cn	
发 行 部	010-84083685	
门 市 部	010-84029450	
经　　销	新华书店及其他书店	

印刷装订	北京市十月印刷有限公司	
版　　次	2025 年 6 月第 1 版	
印　　次	2025 年 6 月第 1 次印刷	

开　　本	710×1000　1/16	
印　　张	12.75	
插　　页	2	
字　　数	216 千字	
定　　价	78.00 元	

凡购买中国社会科学出版社图书，如有质量问题请与本社营销中心联系调换
电话：010-84083683
版权所有　侵权必究

《重大法学文库》编委会

顾　问：陈德敏　陈忠林
主　任：黄锡生
副主任：靳文辉
成　员：陈伯礼　陈　锐　胡光志　黄锡生
　　　　靳文辉　刘西蓉　李晓秋　秦　鹏
　　　　王本存　吴如巧　宋宗宇　曾文革
　　　　张　舫　张晓蓓

出版寄语

《重大法学文库》是在重庆大学法学院恢复成立十周年之际隆重面世的，首批于2012年6月推出了10部著作，约请重庆大学出版社编辑发行。2015年6月在追思纪念重庆大学法学院创建七十年时推出了第二批12部著作，约请法律出版社编辑发行。本次为第三批，推出了20本著作，约请中国社会科学出版社编辑发行。作为改革开放以来重庆大学法学教学及学科建设的亲历者，我应邀结合本丛书一、二批的作序感言，在此寄语表达对第三批丛书出版的祝贺和期许之意。

随着本套丛书的逐本翻开，蕴于文字中的法学研究思想花蕾徐徐展现在我们面前。它是近年来重庆大学法学学者治学的心血与奉献的累累成果之一。或许学界的评价会智者见智，但对我们而言，仍是辛勤劳作、潜心探求的学术结晶，依然值得珍视。

掩卷回眸，再次审视重大法学学科发展与水平提升的历程，油然而生的依然是"映日荷花别样红"的浓浓感怀。

1945年抗日战争刚胜利之际，当时的国立重庆大学即成立了法学院。新中国成立之后的1952年院系调整期间，重庆大学法学院教师服从调配，成为创建西南政法学院的骨干师资力量。其后的40余年时间内，重庆大学法学专业和师资几乎为空白。

在1976年结束"文化大革命"并经过拨乱反正，国家进入了以经济建设为中心的改革开放新时期，我校于1983年在经济管理学科中首先开设了"经济法"课程，这成为我校法学学科的新发端。

1995年，经学校筹备申请并获得教育部批准，重庆大学正式开设了经济法学本科专业并开始招生；1998年教育部新颁布的专业目录将多个部门法学专业统一为"法学"本科专业名称至今。

1999年我校即申报"环境与资源保护法学"硕士点，并于2001年获准设立并招生，这是我校历史上第一个可以培养硕士的法学学科。

值得特别强调的是，在校领导班子正确决策和法学界同人大力支持下，经过校内法学专业教师们近三年的筹备，重庆大学于2002年6月16日恢复成立了法学院，并提出了立足校情求实开拓的近中期办院目标和发展规划。这为重庆大学法学学科奠定了坚实根基和发展土壤，具有我校法学学科建设的里程碑意义。

2005年，我校适应国家经济社会发展与生态文明建设的需求，积极申报"环境与资源保护法学"博士学位授权点，成功获得国务院学位委员会批准。为此成就了如下第一：西部十二个省区市中当批次唯一申报成功的法学博士点；西部十二个省区市中第一个环境资源法博士学科；重庆大学博士学科中首次有了法学门类。

正是有以上的学术积淀和基础，随着重庆大学"985工程"建设的推进，2010年我校获准设立法学一级学科博士点，除已设立的环境与资源保护法学二级学科外，随即逐步开始在法学理论、宪法与行政法学、刑法学、民商法学、经济法学、国际法学、刑事诉讼法学、知识产权法学、法律史学等二级学科领域持续培养博士研究生。

抚今追昔，近二十年来，重庆大学法学学者心无旁骛地潜心教书育人，脚踏实地地钻研探索、团结互助、艰辛创业的桩桩场景和教学科研的累累硕果，仍然历历在目。它正孕育形成重大法学人的治学精神与求学风气，鼓舞和感召着一代又一代莘莘学子坚定地向前跋涉，去创造更多的闪光业绩。

眺望未来，重庆大学法学学者正在中国全面推进依法治国的时代使命召唤下，投身其中，锐意改革，持续创新，用智慧和汗水谱写努力创建一流法学学科、一流法学院的辉煌乐章，为培养高素质法律法学人才，建设社会主义法治国家继续踏实奋斗和奉献。

随着岁月流逝，本套丛书的幽幽书香会逐渐淡去，但是它承载的重庆大学法学学者的思想结晶会持续发光、完善和拓展开去，化作中国法学前进路上又一轮坚固的铺路石。

陈德敏

2017年4月

摘　　要

　　反不正当竞争立法中一般条款的主要功能是为解决法律未预见的新问题提供处理方案。这也就意味着，在未来纷繁复杂的市场业态和竞争行为发展过程中，一般条款的适用将会成为一个不可回避的司法命题。而在对这个司法命题的回应中，任何指望单一静态规则的决断都是难以完成的任务，只有寄望于在方法论讨论和司法适用过程中累积制度常识和司法共识，方能达致对纠纷兼顾公平与效率的处理。与过往陷入立法论而缺乏经验命题累积不同，在我国关于一般条款适用方法论的争鸣之中，适用主体与权限、适用空间与顺位、适用标准与范式成为亟待解决的核心问题。虽然竞争法学界给出的方案呈现些许差异，但从一般条款司法适用的整体趋势把握上，可以明确，对涉嫌不正当竞争行为的任何审查都必须侧重于与市场竞争有关的方面，而不再单纯是基于道德或法律原则的判断。且在避免对产业利益、创新利益等形成寒蝉效应的考量之下，严格主义的处理态度以及利益衡量的基本范式理应成为未来司法适用的基本取向。在此框架之下，再去累积制度常识和凝聚司法共识，无疑是一条能供给确定性和可预期性的有益路径。

　　本书除引言外，共分为以下六章：

　　第一章，基于一般条款的规范产生、发展与本土化困境之间的对比视角，总结出我国《反不正当竞争法》一般条款立法规范与司法适用所存在的具体问题。历经一个多世纪，一般条款已出现立法论向方法论的转向、强道德性向弱道德性的转向、原则化向规则化的转向以及宽松主义向严格主义的转向。与之相比，我国《反不正当竞争法》中的一般条款则存在立法论争执与方法论分歧、道德性标准泛化与摇摆、法律性质自设圈套、宽严主义含混拿捏等问题。而基于立法论视角的检视，本书尝试破除以往一般条款"存在与否"的争议，认为从一般条款本源和立法目的来看，我国《反不正当竞争法》中存在一般条款，且其具备体系功能、授权功能、兜底功能、价值评判与利益衡量功能。

第二章，基于《反不正当竞争法》修订的视角，本书对其一般条款进行规范评述与解释探求。在调整法律关系上，2017年修法形成了竞争法律关系的应然扩充与交易法律关系的实然限制；在调整领域范围上，对"生产经营活动"的理解不应拘泥于"生产性经营"这一经济学概念；在调整法律关系主体上，对经营者定义中的"从事/提供"的理解应采用"行为主义"标准，而对"商品生产、经营或服务"的认定则不以"营利性"为标准；在调整法律关系客体的性质上，"合法权益"术语的沿用，突出2017年修法作为行为规制法的属性，更强调对行为的规范而非重点在权益的保护；在调整法律关系客体的层次关系上，局部上仍未将消费者的合法权益保护提升到与经营者合法权益保护的实质同等地位；在立法目的与基本原则上，前者发挥着引领立法价值取向，准确揭示条文含义的功能，后者则要求对于竞争行为不正当性的认定应回归该不正当性评价的基本范式。

第三章，基于司法适用的视角，本书建设性地提出了对我国《反不正当竞争法》一般条款适用的具体思路。首先，从一般条款的适用权限与适用主体来说，考察其文义、体系及立法目的，可得出现阶段我国应逐步推进行政机关适用一般条款来认定非类型化不正当竞争行为的建议；其次，从一般条款的适用空间与顺位来说，一般条款与具体条款之间具有补充适用之关系，与具体法律之间则存在有限补充及请求权竞合的关系；再次，从一般条款的适用标准与范式来说，适用一般条款应遵循"确认制度利益内的利益""评估利益损害的量""考察利益损害的质"及"基本原则解释与立法目的限定"四个具体步骤；最后，从一般条款适用的配套措施完善来说，建议应修正相关司法文件及裁判文书的指引、加强基层法官法律适用方法论的培训以及借重学理上一般条款适用的研究成果。

第四章，在竞争基本法视角下考察了一般条款规范的制度延伸空间。本书认为，囿于竞争基本法法律属性的差异、竞争基本法规范的潜在冲突以及对反垄断行政资源的考量，我国《反垄断法》总则并无设立一般条款规范的必要性。同时，在竞争基本法的分立立法模式下，一般条款由于其包容性而往往扮演着制度接口的角色，此时显现的并不是法律空白的问题，而是在非类型化规范的情况下，反不正当竞争法一般条款的适法疑难及潜在的法律竞合问题。而在竞争基本法规范间的竞合问题处理上，一方面应明确竞争基本法之间并无明确的法律排除条款，二者具有选择救济的空间；另一方面在选择适用时须得顾及两法的目标价值及其正当理由。

第五章，囿于一般条款的实质内容不确定，在适用时必须对其具体化，而其具体化的主要形式就是类型化阐释。关于类型化的方法，其主要包括明确一般条款及其核心含义、寻找与建立典型案例类型、类型化结果的体系化整理、将待决的案件与类型案件进行对比联结、进行价值判断和利益平衡五个步骤。基于案例类型的相对充分、学理讨论的相对集中、利益衡量的相对复杂等角度，本章将重点对其中四个类型化的不正当竞争行为进行阐释，以型构出一般条款与具体类型之间的逻辑脉络和连接点。但不得不承认的是，类型化条款可能引发误选和寻租等特殊的法律成本，在具体化类型的选择方面，立法者理应慎重，尤其是面对新技术领域下的技术手段和经营行为。

第六章，在一个网络技术与商业模式共同引领的新数字时代，对于非典型知识产品的保护模式考察不能仅仅局限于传统理论的思维，还要应用好经验实证主义的镜头对经营者权益与产业发展等的利益平衡进行审视。部分非典型知识产权客体虽然代表某种法益，但是难以达到知识产权保护的严格要求或因缺乏典型性而暂时归入反不正当竞争法的保护框架之下，此时，除在《反不正当竞争法》中已列举的有一定影响力的商业标志外，其余非典型知识产权客体，如作品标题、商用字体和商业数据等，则可以根据《反不正当竞争法》一般条款寻求保护与救济。然而，此时我们应强调作为市场规制法的反不正当竞争法的谦抑性，并基于此立场，从权益配置、利益平衡、动态竞争等视角去剖析和判定竞争行为的正当与否，如此才能避免反不正当竞争规制可能引发的寒蝉效应或矫枉过正的治理弊病。

关键词：反不正当竞争法　一般条款　利益衡量　网络领域不正当竞争行为非典型知识产权客体

目　　录

引　言 …………………………………………………………………（1）
第一章　问题的提出：一般条款的规范本源与本土困境………（4）
　第一节　一般条款的发轫与转向………………………………（4）
　　一　立法论向方法论的转向…………………………………（6）
　　二　强道德性向弱道德性的转向……………………………（8）
　　三　原则化向规则化的转向…………………………………（9）
　　四　宽松主义向严格主义的转向……………………………（12）
　第二节　一般条款的本土化困境………………………………（14）
　　一　立法论争执与方法论分歧………………………………（15）
　　二　道德性标准的泛化与摇摆………………………………（17）
　　三　法律性质的自设圈套……………………………………（19）
　　四　宽严主义的含混拿捏……………………………………（20）
　第三节　立法论视角下基础问题的检视………………………（23）
　　一　一般条款的存在与否……………………………………（23）
　　二　一般条款的功能为何……………………………………（24）
第二章　《反不正当竞争法》一般条款的规范评述与解释探求……（26）
　第一节　调整法律关系：竞争与交易法律关系………………（27）
　　一　竞争法律关系的应然扩充………………………………（27）
　　二　交易法律关系的实然限制………………………………（31）
　第二节　调整领域范围：生产经营活动………………………（32）
　第三节　调整法律关系主体：经营者界定评述与解读………（34）
　　一　从事、提供——应采用"行为主义"标准………………（35）

二　商品生产、经营或服务——不以"营利性"为标准⋯⋯⋯⋯（37）
　第四节　调整法律关系客体：三重权益架构⋯⋯⋯⋯⋯⋯⋯⋯⋯（38）
　　一　保护客体的性质争论⋯⋯⋯⋯⋯⋯⋯⋯⋯⋯⋯⋯⋯⋯⋯（38）
　　二　三重权益的内容解读⋯⋯⋯⋯⋯⋯⋯⋯⋯⋯⋯⋯⋯⋯⋯（40）
　　三　法益保护之间的层次关系⋯⋯⋯⋯⋯⋯⋯⋯⋯⋯⋯⋯⋯（42）
　第五节　衔接：立法目的与基本原则⋯⋯⋯⋯⋯⋯⋯⋯⋯⋯⋯⋯（44）
　　一　立法目的于一般条款的功能发挥⋯⋯⋯⋯⋯⋯⋯⋯⋯⋯（44）
　　二　基本原则的修改评述与法律解读⋯⋯⋯⋯⋯⋯⋯⋯⋯⋯（45）

第三章　《反不正当竞争法》一般条款的实践适用与问题厘清⋯⋯（60）
　第一节　一般条款的适用主体与权限⋯⋯⋯⋯⋯⋯⋯⋯⋯⋯⋯⋯（60）
　第二节　一般条款的适用空间与顺位⋯⋯⋯⋯⋯⋯⋯⋯⋯⋯⋯⋯（63）
　第三节　一般条款的适用标准与范式⋯⋯⋯⋯⋯⋯⋯⋯⋯⋯⋯⋯（67）
　　一　确认制度利益起点及内容⋯⋯⋯⋯⋯⋯⋯⋯⋯⋯⋯⋯⋯（68）
　　二　利益衡量的"量"的标准⋯⋯⋯⋯⋯⋯⋯⋯⋯⋯⋯⋯⋯（70）
　　三　利益衡量的"质"的标准⋯⋯⋯⋯⋯⋯⋯⋯⋯⋯⋯⋯⋯（72）
　　四　基本原则解释与立法目的限定⋯⋯⋯⋯⋯⋯⋯⋯⋯⋯⋯（73）
　第四节　一般条款适用的配套措施完善⋯⋯⋯⋯⋯⋯⋯⋯⋯⋯⋯（76）
　　一　修正相关司法文件及裁判文书的指引⋯⋯⋯⋯⋯⋯⋯⋯（77）
　　二　加强基层法官法律适用方法论的培训⋯⋯⋯⋯⋯⋯⋯⋯（78）
　　三　借重学理上一般条款适用的研究成果⋯⋯⋯⋯⋯⋯⋯⋯（79）

第四章　竞争基本法视角下一般条款规范的制度延伸⋯⋯⋯⋯⋯⋯（81）
　第一节　《反垄断法》总则中建构一般条款的必要性质疑⋯⋯⋯（82）
　　一　竞争基本法法律属性的视角⋯⋯⋯⋯⋯⋯⋯⋯⋯⋯⋯⋯（83）
　　二　竞争基本法规范冲突的视角⋯⋯⋯⋯⋯⋯⋯⋯⋯⋯⋯⋯（83）
　　三　反垄断行政资源考量的视角⋯⋯⋯⋯⋯⋯⋯⋯⋯⋯⋯⋯（84）
　第二节　分立立法模式下竞争基本法规范的竞合问题困境与
　　　　　因应⋯⋯⋯⋯⋯⋯⋯⋯⋯⋯⋯⋯⋯⋯⋯⋯⋯⋯⋯⋯⋯（84）
　　一　立法空白说与法律疑难说的辩驳⋯⋯⋯⋯⋯⋯⋯⋯⋯⋯（85）
　　二　规范竞合情况下的法律适用困境⋯⋯⋯⋯⋯⋯⋯⋯⋯⋯（85）
　　三　尊重反垄断法的目标价值和正当理由⋯⋯⋯⋯⋯⋯⋯⋯（87）
　第三节　统一立法构想下一般条款的规范设计与实践适用⋯⋯⋯（87）

第五章 《反不正当竞争法》一般条款规范具体化的类型阐释 (91)
第一节 网络领域类不正当竞争行为规制 (92)
一 行为法与领域法立法模式并存的难题 (92)
二 网络领域类不正当竞争行为的类型化 (95)
第二节 商业烦扰类不正当竞争行为规制 (98)
第三节 针对性阻碍竞争者类不正当竞争行为规制 (102)
一 恶意挖走竞争对手的员工或客户的行为 (102)
二 向竞争对手滥发IP侵权警告函的行为 (105)
三 实施低价倾销以阻碍竞争对手的行为 (106)
四 恶意阻止向竞争对手交付或购买的行为 (107)
第四节 滥用相对优势地位类不正当竞争行为规制 (108)
一 滥用相对优势地位行为是否应该被规制 (109)
二 滥用相对优势地位行为的条件如何认定 (112)

第六章 非典型知识产权客体适用一般条款保护的分析 (115)
第一节 作品标题的法律保护问题研究 (115)
一 问题的提出 (116)
二 法理与实践:作品标题可版权性的辩驳 (118)
三 域外与借鉴:出版文学作品标题的保护 (120)
四 理据与标准:"商业标志"认定路径的衡量 (130)
五 个案分析:"红星照耀中国"作品标题案例 (137)
第二节 商用字体的法律保护模式探析 (144)
一 问题的提出 (145)
二 理论与实证:字体可版权性的政策否定 (148)
三 规范与标准:多元产权保护模式的协调 (154)
第三节 商业数据的不当抓取行为规制 (160)
一 规制需求与难点 (160)
二 规制理论与分析 (164)
三 一般条款的适用 (169)

参考文献 (173)
后 记 (190)

引　　言

　　从法律术语与规范形式的产生来看，一般条款已是历经一个多世纪的法学成果。关于一般条款，有学者将其界定为一种需要法官于个案中斟酌一切情事进行价值补充或具体化的概念，[①] 其有时连具体的文义都不存在，这使得立法者难以确立一套法官可以据此进行逻辑操作的标准，而只是为法官指出一个方向，使其朝此方向去进行判断。[②] 相对于繁杂的具体条款，一般条款多半以尽可能普遍的方式包含所有拟规范事实的范围，以作同一法律上的处理，故而能免于一一列举的烦琐负担，凸显其在立法上的经济性及灵活性的特征。而正是由于其为正确反映社会情势索性委于法官进行判断，为实现个案正义提供规范供给，以适应时代的变化或思考方法的变化的特性，[③] 也赋予了其自身极强的生命力，更使得其作为概念法学背景下的产物而能在自由法学、利益法学、价值法学等对概念法学的冲击下而依然被后世沿用至今。但这种出于法典无法穷尽对生活事实调整的无奈，抑或是逃避庞杂立法任务的怠惰心态，使经立法者授权法官自由判断的高度抽象性、不确定性及普遍性的一般条款也一直在批判及争执中前行。而幸运的是，在一般条款的理论传播与实践适用的过程中，其不断适应地转向已形成了自身相对成熟的法律适用方法。

[①] 参见梁慧星《民法解释学》，中国政法大学出版社1995年版，第293页。
[②] 参见黄茂荣《法学方法与现代民法》（第五版），法律出版社2007年版，第565页。
[③] 参见梁慧星主编《民商法论丛》（第2卷），法律出版社1994年版，第82页。

作为法律移植的后发国家，我国虽早在1993年《中华人民共和国反不正当竞争法》（以下简称《反不正当竞争法》）立法之前便已行"一般条款"之实，但因缺乏一般条款的立法理论与适用方法，导致一般条款的立法论争议从未休止，并一直延续到2017年《反不正当竞争法》修订也未能完全得到终结。可以说，在某种程度上，这一问题已空耗了大量学术资源，并使得我国竞争法理论与实务界未能在一般条款适用方法论上取得关键共识和实质突破，实属遗憾。自立法之初历经二十多载，从颇为宝贵的《反不正当竞争法》修法历程来看，[1] 立法者在立法目标上仍举棋不定，至今对未来《反不正当竞争法》的目标定位仍缺乏明确把握，更严重存在传统与现代、本土化与全球化、中国特色与世界潮流、大修与小修、私益保护与兼顾公益保护等的分野和抉择，[2] 这对于作为反不正当竞争规则的"帝王条款"之一般条款来说，其影响更为明显。甚至，这一踟躇导致学界连一般条款是否存在及其法律性质、功能为何的问题都没有定论，更遑论司法实务中依旧存在的适用乱象问题了。但不言而喻的是，法律规范是将活动解释为属于或者不属于某一秩序，故只有当规范被认可时，秩序才能稳定。[3] 但在一般条款的规范问题上，抑或对其的解释与适用问题上，所谓的理论与实务界的诠释并非全然被认可，那么，立法所期待的秩序的稳定性和确定性当然就饱受诟病了。诚然，学界有关一般条款的研究成果颇丰，但本书立足于《反不正当竞争法》的历次修订，因而使相关研究在老问题上有了新的视角和思路。本书扎根于"在立法论上缓和争执，在方法论上引致共识"这一核心出发点，尝试重点就《反不正当竞争法》一般条款规范做较为全面的解读和评述，并就一般条款的存在与否、法律功能以及如何适用等基本问题给出较为明确的论证过程及解析"答案"。另外，当前我国《反不正当竞争法》的新司法解释[4]已经出台，

---

[1] 我国《反不正当竞争法》于2017年首次修订完成后，在2019年又进行了修改，并于2022年开启了新一轮的修订工作，但截至2025年4月30日尚未完成新修订工作。

[2] 转引自郑友德《浅议我国〈反不正当竞争法〉的修订》，载王先林主编《竞争法律与政策评论》（第3卷），法律出版社2017年版，第3页。

[3] 参见［德］京特·雅科布斯《规范·人格体·社会——法哲学前思》，冯军译，法律出版社2001年版，第45—46页。

[4] 《最高人民法院关于适用〈中华人民共和国反不正当竞争法〉若干问题的解释》（法释〔2022〕9号）。

而《反不正当竞争法》的新一轮修订也正在开展之中。笔者也期冀本书能为竞争法学界在一般条款的适用理论与范式的研究方面提供些许智识参考。

第一章

问题的提出：一般条款的规范本源与本土困境

在法律的演进和移植过程中，"变异机制"往往隐藏在沟通的代码与媒介的形成之间，而正是因为代码及媒介的辩证两面性，才使得转变的内容往往具有偶然性和不确定性。[1] 这在我国一般条款规范的引入中也有所体现。正如我国在借鉴国际上的反不正当竞争立法后，依然难以就"一般条款"存在与否、如何适用等问题达成基本共识，固然其缘由与立法模糊这一大问题紧密相关，但缺少统一的论证标准和话语体系也是该问题得不到妥善解决的一个重要症结。当然，须指出的是，探究一般条款的规范本源也许仍旧不能使学界达成共识，但追寻其规范演绎的起点和路径对于构建共同的话语体系是十分必要的，否则各说各话的阐释无疑会使规范解读因缺乏理解的前结构而陷入解释学的循环之中。也正如中国台湾地区的学者所分析的那样："大陆竞争法所称的'一般条款'并非法定条款之性质，充其量只是各家学者于学说上的论理结果。"[2]

第一节 一般条款的发轫与转向

一般条款的规范形式与法律术语并非同时诞生的。正如多数学者所

---

[1] 转引自［德］贡塔·托依布纳《法律：一个自创生系统》，张骐译，北京大学出版社2004年版，第20—21页。

[2] 转引自纪振清《两岸竞争法之概括条款研究》，《法令月刊》2010年第6期。

言，一般条款（也有文献称为"概括条款"）的规范形式由1804年的《法国民法典》首创，[①] 并运用至侵权责任法规范的建构之中，[②] 也正是在法国法官擅用抽象的法律原则而发展出填补损害请求权的背景下，制止不正当竞争的权益被顺理成章地归类到一般侵权责任条款的规范体系之下，而非被视为一块特定的法律领域。[③] 但与此相比，德国司法在传统上却更倾向于信赖"作为规则之治的法治"，[④] 甚至认为，"不正当竞争"仅是法国法的概念。在这一理念的指导下，德国法院于1880年依据《德国商标法》得出反面司法推论，即法律未禁止的就是合法的，[⑤] 而正是在这一层合法外衣的包裹之下，不正当竞争行为更加肆虐横行。为应对上述问题，德国立法者直接诉诸单独立法的形式以寻求对该类行为的规范和救济。在此立法过程中，受到德国和法国的民法典进程影响，[⑥] 第六编纂委员会的报告第一次创造性地使用了"一般条款"（Generalklauseln）的称谓。不过，身处于对《德国民法典（草案）》所呈现的"概念法学"的批评浪潮之中，为追寻法律的确定性，德国立法者仍然遵守抽象概念与具体规范条文之间的区分，一般条款的形式也并未被当时的立法版本所接受和采纳。[⑦] 直至历经新类型不正当竞争行为的残酷洗礼及《德国民法典》的援引困境之后，德国立法者为更全面地保护竞争，于1909年《德国反不正

[①] 也有学者提出"一般条款是德国人在其民法典第138、157、242和826条等中的创造性规定"。王喜军：《德国民法典的编纂及其对我国民法典的启示》，《兵团党校学报》2010年第3期。

[②] 参见王利明《侵权法一般条款的保护范围》，《法学家》2009年第3期。

[③] 参见［德］弗诺克·亨宁·博德维希主编《全球反不正当竞争法指引》，黄武双、刘维、陈雅秋译，法律出版社2015年版，第258页。

[④] 参见赵希《德国司法裁判中的"法感情"理论——以米夏埃尔·比勒的法感情理论为核心》，《比较法研究》2017年第3期。

[⑤] 参见范长军《德国反不正当竞争法研究》，法律出版社2010年版，第25页。

[⑥] 此时正处于《德国民法典（草案）》的修改时期，直至1895年年底《德国民法典（草案）》的修改工作才结束，同年10月和次年1月，草案分别提交联邦议会和帝国国会审议，1896年7月帝国国会通过，8月德皇威廉二世批准，并定于1900年1月1日施行。张梅：《德国民法典的制定背景和经过》，《比较法研究》1997年第4期。

[⑦] 参见［德］K·茨威格特、［德］H·克茨《比较法总论》，潘汉典、米健、高鸿钧等译，法律出版社2004年版，第87页。

当竞争法》中采用"一般条款"加"典型列举"的立法方式。① 但值得注意的是，随着一般条款的规范和术语在各国民法、竞争法中得到广泛适用以及其法律规范性研究趋于成熟，最初意义上的一般条款已经产生了多层次的转向。

一 立法论向方法论的转向

回溯历史，一般条款的最初规范是立法者选择立法技术路线的产物。这尤其反映在《德国民法典》的制定过程中。《德国民法典》草案公布的时期，正是德意志民族情绪高涨的时期。对于这样一部缺少"民族特殊考虑"的《德国民法典（第一草案）》，多数人所持的观点是无法忍受"把他们的精神出卖到一个非德意志的法典之中"②。这某种程度上也为《德国民法典》立法技术路线的特殊选择埋下了伏笔。同时，在概念法学激辩思潮的影响下，德国立法者既没有完全采纳《普鲁士普通邦法》个案列举式的规则体系，也没有全部接受《法国民法典》指令准则式的立法体裁，而是基于法律的稳定性和裁判的可预见性之双重目的，在选择抽象概括式立法方式的前提下，为了减少抽象概括立法体裁的缺点及防范其所可能产生的风险，③ 在法典中规定了一些一般条款。④ 按照 Canaris 教授的立法建构体系理论进行解读，"一般条款模式"不过是与"固定的构成要件模式""动态系统模式"并列的立法模式之一。⑤ 在此理论的延伸影响之下，最初意义上的一般条款主要是被作为单纯列举式结构的对立概念而使用的，其功能也主要在于纵向的体系化整合以及横向的扩张解释和法律续

---

① 参见任超《民法中一般条款的界定——德国法上的理论以及对中国的借鉴》，《南京大学法律评论》2016 年春季卷。

② [德] 罗尔夫·克尼佩尔：《法律与历史——论〈德国民法典〉的形成与变迁》，朱岩译，法律出版社 2003 年版，第 25—26 页。

③ 生活现象的多变性以及日常用语的灵活性造就了这种局限性，立法者再殚精竭虑，也无法摆脱这种局限性。转引自 [德] 卡尔·拉伦茨《德国民法通论》，王晓晔、邵建东、程建英等译，法律出版社 2003 年版，第 35 页。

④ 参见 [德] 卡尔·拉伦茨《德国民法通论》，王晓晔、邵建东、程建英等译，法律出版社 2003 年版，第 32—35 页。

⑤ 转引自任超《民法中一般条款的界定——德国法上的理论以及对中国的借鉴》，《南京大学法律评论》2016 年春季卷。

造。这一点在 1909 年《德国反不正当竞争法》的立法意图中也有所体现，即"当初的立法目标是为制止不正当商业行为确立一个清晰的法律基础，故立法者将其限定为仅处理区别于一般侵权法的事项（《德国民法典》第 823 条），其中一般条款就是用于制止所有违背'善良风俗'的竞争行为（Gute Sitten，借用了《德国民法典》第 826 条的术语），以及数个涵摄具体行为的规范，尤其是误导广告、贬损竞争者和保护商业秘密"[①]。但随着司法实践的日益丰富及理论研究的日益充盈，德国学界曾激论的一般条款的立法论主轴逐渐过渡到了方法论的阵地。此时的一般条款主要被视为方法论层面的辅助性工具（Methodische Hilfsfigur），即：在法之续造及案例群规范方面发挥着规范性价值，并与以往通过抽象逻辑演绎而适用一般条款的方式形成鲜明反差，使之更贴近于社会生活实践，成为具体法律概念（后期是法律原则）与具体类型化之间的介质。更重要的是，随着保护竞争秩序不受扭曲、保护消费者利益这些新的法律诉求的出现，一些标杆性的判决结果事实上已然突破了 1909 年《德国反不正当竞争法》一般条款的保护目的及立法论初衷。而此时，以德国为中心的利益法学及以英国和美国为首的现实主义法学的兴起，又刺激了现代法学方法论的争鸣。这些方法论的大讨论一方面冲击和淡化了所谓的"法律漏洞说""沉默运作的力量（拒绝公开的法律续造）""一般条款滥用质疑"等；另一方面也使得司法机关在争议之间找寻到了一个隐蔽场所，通过借助这类一般条款来续造法律，以满足实践"不容置疑"的需求并维护司法系统的稳定性。[②] 但显然，与之相比，我国反不正当竞争法的理论界与实务界如侵权责任法学界一样出现了立法论的论战，[③] 而一些解释方法论的成果在我国究竟是基于"法学概念的伦理化适用"还是"利益评价适用"，甚至基础性的"一般条款存在与否"等问题上，都尚未形成体系或引致共识。

---

① ［德］弗诺克·亨宁·博德维希主编：《全球反不正当竞争法指引》，黄武双、刘维、陈雅秋译，法律出版社 2015 年版，第 284—285 页。
② 参见［德］莱纳·施罗德《世纪之交的德国方法大讨论——科学理论式的精确化努力抑或对法与司法功能变迁的回应？》，雷磊译，载舒国滢主编《法学方法论论丛》（第一卷），中国法制出版社 2012 年版，第 82、90—93 页。
③ 参见张新宝《侵权责任法学：从立法论向解释论的转变》，《中国人民大学学报》2010 年第 4 期。

二 强道德性向弱道德性的转向

在 1909 年《德国反不正当竞争法》于体系架构中纳入一般条款时，立法者对"不正当"的一般性认定就是局限于《德国民法典》中"善良风俗"这一法律术语。这也就预示着当时的一般条款具有不可避免的强道德性，导致在此后的司法实践中，"善良风俗"常常被司法著述甚至是法院解释为"淳朴得体的公德或者善良的经营者"。① 这也同样发生在反不正当竞争国际规范的建构过程中。由于法国和英国在 20 世纪初是推动反不正当竞争国际保护的重要力量，在历经是否采用一般条款进行规范的争执后，最终在 1925 年海牙会议中，《保护工业产权巴黎公约》（以下简称《巴黎公约》）借鉴法国的法律理念引入了不正当竞争行为的定义——"违反诚实商业习惯的竞争行为"。但事实上，在后续实践中法国法院也发展了"商业诚实行为"要件而趋于标准客观化。② 因此，"诚实行为"的界定虽然需要各成员国进行吸收转化，但却饱受批判，包括概念过于宽泛、轮廓不够清晰以及难以精准操作等。除此适用上的难题外，第二次世界大战后现代法学方法论的发展及 20 世纪六七十年代消费者运动的高涨，也为一般条款的弱道德化提供了契机。前者指向的是，在对"价值判断和价值观念及通过法学所形成的一般概念都起源于民族精神"③ 的概念法学的批判中，利益法学兴起并提出"法律命令先于一般概念的形成及其序列，它来自生活的实际需要和对它们的评价调整，而不是来自一般概念的观念。在这个意义上，利益及其评价构成了法律的一般基础和起源"④。这在某种程度上也重构了一般条款的适用基础，即从一般条款的概念逻辑引致利益及其评价本身。而在该理论的传播过程中，消费者运动的兴起无疑是火上浇油，传统的仅保护诚信经营者的共同基础瞬间变得摇摇欲坠。不仅如此，对于反不正当竞争规则专

---

① 转引自［德］弗诺克·亨宁·博德维希主编《全球反不正当竞争法指引》，黄武双、刘维、陈雅秋译，法律出版社 2015 年版，第 297 页。

② 参见［德］弗诺克·亨宁·博德维希主编《全球反不正当竞争法指引》，黄武双、刘维、陈雅秋译，法律出版社 2015 年版，第 30—31 页。

③ Chester James Antieau, "The Jurisprudence of Interests as a Method of Constitutional Adjudication", *Case Western Reserve Law Review*, Vol. 27, No. 4, 1977, pp. 823-894.

④ 舒国滢、王夏昊、梁迎修等：《法学方法论问题研究》，中国政法大学出版社 2007 年版，第 90—91 页。

门立法的国家而言，为应对消费者整体利益的法律保护问题，解决方案往往是拓宽一般条款，将消费者保护植入该法律制度。其结果就是将反不正当竞争法的私法属性转变为一般的"市场法"，并从最初阶段的与侵权法、知识产权法的特别关系，转入与反垄断法的紧密联系。① 这也为后续一些国家和地区采取与反垄断规则合并立法的模式奠定了实践与法理基础。从进入21世纪以来的《德国反不正当竞争法》修改来看，一般条款的弱道德化，甚至可以说去道德化的发展尤为明显，如2004年修法时立法者已用"不正当"替换了1909年版本的"善良风俗"。虽然在2008年修法后与消费者关系的"不正当"中尚存留"违反专业上的勤勉注意"（2016年修法版本已改为"谨慎经营"），② 但总体上看，该法的一般条款已经完全摈弃了"道德"判断，"不正当"一词更多是从竞争功能角度进行的考量，考量因素包括各方利益、规模、相关竞争者数量、行为性质、严重性、持续性和反复性等。③ 这种趋势也被其他国家或地区所接纳，如我国台湾地区的学者就曾指出，善良风俗应该是认定经营者行为是否欺罔或显失公平的最后一个标准，而非第一个标准，也就是只有发生法律急难（Rechtsnotstand）时才能加以引用，否则公平交易法将变成道德色彩浓厚的法律，从而降低它在现实上所必要的说服力。④ 从我国的实际情况来看，一方面修法过程中基本价值型原则冗长赘余、不减反增；另一方面各家理论观点也左右不一，导致立法形式的品质忧患⑤及司法实践的适用混乱。

三　原则化向规则化的转向

一般条款是概念法学体系下为克服成文法的僵化性和局限性而创造的

---

① 参见［德］弗诺克·亨宁·博德维希主编《全球反不正当竞争法指引》，黄武双、刘维、陈雅秋译，法律出版社2015年版，第5—8页。

② 参见范剑虹、张琪译注《德国〈反不正当竞争法〉（2016修订版）》，《澳门法学》2017年第1期。

③ 参见［德］弗诺克·亨宁·博德维希主编《全球反不正当竞争法指引》，黄武双、刘维、陈雅秋译，法律出版社2015年版，第297页。

④ 转引自刘孔中《公平交易法》，元照出版有限公司2003年版，第185页。

⑤ 朗·富勒教授认为法的形式品质主要包含：第一，法的普遍性或一般性；第二，法的公开性；第三，法的不溯及既往；第四，法的清晰性；第五，法的无矛盾性；第六，法的可操作性；第七，法的稳定性；第八，已公布规则与官员行为之间的一致性。See James W. Harris, *Legal Philosophies*, Butterworths, 1980, p.130.

产物，其本源上应从属于"概念与体系"的严密架构之下，故在《德国民法典》中，立法者已经通过使用不确定概念或一般条款的方式，授权法官实施自我评价。① 可见，此时的一般条款往往与不确定概念相提并论，其根本原因就在于二者在不同程度上均有价值填充的必要性。但在德国纳粹统治时期，法律成为其实施正当性统治的工具，如"具体的秩序思考"等纳粹价值观常常通过设定一般条款的方式注入制定法之中。② 而其实现的途径则包括两个方面：一方面是借助于既有抽象的一般条款，将其目的客观解释为有实质性评价标准的具体的一般条款；③ 另一方面则是将所有的形式概念转化为符合纳粹价值观的"具体的概念"，从而使传统的形式概念发挥一般条款的功能，成为新型的一般条款形式。④ 在此境遇之下，德国逐渐形成了一般条款的滥用与非滥用的法学方法激辩，也可推论的是，当时学界对一般条款的认知并不局限于所谓法条形式的完整性问题。第二次世界大战后，基于"具体的概念"的理论体系并未就此消亡，反而借助于"人格"的基点实现了理论的修正，即从"民族概念"转移至"人格概念"，继续充当着"个别"与"普遍"这一涵摄关系的私法的结构模型。进入20世纪中叶后，大陆法系法学家埃塞尔（Josef Esser）在1956年发表的《私法中法官造法的原则与规则》一书中首次提出"原则与规则"的二元论。⑤ 而原则法理学构建的巅峰则是德沃金身处的20世纪80年代至21世纪初。这也就意味着，一般条款的规范及概念的出现要早于原则法理学的构建。更重要的是，在20世纪70年代，受到原则法理学的影响，拉伦茨所主张的人格概念最终转向了法律原则。⑥ 而与其渊源

---

① 参见［日］清井秀夫《法理学概说》，有斐阁2007年版，第257页。

② 参见顾祝轩《制造"拉伦茨神话"：德国法学方法论史》，法律出版社2011年版，第67—69页。

③ 如将"违反良俗"的标准解释为"是否与德意志民族的本质相关联的道义世界观，尤其是纳粹世界观及其共同理念相违背"。转引自顾祝轩《制造"拉伦茨神话"：德国法学方法论史》，法律出版社2011年版，第161页。

④ 参见顾祝轩《制造"拉伦茨神话"：德国法学方法论史》，法律出版社2011年版，第161页。

⑤ 转引自顾祝轩《制造"拉伦茨神话"：德国法学方法论史》，法律出版社2011年版，第106页。

⑥ 参见顾祝轩《制造"拉伦茨神话"：德国法学方法论史》，法律出版社2011年版，第160—161、191页。

颇深的一般条款也当然发生了本质的变化。这一变化就在于,一般条款既在成文法规范上呈现了包含"以法律原则原形态的价值与功能概念"的传统形式的完整法条;也在原则法理学上常被等同于"以法律原则原形态的价值与功能概念"(区别于前述的完整法条形式)、法律原则或以法律原则为构成的内容本身。① 这也凸显了囿于原则与规则二元论划分标准的理论分歧与模糊,在一般条款的性质认定上,德国法学界也处于各说各话的情况。譬如,若依照拉伦茨所谓的"原则实定化后,其作为法律命题型原则依旧不会失去作为原则的属性"以及拉兹主张的"法律原则与法律规则的区分不在于逻辑而在于程度",② 则无论一般条款的法条形式如何,均应以原则论处。但与此相反的是,如果依照德沃金的逻辑区分标准,即"适用方式是否为全有或全无""是否具备不同分量或重要性维度",③ 则仅明确包括某一法律原则或其概念的一般条款似乎不符合法律原则的形态,反而与"构成要件加法律后果"的法律规则的逻辑结构更为接近。更有甚者,依旧坚持一般条款与不确定的价值概念属于非常相近的类别,④ 而使得一般条款的性质落在了既非规则亦非原则的法律概念的范畴。不过,抛却理论的争议,仅从《德国反不正当竞争法》一般条款规范的发展情况来看,其在形式和适用上也确实发生了一些朝向规则式的变化。这主要体现在两个方面:一方面是从传统民事思维下的"诚实信用原则""公序良俗原则"等回归竞争视域下的"不正当"的法律概念。这就意味着,对于不正当的评价不再固定式借由诚实信用等原则,而是转向不

---

① 正如日本学者伊藤进将"公序良俗"划分为"规制行为意义上的公序良俗""作为法体系根本理念乃至最高理念的公序良俗""作为基本原则的公序良俗"以及"作为判断标准的公序良俗"。转引自刘银良《"公序良俗"概念解析》,《内蒙古大学学报》(人文社会科学版)2004年第6期。

② 原则与规则的界分标准为:其一,规则规定了相对特定的行为,而原则则指向高度不特定的行为,从两者指向的对象看,可以明显发现其间并不存在清楚的界限。其二,由于高度不特定行为的实施是通过许多特定行为之实现完成的,因此,我们可以依据一般性的权衡为应用于特定领域的权衡提供正当性说明,所以原则可以证明规则的正当性,而非相反。转引自陈景辉《原则与法律的来源——拉兹的排他性法实证主义》,《比较法研究》2006年第4期。

③ 转引自陈景辉《原则与法律的来源——拉兹的排他性法实证主义》,《比较法研究》2006年第4期。

④ 参见任超《民法中一般条款的界定——德国法上的理论以及对中国的借鉴》,《南京大学法律评论》2016年春季卷。

正当概念的具体化及"追加的价值评价"。① 这事实上也反映了当今时代利益诉求和保护的多样化。另一方面则是在立法规范保持构成要件抽象化的同时，直接明确了不正当竞争行为的法律后果，如德国修法时将该法一般条款直接规定为"不正当的商业行为是被禁止的"，使其演变成连接行为构成要件与法律后果的"连接规范"。② 值得指出的是，虽然囿于对"向一般条款逃逸"的防范及价值评价的转向而使得一般条款显现出规则化的倾向，但是这并未改变一般条款须借由"不确定法律概念"或"需要价值补充之概念"为核心意旨的本质，③ 而"不正当"概念本身就已经昭示了这一点。因此，与其探讨一般条款在原则法理学下的争议定性，倒不如将前面指出的核心要义作为认定标准，并在明确适用方法上予以规范立法化（如我国台湾地区）④ 或形成理论共识（如德国）。⑤ 而 2022 年 3 月我国最高人民法院发布的《关于适用〈中华人民共和国反不正当竞争法〉若干问题的解释》[以下简称《反不正当竞争法司法解释》（2022年）]，其第 1 条关于一般条款与其他法律或具体条款之适用关系的规定，即具有一锤定音之效，更为明确一般条款的适用范式提供了基本依据和准则。

四 宽松主义向严格主义的转向

制定法或法秩序中存在漏洞，这一（方法论）问题早在很久以前就已经为人所知了，但法官在何种条件下应当赋予或拒绝一种相应的诉求却未得明确。不过，与此相反的是，德国帝国法院早在《德国民法典》生效之前就已经自我宣称拥有法的续造功能了。这也使得其以违反风俗之判

---

① 参见顾祝轩《制造"拉伦茨神话"：德国法学方法论史》，法律出版社 2011 年版，第 196—197 页。
② 参见［德］安斯加尔·奥利《比较法视角下德国与中国反不正当竞争法的新近发展》，范长军译，《知识产权》2018 年第 6 期。
③ 参见吴秀明《竞争法研究》，元照出版有限公司 2010 年版，第 6 页。
④ 参见纪振清《两岸竞争法之概括条款研究》，《法令月刊》2010 第 6 期。
⑤ 如德国理论界与实务界通说认为，"对于法官造法而言，一般条款被证明是特别重要的授权规范"。转引自［德］迪特尔·施瓦布《民法导论》，郑冲译，法律出版社 2006 年版，第 75 页。

决发展出了卡特尔法和集体劳动法的基本原理。① 然而,第三权力(Die dritte Gewalt)以及法官个人权能在客观上的增长却与德国司法体系的落后并不配套,导致德国司法的受信任度与权威性显著降低。正如德国法学家海德曼在1929年还赞美德国帝国法院的法的续造活动,但在1933年就对一般条款(尤其是当时《德国民法典》第242条)的运用进行了最为尖锐的批评,当然,这也与纳粹统治时期德国的司法运用备受质疑有关。② 不过,即便如此,立法的特性和现实的需求也注定了一般条款具有生存的空间。这也得益于精致的法学方法论所施加的适用限制及现实具体化实践所形成的确定规则。这在形式上也反映出一般条款的规范和适用已从宽松主义逐步转向严格主义。正如当初一般条款的诞生是为了应对纷繁复杂的行为而作出的选择一样,当繁杂的图景日益清晰于具体列举条款及客观适用规则之内时,一般条款的适用空间必将逐步萎缩和明晰。这一点既在大陆法系国家或地区发生,也在英美法系国家出现。譬如,现行《德国反不正当竞争法》在历经修改后,一方面,其通过明确绝对禁止规范、特别禁止规范的形式极大地压缩了一般条款的适用空间,使得现实中已经很少有案件直接适用一般条款;③ 另一方面,在立法上也设计了适用一般条款的最低门槛,即在消费者利益保护中须考察其对消费者经济行为的影响是否具有显著性或严重性等。又如,1914年美国《联邦贸易委员会法》第5条a款第(1)项是一项著名的竞争法概括条款④(我国台湾地区"公平交易法"一般条款就借鉴于此),⑤ 但其对"公共秩序或善良风俗"(Public Policy)的角色定位多是案件中之确认(Confirmatory)功能,目

---

① 参见[德]莱纳·施罗德《世纪之交的德国方法大讨论——科学理论式的精确化努力抑或对法与司法功能变迁的回应?》,雷磊译,载舒国滢主编《法学方法论论丛》(第一卷),中国法制出版社2012年版,第65—70页。

② 参见[德]莱纳·施罗德《世纪之交的德国方法大讨论——科学理论式的精确化努力抑或对法与司法功能变迁的回应?》,雷磊译,载舒国滢主编《法学方法论论丛》(第一卷),中国法制出版社2012年版,第70—71、92—93页。

③ 转引自[德]弗诺克·亨宁·博德维希主编《全球反不正当竞争法指引》,黄武双、刘维、陈雅秋译,法律出版社2015年版,第296—297页。

④ 该条款规定:"商业上或影响商业之不公平竞争方法以及商业上或影响商业之不公平或欺罔之行为或手段,乃构成违法。"

⑤ 参见吴秀明《竞争法研究》,元照出版有限公司2010年版,第17页。

的在于测定消费者损害之可能性及加强证据力,或者在立法或司法中被引用来证实消费者损害之存在,而非必须具备之要件。但即便如此,美国联邦贸易委员会亦注意到该条款可能具有超越合理范围之嫌疑,故而运用准则加以限制:(1)应引据正式之根据,不论是法律或司法判决;(2)应具有广泛接受之基础;(3)应具备比较明确之行为准则。① 我国学界虽曾对"向一般条款逃逸"的问题给予了不少关注,但从修法成果与司法实践情况来看,这一立场本身并不够明确。

第二节　一般条款的本土化困境

早期我国反不正当竞争规则的制定由于受到客观条件的限制,致使其立法层次较低且立法进程缓慢,但随着经济政策的初入正轨、部分市场的消极运行以及中美谈判的加速推动,使得从最初停留在制定行政法规的层次上去"起草条例"到决定把《反不正当竞争法》作为一项重要的法律来制定,可以说,这充分反映了我国改革开放的历史进程和市场经济观念的重大变化。② 当然,那时的立法者也不负众望,在吸收借鉴域外成果的基础上,结合本土实际形成了特色的立法成果,这一点理应值得肯定。但也不得不指出的是,当时的立法背景也决定了我国《反不正当竞争法》立法具有不可避免的时代局限性、技术局限性和模式局限性,③ 这一点在该法第2条条款的设计问题上显得尤为突出。更为特殊的是,自《反不正当竞争法》施行以来,立法的定型未能引致学界的共识,而法学理论与司法实践的爆发更使得一般条款的问题一直处于清晰和模糊之间,甚至将争议延展到了2017年修法前后。不过,从我国现实理论与实践的发展情况来看,似乎我们仍未摆脱"对一般条款之统治的不可捉摸的恐惧"④,但

---

① 转引自赖源河编审《公平交易法新论》,元照出版有限公司2002年版,第425页。

② 参见张玲、刘茂林主编《中外反不正当竞争法律问题指南》,中国政法大学出版社1994年版,第5—6页。

③ 转引自宁立志《继往开来:变迁中的中国反不正当竞争法》,《郑州大学学报》(哲学社会科学版)2018年第6期。

④ [德]莱纳·施罗德:《世纪之交的德国方法大讨论——科学伦理式的精确化努力抑或对法与司法功能变迁的回应?》,雷磊译,载舒国滢主编《法学方法论论丛》(第一卷),中国法制出版社2012年版,第92页。

一　立法论争执与方法论分歧

回溯至我国1993年的《反不正当竞争法》，立法参与者对第2条的阐述并不一致，譬如在原国家工商管理总局法条司写就的《反不正当竞争法释义》中，其认为该不正当竞争行为条款是定义性条款，是对该法所调整的不正当竞争行为的范围及其本质特征的基本概括，同时其明确指出，该款规定增加了法律的灵活性，使本法不完全局限于调整所列举的各类不正当竞争行为，并能够根据不同的原因和变化的情况，适用于法律没有穷尽的和将来可能出现的各种不正当竞争行为。[2] 这在某种程度上可以说已经认同了该条款所具备的一般条款的形式与实质功能，正如有学者解读认为的："该法第2条第2款除了具有法定定义的意义以外，在整个法律中还具备有一般条款的意义，并提出对违反本法规定应扩大解释为整部法律，以此适用第2条第1款的标准予以判定。"[3] 可以说，这在当时沉浸于"该定义性条款为明确法律调整范围"的主流学术[4]中直接指出其一般条款的属性已弥足珍贵。但与此相悖的是，另外一位资深立法参与者却曾撰文指出："在反不正当竞争法中，总则与分则的关系并非原则与规则之间的适用关系，其中第二章所具体列举的不正当竞争行为条款为本法所确认的不正当竞争行为，亦即，执法机关在无其他法律规定授权的情况下，所能依法制裁的仅限于上述内容。"[5] 这也导致一些学者在不正当竞争行为

---

[1] 参见［德］弗诺克·亨宁·博德维希主编《全球反不正当竞争法指引》，黄武双、刘维、陈雅秋译，法律出版社2015年版，第297页。

[2] 参见国家工商行政管理局条法司《反不正当竞争法释义》，河北人民出版社1993年版，第12页。

[3] 丁邦开、戴奎生、邵建东：《〈中华人民共和国反不正当竞争法〉释义》，南京大学出版社1994年版，第11页。

[4] 参见吴炯主编《反不正当竞争法答问》，中国经济出版社1994年版，第18页；张玲、刘茂林主编《中外反不正当竞争法律问题指南》，中国政法大学出版社1994年版，第5页；张绍俊、庄一敏、孙艺军编著《不正当竞争的识别与对策》，北京经济学院出版社1994年版，第24页；陆宁、朱砚、周卫民等《中华人民共和国反不正当竞争法实用问答》，新华出版社1994年版，第9页。

[5] 孙琬钟主编：《反不正当竞争法实用全书》，中国法律年鉴社1993年版，第26页。

的界定解读中,认为"违反本法规定"应持狭义解释,即"违反本法规定"的规范限定了认定不正当竞争行为的范围,凸显出《反不正当竞争法》的立法本意是将依法制裁的不正当竞争行为严格限定在第二章所列明的11种情况,形成了封闭体系。① 在此之下又形成了法律定义与价值指令说以否定其一般条款的存在等。可以说,在立法结束之后,整个理论与实务界都在立法论的争执泥淖中而无法自拔,诚然这一争议确实抓住了一般条款的认定核心,即是否蕴含"价值补充"的问题。但一方面,在当时的立法技术背景之下,学界依旧遵循着"序言、宗旨、适用条款、关于方针的条款、关于基本原则的条款、定义条款以及关于管理体制的条款等"这一法律总则的立法模式,②《反不正当竞争法》的起草与制定也不可能出其右,因此,对这一惯性的批判和解释自然难以达成共识性的方法论的目的;另一方面,学界忽略了第2条第2款中已有的利益保护衡量及不正当概念本身可作为"价值补充"的可能性,凸显了学界所持的定义性的思维模式。而2017年修法未能合理借鉴和吸收德国的立法论成果,保持了"法律原则"与"不正当竞争认定"相分离的规范模式,无意外又引致了立法论的论战。③ 最典型的表现就是在修法过程中,为消弭上述争议和科学规范立法,2017年修法在修订草案版本中曾采用了"违反前款规定"来取代"违反本法规定",不过,因认为这一修改会使得不正当竞争行为的认定走向仅包括违反法律原则而不包括违反法律规则的误区,因此,在全国人大法律委员会、财政经济委员会和全国人大常委会法制工作委员会联合召开座谈会期间,中央有关部门提出将"违反前款规定"改回"违反本法规定"。④ 事实上,因上述分离的规范模式而陷入了链接式的所谓严谨性、开闭型的问题,本质上反映的是理论界依然没有跳脱立法论的自设圈套,也进一步导致在所谓利益论与道德论的方法论之间徘徊适用的问题。但无论如何,再重回争议老路无异于缘木求鱼,近期一

---

① 参见陈立骅、刘昭昭、杨建等《中华人民共和国反不正当竞争法解读》,中国政法大学出版社1993年版,第14页。

② 参见曹叠云《立法技术》,中国民主法制出版社1993年版,第218—233页。

③ 参见刘春田《修法要给法的"适用"留下空间》,《法制日报》2017年9月26日第10版。

④ 参见王瑞贺主编《中华人民共和国反不正当竞争法释义》,中国法律出版社2018年版,第160页。

些理论上的成果其实已经通过明确第 2 条第 2 款本身所具备的价值补充要义而自证其立了,如此,也方能为进一步的方法论适用提供坚实的基础和明确的指引。

二 道德性标准的泛化与摇摆

竞争中的"公平性""诚实性"等标准,不过是一个社会概念、经济概念、道德概念和伦理概念的反映,[①] 故从性质上看,法律原则可以说是规定共同体成员之间基本道德责任的道德原则。[②] 而当初我国立法者认同及采纳多项基本法律(道德)原则的负荷,实应主要是出于以下立法考量,即不要让《反不正当竞争法》调整的市场行为作为民事活动的一部分而偏离《民法通则》规定的基本原则。[③] 而这一立法思维的形成,一方面归因于我国法院曾在《反不正当竞争法》实施之前依据《民法通则》法律原则条款来裁判不正当竞争案件;[④] 另一方面则是由于包括《巴黎公约》《德国反不正当竞争法》等在内的域外立法参照文本,都在一定程度上彰显了"诚实信用""善良风俗"等原则性的规定。更为重要的是,国内学界也对于法律原则的续法功能多有认可,这也是该基本原则条款得以在 2017 年修法中得以继续保留的原因。[⑤] 不过值得注意的是,早期就有学者指出,"不正当竞争行为"与"违反商业道德行为"之间是有明显区别的,即"所有的不正当竞争行为都是违反商业道德的行为,但违反商业道德的行为不一定构成不正当竞争行为"。[⑥] 这凸显出道德的标准层次更高

[①] 参见谢晓尧《竞争秩序的道德解读:反不正当竞争法研究》,法律出版社 2005 年版,第 11 页。

[②] 参见王琳《论法律原则的性质及其适用——权衡说之批判与诠释说之辩护》,《法制与社会发展》2017 年第 2 期。

[③] 参见国家工商行政管理局条法司《反不正当竞争法释义》,河北人民出版社 1993 年版,第 14 页。

[④] 参见中国人民大学知识产权教学与研究中心、中国人民大学知识产权学院编《中华人民共和国最高人民法院公报知识产权案例全集(1987—2011)》,华中科技大学出版社 2012 年版,第 10—12 页。

[⑤] 参见张茅《关于〈中华人民共和国反不正当竞争法(修订草案)〉的说明》,《中华人民共和国全国人民代表大会常务委员会公报》2017 年第 6 期。

[⑥] 李天霞编著:《反不正当竞争法释疑与诉讼策略文书标准格式》,吉林人民出版社 2000 年版,第 11 页。

但明确性却更差。与此对照，近年来也有学者结合实践发生的案例（如互联网 robots 协议案等），明确提出对市场道德主导论的批判，认为市场道德标准具有其适用的局限性，而不应作为市场行为正当性判定的根本标准。① 但从修法与实践情况来看，我国仍处于强道德性与弱道德性之间的摇摆阶段，其主要表现在两个方面：一方面在法律（道德）原则的规范上，2017 年修法不仅不减反增地罗列了六项法律原则，同时将原"公认的商业道德"中的"公认的"这一限定词予以删除（在《反不正当竞争法（修订草案二次审议稿）》时还依然存在），② 而从以上修法着墨和文义解读来看，立法者似乎有意凸显商业道德原则的适用范围和制度空间；另一方面则是在司法实践适用上，虽然司法意见指出"在诚信原则和公认的商业道德标准问题的把握上，须以特定商业领域普遍认同和接受的经纪人伦理标准为尺度，避免把上述内容简单等同于个人道德或社会公德"③，其意图实质上是通过划定标准以限制道德原则的泛化与滥用，但道德本身的不明确性却不可避免地导致了实践中不正当判断的随意性。④ 自 2017 年修法实施以来，传统上一般条款的道德主导倾向确实在修法后有纠偏的趋势，利益衡量的观点已在学界内渐为盛行。⑤ 不过值得提醒的是，道德与利益之间的关系并非决然对立的，按照社会学的观点，道德认同的现实基础就是利益考量，⑥ 所以本质上讲二者是通约的，即适法上应通过客观利益衡量的方式削弱道德的泛化，同时，应在立法目的的总括下及在道德原则的范围内进行利益衡量而不致脱离法的秩序。因此，其根本上反映的还是理论界与实务界在一般条款的解释方法论上尚乏共识的问题，从而导致实践在道德标准问题上的暧昧抉择。

---

① 参见蒋舸《〈反不正当竞争法〉一般条款在互联网领域的适用——以 robots 协议案一审判决为视角》，《电子知识产权》2014 年第 10 期。

② 参见宁立志《〈反不正当竞争法〉修订的得与失》，《法商研究》2018 年第 4 期。

③ 最高人民法院：《关于充分发挥知识产权审判职能作用推动社会主义文化大发展大繁荣和促进社会主义文化大发展大繁荣和促进经济自主协调发展若干问题的意见》，2011 年 11 月 26 日，http://www.law-lib.com/law/law_view1.asp?id=370632。

④ 参见范长军《行业惯例与不正当竞争》，《法学家》2015 年第 5 期。

⑤ 参见孔祥俊《论反不正当竞争的基本范式》，《法学家》2018 年第 1 期。

⑥ 参见刘仁贵《利益考量：道德认同的现实基础》，《道德与文明》2017 年第 4 期。

三 法律性质的自设圈套

在一般条款的定性问题上，我国民法学界亦未达成共识，并在民法总论立法前后掀起一股研究小高潮。总体来看，主要分为四种学术论说：第一，一般条款原则论，如有学者认为，"诚实信用原则与公序良俗原则在性质上都属于一般条款，而在分类上均系民法的基本原则"[①]。第二，一般条款规则论，如有学者明确提出，"涵盖基本原则的一般条款属于规则，其本身适用符合全有或全无的判定模式"[②]。当然，这一结论同时认为，单纯的价值宣示型基本原则不具有一般条款的意义。第三，一般条款二元论，如王利明教授提出，"一般条款具有双重性，即其既具有基本原则的性质，甚至就是法律原则本身，同时又有大量作为具体规则的形式存在"，并认同"当一般条款作为法律规则时，其便是裁判性规范，可以为诉争中的司法裁判提供直接依据和准则"[③]。也有学者从请求权思维的角度论证认为，"一般条款可理解为对裁判者的裁量授权，但又不同于价值宣示型的基本原则，它可以作为请求权规范"[④]。第四，一般条款概念论，如有学者梳理德国法后认为，"一般条款并不等同于传统意义上的一般法律规范，而是一种高度的价值性或者功能性概念"[⑤]。与此对应的是，上述争议也引致在竞争法学界方法论路线上的迥异，如基于狭义原则论的主张，有学者提出，"要依据一般条款所承的多元的法律原则进行权衡"[⑥]。其前提就是要符合原则的适用条件，即"具体规则已经穷尽"及"为寻求个案正义"的兜底性适用。而基于规则论的主张，有立法参与者提出，"人民法院在处理不正当纠纷时，根据案件的实际情况，既可以适用本法

[①] 参见于飞：《论诚实信用原则与公序良俗原则的区别适用》，《法商研究》2005 年第 2 期．

[②] 参见陈甦主编《民法总则评注》（上册），法律出版社 2017 年版，第 52 页。

[③] 王利明：《民法总则研究》（第三版），中国人民大学出版社 2018 年版，第 90—91 页。

[④] 茆荣华主编：《〈民法总则〉司法适用与审判实务》，法律出版社 2017 年版，第 27—28 页。

[⑤] 任超：《民法中一般条款的界定——德国法上的理论以及对中国的借鉴》，《南京大学法律评论》2016 年春季卷。

[⑥] 谢晓尧：《未阐明的规则与权利的证成——不正当竞争案件中法律原则的适用》，《知识产权》2014 年第 10 期。

第二章的规定，也可以适用本法第 2 条一般条款的规定"[①]。该观点即认为，一般条款与第二章具体不正当竞争行为条款之间是选择性适用关系。也有学者采取实用主义观点认为："一般条款是认定法律未列举行为的开放性依据"[②]。由于具体的类型化行为已有其自身明确的要件，再以该法第 2 条的规定作为解释和适用依据并无太大实际意义，正如《反不正当竞争示范法》注释所说，法律规定的具体不正当竞争行为"被认为是当然的不正当竞争行为，不需要用证据证明其违反诚实商业惯例"[③]。而从我国修法的角度看，与 1993 年《反不正当竞争法》相比，2017 年修法从形式上实现了由一个不完全法条的定义性规范，完善为具有责任配套的完全法条，这一否定评价或责任条款的增添无疑健全了一般条款的授权基础。但遗憾的是，原有的立法形式仍难消弭以上纷争，一方面，2017 年修法未能如德国及我国台湾地区一样，在立法规范中明确一般条款的兜底性或补充性定位，如德国绝对、特定禁止规范的设立及我国台湾地区一般条款之"其他"术语的补充；另一方面，也暂时未能通过学术通道或其他法源形式取得方法论上的共识，缺乏如德国学界与实务界对于一般条款兜底功能、体系功能及不正当性判定的成熟认知与驾驭基础，[④] 以及我国台湾地区"公平交易委员会对于公平交易法第 25 条案件之处理原则"[⑤] 的明确通行的规范。这无疑仍会使得原则化与规则化的学术论说，由于分类标准的不统一及方法论的结果主义而形成自设圈套及无谓空转的局面。

四　宽严主义的含混拿捏

诚然，我国最高人民法院曾在司法政策和有关判例中不断明晰一般条款的适用条件和标准以防范一般条款的滥用问题，尤以"山东食品有限公司与马达庆不正当竞争案件"的阐释最为明确，如其认为反不正当竞争法

---

① 王瑞贺主编：《中华人民共和国反不正当竞争法释义》，法律出版社 2018 年版，第 6 页。
② 孔祥俊：《不正当竞争行为的一般条款》，《中国工商报》2017 年 11 月 23 日第 5 版。
③ 孔祥俊：《反不正当竞争法的创新性适用》，中国法制出版社 2014 年版，第 89—90 页。
④ 参见柴耀田《反不正当竞争法一般条款的体系化功能——德国 2015 年〈反不正当竞争法〉改革对中国修法的启示》，《电子知识产权》2016 年第 10 期。
⑤ 参见廖义男《公平交易法之释论与实务》（第二册），元照出版有限公司 2015 年版，第 207 页。

第 2 条第 1 款和第 2 款认定构成不正当竞争行为时须具备的条件包括：第一，法律对该种行为未作特别规定；第二，相关经营者的合法权益因此受到实际损害；第三，该种竞争行为因确属违反诚信原则及公认的商业道德而具有不正当性或者说可责性。[①] 但实际上，伴随着修法的定型，上述标准及其他未作说明的情况仍值得进一步地商榷和改进，这也涉及一般条款适用的宽严度问题。总结下来，2017 年修法过后仍遗留以下问题：第一，适用次序问题，除了前文所指出的一般条款与具体条款的适用次序问题外，一般条款的内部构成也仍然存在问题，即，主要是对于第 2 条第 1 款基本原则的理解与适用问题在理论与实务界仍不够明确，也无外乎有两种解决思路：一种是将基本原则作为一般条款的选择性构成要件的存在，另一种是将基本原则作为价值宣示型基本原则的存在。无论哪一种，都不应在适用具体条款时同时适用，亦不能使其适用流于形式化，但从实际情况来看则比比皆是。同时，上述最高院的判决模糊了不正当竞争行为"损害竞争秩序"的本质并直接架空了立法中的"自愿、平等、公平原则"的适用。第二，权益损害的问题，虽然 2017 年修法在不正当竞争行为的认定上将消费者合法权益保护与经营者合法权益保护予以并列规范，但一方面该法未赋予消费者或其团体以诉权，另一方面行政机关又无适用一般条款的权限，导致在具体条款以外的整体消费者权益的保护成为空中楼阁，而无适用一般条款的空间。除此之外，上述最高院的判决仅要求经营者的合法权益受到实际损害，剔除了以经营者潜在损害寻求该法救济的空间。第三，关于竞争关系认定问题，2017 年修法以"扰乱市场竞争秩序，损害其他经营者或消费者的合法权益"为要件，从文义解释的角度，"或"字是具有选择性的，也就是说，其放宽了旧法中对损害法益的限制，损害经营者或消费者都在被禁止之列，貌似是不再以"是否具有竞争关系"作为行为判断的必要条件。[②] 但正如前文的分析，消费者损害的要件事实上并无适用的空间，所谓的选择性要件也仅具形式意义，理论中的"有限的广义竞争关系论""广义竞争关系论"和"淡化竞争关系论"的处理问题仍有待于进一步明确。第四，关于经营者认定问题，我国《反不正当竞

[①] 参见孔祥俊《反不正当竞争法的创新性适用》，中国法制出版社 2014 年版，第 100—101 页。

[②] 参见宁立志《〈反不正当竞争法〉修订的得与失》，《法商研究》2018 年第 4 期。

争法》的执法和司法实践已对"经营者"进行了实质上的广义界定和解读，诸多参与市场经营活动的主体均已被视为经营者，① 这也在学界形成了一定的共识。遗憾的是，已然前行的实践经验未能得到 2017 年、2019 年修法的充分确认，如从"从事、提供"这一用语的延用来看，经营者概念没有发生实质性变化，仍旧强化了经营者的身份特征。可以说，上述问题的延续和发酵反映在司法实践运用上就是缺乏标准的一致性，正如在诸多法院的判决中呈现出对一般条款的适用存在宽严度含混把握的问题。②

---

① 参见李友根《修订法律应尊重与吸收司法经验——以〈反不正当竞争法（修订草案）〉经营者定义为例》，载王先林主编《竞争法律与政策评论》（第 3 卷），法律出版社 2017 年版，第 34 页。

② 囿于一般条款适用缺乏一致性标准，进而导致司法机关在宽严度问题上呈现出含混把握的问题，如"珠海格力电器股份有限公司诉佛山市顺德区超智电器实业有限公司擅自使用他人企业名称纠纷案"〔2017〕粤 0604 民初 15831 号民事判决书、"广东公牛节能科技有限公司诉慈溪市公牛电器有限公司侵害商标权、不正当竞争纠纷案"〔2017〕浙民申 3327 号民事裁定书、"欧普照明股份有限公司诉张家港市杨舍镇塘市吉隆铺电器经营部等侵害商标权、不正当竞争纠纷案"〔2017〕苏 0582 民初 7992 号民事判决书，其在明确适用市场混淆条款的同时，仍同时适用"违反公认的商业道德"或"诚实信用原则"等；"中国移动通信集团江苏有限公司南通分公司与南通市通州区隆欣通信设备贸易有限公司擅自使用他人企业名称纠纷上诉案"〔2017〕苏 06 民终 4035 号民事判决书，其直接将"诚实信用原则"作为市场混淆行为的构成要件；"金庸诉江南等著作权侵权及不正当竞争纠纷案"〔2016〕粤 0106 民初 12068 号民事判决书（2018 年 8 月 16 日审结），其将一般条款的适用条件（原则）与构成要件混同，并在仅选取诚信原则的情况下，将原则适用与利益衡量混同；"宋晓辉诉山东环港网络科技有限公司虚假宣传纠纷案"〔2017〕鲁 0191 民初 271 号民事判决书，其在未依据《反不正当竞争法》作为赔偿依据时，直接罗列适用《反不正当竞争法》第 2 条"自愿、平等、公平、诚实信用的原则"。更甚者，"康成投资（中国）有限公司诉宁波大润发优特购物有限公司等侵害商标权纠纷、不正当竞争纠纷案"〔2017〕浙 02 民初 1088 号民事判决书，其在认定被告侵犯原告文字商标专用权的情况下，直接援引了《反不正当竞争法》第 2 条作为裁判依据；"北京四季沐歌太阳能技术集团有限公司诉苏州四季沐歌管业科技有限公司侵害商标权纠纷、不正当竞争纠纷案"〔2017〕苏 0509 民初 5514 号民事判决书，其在认定被告侵犯原告商标专用权的情况下，判决提出"只要行为违背《反不正当竞争法》第 2 条规定的竞争原则，仍应认定为不正当竞争"；"北京爱奇艺科技有限公司、上海众源网络有限公司与宁波千影网络科技有限公司不正当竞争纠纷案"〔2018〕沪 0104 民初 243 号民事判决书，其在适用 2017 年《反不正当竞争法》第 12 条第 2 款第 4 项规定的同时，又再次适用"违反自愿、平等、公平、诚实信用的原则，公认的商业道德"这些基本原则对竞争行为进行重复评价。

第三节　立法论视角下基础问题的检视

本小结阐述的目的在于试图"缓和"围绕立法论的争执，同时期冀学界将研究视角更多地投入方法论的阵地，如此才不负立法与修法的初衷。总体上看，基于立法论视角的宏观争论主要围绕两个方面：一方面是一般条款的存在与否的问题，另一方面则在于一般条款的性质问题。只有对这两个问题做出明确答复，基于方法论的研究才能高效地负重前行。故，结合以上一般条款的本源、转向与本土性困境。本书简述观点如下。

一　一般条款的存在与否

虽然一般条款否定论的论说已经越发式微，但在一些学者的心中，2017年修法关于此的规范仍旧显得形神不调、表里不一，[1]毕竟学界所批驳的部分地方依旧保持了原样。而证成2017年修法一般条款的确立，应主要是基于以下两点：第一，从一般条款的本源看，其特征在于用语组成的一般性、抽象性及价值填充的必要性，当然，如果仅从立法的传统来看，也涵盖否定性评价或责任条款配置的法条完整性的问题。而以此检视我国《反不正当竞争法》的规定，可以发现，该法第2条第2款关于不正当竞争行为的概括符合一般性的特征，其中所谓"扰乱市场竞争秩序"的用语也具有一定的模糊性和抽象性，而其认定亦需要借助于第1条立法目的与第2条第1款价值型原则的指引[2]及限定（无论是否含有及如何解读"违反本法规定"均不影响这一点），[3]同时，第

---

[1]　参见刘春田《修法要给法的"适用"留下空间》，《法制日报》2017年9月26日第10版。

[2]　依照拉伦茨的观点，一般条款的适用须借助于基本原则的具体化，因此，其应以基本原则为法律解释准则，确保法律秩序价值的统一性和贯彻性。参见龙卫球《民法总论》，中国法制出版社2001年版，第72—73页。

[3]　此处区别于一些学者所主张的一般条款应由第2条第1款与第2款构成，参见郑友德《浅议我国〈反不正当竞争法〉的修订》，载王先林主编《竞争法律与政策评论》（第3卷），法律出版社2017年版，第5页；及一些学者主张的一般条款应为第1款的说法，参见谢晓尧《竞争秩序的道德解读：反不正当竞争法研究》，法律出版社2005年版，第31页；甚至一些学者主张的一般条款就是第2条（含第3款）的意见，参见邵建东、方小敏主编《案说反不正当竞争法》，知识产权出版社2008年版，第11页。

1条立法目的"制止不正当竞争行为"与第17条"不正当竞争行为的民事责任"的规定也都明确了对不正当竞争行为的否定性评价及责任条款的配置,故,该法第2条第2款符合一般条款的本质特征及规范要求。第二,从立法目的视角看,虽然2017年修法在关于所谓"违反本法规定"与"违反前款规定"的争议延续及条款改造,最终回归规范原点,但重新反映了立法者的本意,即,立法者明确通过修改规范的形式来打破过去学者所纠结和坚持的"封闭式"的立法目的论基调,[1] 从而认可了一般条款的存在及适用空间,这也是值得肯定的。综上两点,我国《反不正当竞争法》第2条第2款为该法的一般条款,本书后续的分析也将以此为基点。

二 一般条款的功能为何

在前文的论述中已经阐明,基于原则与规则二元化的视角去定性一般条款的问题,囿于标准的不统一,国内外学界对此尚存争议,而本书也无意于且无能力去证成标准的认定问题。因此,与其去回应一般条款的性质定位问题,不如基于实证主义思维,效仿德国及我国台湾地区,通过一般条款的本源与转向所总结的已成熟的技术、经验,仿照社会学中定性与定量研究之外的"饱和经验法"这一本土化落地方法,[2] 对方法论的构建的其中一重要基础,即一般条款的功能进行分析和明确。总结下来,主要有以下几点:第一,在授权功能方面,学界通说已明确一般条款赋予了"法官"或"执法者"法律再造的空间,[3] 因此,也有学者将一般条款称为"合法功能",即,使法官之法律续造具有合法之作用。[4] 第二,在兜底功能方面,德国及我国台湾地区的立法及理论已经说明,如果有具体禁止规范可供引用,就不需再援引一般条款,换言之,一般条款的适用的前提必

---

[1] 参见张茅《关于〈中华人民共和国反不正当竞争法(修订草案)〉的说明》,《中华人民共和国全国人民代表大会常务委员会公报》2017年第6期。

[2] 参见贺雪峰《饱和经验法——华中乡土派对经验研究方法的认识》,《社会学评论》2014年第1期。

[3] 参见吴秀明《竞争法上之概括条款——公平法第二十四条法律适用原则与规范功能之再检讨》,载吴秀明《竞争法研究》,元照出版有限公司2010年版,第8页。

[4] 参见台湾大学法律学院、台大法学基金会编译《德国民法典》,北京大学出版社2017年版,第120页。

须是在具体禁止性规范难以被适用之时,因此,一般条款与具体条款之间关系不宜局限地视为传统上的竞合规范之间的关系。① 同时,一般条款的适用也具有其限制性,包括立法目的、基本原则的限制,也有法律分际关系之间的限制等。第三,在价值评判与利益衡量功能方面,价值填充的必要性是一般条款的本质特征,其也指引着利益衡量及相关性上的行为不正当性的判定,正如有德国学者认为,"对于一般条款,从其字面意思上相对而言看不出多少东西,其内容主要由司法判例和法学界来加以补充"②。这也充分说明了一般条款的运用在于实践中上述功能的发挥。第四,在体系功能方面,一般条款作为成文法中的道德与法律之间的耦合,在实现和丰富了"一般规范"与"具体规范"的体系化架构的同时,也在上游衔接起立法目的,于下游接续起法律责任,可谓支撑起整部反不正当竞争法的规范适用体系,③葆有着其最初意义上的立法论功能。

---

① 如有学者主张"一般条款与具体条款之间是竞合关系"。邵建东:《我国反不正当竞争法中的一般条款及其在司法实践中的适用》,《南京大学法律评论》2003 年春季号。意见相左的也有,如我国台湾学者认为,"公平法第十八条到第二十三条之四是不公平竞争的具体禁止规范,也可以说是第二十四条概括规定的具体案例,彼此之间并不是基于一般规定与特别规定的法律竞合关系"。刘孔中:《公平交易法》,元照出版有限公司 2003 年版,第 166—167 页。

② [德] 迪特尔·施瓦布:《民法导论》,郑冲译,法律出版社 2006 年版,第 75 页。

③ 参见柴耀田《反不正当竞争法一般条款的体系化功能——德国 2015 年〈反不正当竞争法〉改革对中国修法的启示》,《电子知识产权》2016 年第 10 期。

第二章

《反不正当竞争法》一般条款的规范评述与解释探求

2017年《反不正当竞争法》修订树立了"准确界定不正当竞争行为，增强法律适应性"的修法目标，① 彰显出立法者明确及完善一般条款的目标和决心。关于此款，2017年《反不正当竞争法》主要修改了以下四处地方：第一，将界定的概念名称"不正当竞争"修改为"不正当竞争行为"；第二，增加"在生产经营活动中"的限定；第三，将"扰乱社会经济秩序"修改为"扰乱市场竞争秩序"，并在放置顺序上调整到"损害其他经营者或者消费者的合法权益的行为"之前；第四，在不正当竞争行为的概念中增加了"或者消费者合法权益"的内容。总体上看，相较于1993年立法的规定，虽然修改过程一波三折，甚至出现过立法技术上的错误（如"不正当"术语的同语反复），但从最后的修订结果来看，这一款的修改进步较为明显，也尚存一些遗憾。诚然，在该法的修订前后，诸多学者已对此款的修改倾注了大量心血与智慧，但从现有的文献资料来看，即便是法律释义类的作品对于此款的分析都难以说得上是全面的，何况前文所提及的问题也有待进一步阐明。故借此研究契机，本书将从一般条款的整体规范入手，结合前文的阐释，深入剖析其所蕴含的法律意义、功能与完善空间。

---

① 转引自张茅《关于〈中华人民共和国反不正当竞争法（修订草案）〉的说明》，《中华人民共和国全国人民代表大会常务委员会公报》2017年第6期。

第一节　调整法律关系：竞争与交易法律关系

1993年《反不正当竞争法》选取的概念名称是"不正当竞争",事实上这一称谓是具有一定的立法依据的,一方面是直译《巴黎公约》第10条第2款所用的"Unfair competition"的结果,如我国有学者将其译为"不正当竞争是指在工商业活动中违反诚实惯例的任何竞争行为"[①];另一方面,我国台湾地区的"公平交易法"第4条也规定了"竞争"的概念,即"本法所称竞争,谓二以上事业在市场上以较有利之价格、数量、品质、服务或其他条件,争取交易机会之行为"。这两种用法其实都是将竞争的概念解释或落脚为一种行为。对照看来,我国1993年《反不正当竞争法》也是采用的这种称谓和模式,因为其最终也解释和落脚为了行为,所以在我国的学理研究和实践应用中,对于"不正当竞争"的理解就是认为其是一种行为,并没有因为其概念名称上未加注"行为"二字,就将其理解为行为之外的内容,如主观目的、持续状态等,故从现实的理解和适用的角度来说,其修改的实质意义并不算明显。但从追求科学立法及彰显立法取向这两个视角来看,由"不正当竞争"向"不正当竞争行为"的调整仍具积极的进步意义。如在追求科学立法方面,虽然可以借鉴域外将"不正当竞争"的概念界定为"行为",但反推之却并不一定能成立,因为细究下来,"不正当竞争"本身既可能描述行为,也有可能描述状态,甚至可能只是描述一种主观目的,因此,明确"不正当竞争行为"的概念名称对于明确本法的规制对象具有积极意义。另外,2017年修法立法者和学界有意凸显《反不正当竞争法》是一部"竞争行为规制基本法"的法律定位,故明确采用"不正当竞争行为"的概念名称无疑具有积极的宣示意味,这也对于确立《反不正当竞争法》的法律定位和调整法律关系,甚至规制范式都有着积极和深刻的意涵。

一　竞争法律关系的应然扩充

诚然,虽然与"不正当竞争"这一概念名称相比,"不正当竞争行

[①] 孔祥俊、武建英、刘泽宇编著:《反不正当竞争法实用问答》,知识产权出版社2006年版,第13页。

为"的采用具有一定的积极意义,但不可否认的是,依此概念的名称来看,我国《反不正当竞争法》在调整对象上并无实质变化,即依旧规制的是"(不正当)竞争行为"。关于这一点,《德国反不正当竞争法》在此方面做出的调整和修改值得我们注意。如德国在2008年进行《反不正当竞争法》修法时,其在该法第2条立法定义中以"商业(交易)行为"概念取代了"竞争行为"概念,表明该法的调整对象也由竞争行为转变成商业行为。而关于这一变化,有学者将其理由阐释为:"竞争行为只是以争取市场相对方缔结交易合同为目标的市场行为,而根据商业行为的定义,商业行为不但包括签订合同之前的市场争取行为,还包括合同签订中、之后的所谓市场后的行为,这意味着调整对象的扩大。"① 这一理由其实也可在我国《反不正当竞争法》所列举的具体条款中找到例证,譬如在误导行为中,如果说市场混淆、虚假宣传、商业诋毁及谎称有奖都是经营者为获取与消费者签订合同的机会,而利用商品来源、价格、品质、形象、奖励等方面误导消费者而实施的"竞争行为"的话,那么有奖销售信息不明确影响兑奖、故意让内定人员中奖,甚至侵犯商业秘密行为,则都是经营者对消费者就合同履行不能或给付瑕疵所享有的权益而欺骗消费者,及其他人在合同签订之后违反保密要求而损害经营者利益的"商业行为"。这种规制对象扩大化的趋势在北美自由贸易协定(NAFTA)②、南美卡达加纳协定(CAN)③等区域性规范中体现得尤为明显。而我国台湾地区也以"公平交易法"作为规范名称,并在立法宗旨中突出"维护交易秩序"的立法目的。究其根源,由"竞争行为"向"商业(交易)行为"的拓展,本质上反映的是竞争关系与非竞争关系的体系化梳理及对交易相对方之消费者的利益保护的做法。事实上,我国2017年修法并没有完全顾及这一点。

在认定不正当竞争行为时,坚持何种"竞争关系"标准的问题在学界仍存有争议。当然,在这争议之中学界也有一定的共识,那就是不固守

---

① 范长军:《德国反不正当竞争法研究》,法律出版社2010年版,第16页。
② 《北美自由贸易协定》第1721(2)条:"违背诚实商业行为的方式,是指诸如违反合同、违反保密义务以及诱使违约,以及对获取他人未披露的商业秘密存在故意或有重大过失的情形。"
③ 《南美卡达加纳协定》第258条:"涉及工业财产的任何行为,只要在商业环境中实施,且违背适当惯例及做法,都构成不正当。"

"狭义"的竞争关系标准。因狭义的竞争关系强调的是提供相同或者类似商品服务的经营者,但现实中,不正当竞争行为并不都是以竞争对手为直接受害人的行为,如有些是以消费者为中介联结起来的,此种不正当竞争行为直接侵害的往往是消费者利益,最终损害到市场竞争的正常机制。① 故在理论与实践中,扩大竞争关系的理解与适用范围是具有一定的共识的。不过,因学界对"竞争关系"扩大的范围及程度见解不一,故造成学界对竞争关系标准的争论形成了"有限的广义竞争关系论""广义竞争关系论"和"淡化竞争关系论"这三种主要论述。

第一,有限的广义竞争关系论。该主张强调在适当扩大理解竞争关系的同时,仍旧以竞争关系作为认定不正当竞争行为的必备条件。如有学者认为,竞争关系应作为前置认定标准,即只有直接或间接损害了竞争对手利益,进而损害了正当竞争秩序的行为才宜认定为不正当竞争行为。具体而言,就是需考察行为人不正当提升自身竞争优势的行为是否以特定对象为目标,如否则构成间接损害的不正当竞争行为,如是则要具体分析,尤其在特定对象为竞争对手时,即便行为具有违法属性,也不宜认定为不正当竞争行为。② 其主要是从法律适用逻辑、法律制度冲突及法律发展趋势方面予以论证展开的。不过,值得注意的是,其中所批判的现实司法实践中的"结果导向主义""一般条款滥用""原告资格不适当""法律重叠引发的适用结果不同"等问题,事实上在2017年修法中部分予以了回应和明确,而且不能单纯因司法实践情况的不规范问题就去否定广义及淡化竞争关系的论述,认为其是不正确的观念和取向,毕竟上述问题(如一般条款滥用、原告资格不适当等)往往可以通过规范司法实践来解决。我们也不能因使用了"竞争",而就在竞争关系上望文生义、作茧自缚和先入为主。③

第二,广义竞争关系论。该主张主要是从消费者利益保护与市场秩序维护角度出发去认定竞争关系。正如德国司法对于竞争关系的掌握就非常宽泛,竞争关系的存在与否,不是只取决于所提供的商品或服务是否相

---

① 参见孔祥俊《反不正当竞争法的创新性适用》,中国法制出版社2014年版,第124页。
② 参见焦海涛《不正当竞争行为认定中的实用主义批判》,《中国法学》2017年第1期。
③ 参见孔祥俊《反不正当竞争法的创新性适用》,中国法制出版社2014年版,第122—123页。

同，而是只要商品或服务存在可替代性，或者招揽的是相同的顾客群，或者促进了他人的竞争，都应当认定存在竞争关系。① 甚至可以说，这已在国际上逐渐成为趋势，如 WIPO《反不正当竞争示范条例》（1996 年）第 2—6 条将《巴黎公约》第 10 条中的"竞争者"改称为"企业"，可见其并不局限于狭义的竞争关系，其主要是考虑到不正当竞争行为也可能产生并无直接或实际竞争关系的场合。② 尤其是随着反不正当竞争法的调整范围的逐渐扩展，其由产生之初的经营者私权保护发展到现在对于消费者和竞争秩序的维护，而非对某一相关市场上的竞争状态、竞争结构的保护，致使其对竞争关系的认定由严格走向宽泛。甚至在主张广义竞争关系的学者中，已提出"可考虑放弃竞争关系的要求"，③ 足见，在修法之前"广义竞争关系论"与"淡化竞争关系论"就已出现了一种合流的趋势。

第三，淡化竞争关系论。该主张也认可扩大"竞争关系"的理解与适用，并强调不正当竞争关系的认定不必以"竞争关系"作为前置标准。如有学者提出，从保护消费者的目的出发，是否涉及竞争关系显得无关紧要；对那些损害消费者利益的行为，也可援引反不正当竞争法予以禁止。④ 可以说，市场机制是一个具有联动性的机制，某一不正当竞争行为可能直接侵害竞争对手，也可能侵害消费者的合法权益，还可能通过侵害消费者的合法权益侵害竞争对手以外的其他市场主体，因此，反不正当竞争法上的竞争关系实质上是市场主体在参与市场竞争、争夺交易机会的过程中，引起的损害与被损害的关系。⑤ 故，在 2017 年《反不正当竞争法》修法过程中，诸多学者也提出修法要突破对竞争关系的制约，并在条款中明确不正当竞争行为的认定并不限定于竞争关系。⑥ 而从 2017 年修法结果

---

① 参见郑友德、杨国云《现代反不正当竞争法中"竞争关系"之界定》，《法商研究》2002 年第 6 期。

② 参见王先林《竞争法学》（第二版），中国人民大学出版社 2015 年版，第 82 页。

③ 参见孔祥俊《反不正当竞争法的创新性适用》，中国法制出版社 2014 年版，第 129 页。

④ 参见谢晓尧《竞争秩序的道德解读：反不正当竞争法研究》，法律出版社 2005 年版，第 85 页。

⑤ 参见宁立志、冯晓美《〈反不正当竞争法〉中的"经营者之困"及其破解》，《私法》2018 年第 1 期。

⑥ 包括王先林教授、郑友德教授、李胜利教授等。参见戴龙等《"〈反不正当竞争法〉修订的重大问题学术研讨会"综述》，《竞争政策研究》2017 年第 4 期。

来看,此种观点也似乎得到了采纳。

综合以上观点来看,如上论述明显偏向于立法主义或结果主义的一刀切思维,而忽略了该法的体系化问题。事实上,是否以竞争关系为前置、竞争关系如何理解的问题并不能脱离于具体类型化的规范,其本质上反映了我国的学理导向仍是"由具体化到一般化"的逻辑结构,而非"由一般化到具体化"的规范形成。正如根据《德国反不正当竞争法》的体系结构来看,竞争关系的前置问题并非一概而论,而是根据不同的调整对象来适用的。譬如对于竞争参与者保护的情形(如第4条商业诋毁、不正当模仿、有目的的阻碍及第6条比较广告),当然要求当事方处于具体的竞争关系之中。毕竟,不正当竞争行为的法律责任与民事侵权、违约行为相比,其主观条件要求不同,还可能受到行政处罚,[①] 而行政处罚的设计根源也是由于其扰乱市场竞争秩序、损害社会公共利益的行为本质。故,区分一般侵权行为与不正当竞争行为是必要的,正如竞争参与者的诋毁行为可依据《反不正当竞争法》来规制,但非竞争参与者的诋毁行为只需依据《民法典》(第111条法人或非法人组织的名誉权、荣誉权)进行救济,这某种程度上也响应了有限的广义竞争关系论的论点,而其区别就在于并非所有情况,尤其是针对消费者的情形无须以竞争关系为要件。囿于2017年修法未能在体系化问题上进行较大改良,故从现有资源入手就仅有两条思路:一是采纳第一种学者的观点,将竞争关系作为前置要件,但会导致说理不明,甚至竞争关系的标准不尽一致及不利于对消费者的保护;二是不设置竞争关系的前置标准,但会形成适法的错误。基于对一般条款处理非具体化市场行为的情况来看,本书认为其解决的路径可以采取二分法,即,依据保护主体的差异采取不同的竞争关系标准,对于消费者合法权益的保护在适用《反不正当竞争法》时无须要求具有竞争关系(因为其实质反映的是交易法律关系),而对于竞争参与者的保护则要求以广义且具体的竞争关系作为前置标准。

二 交易法律关系的实然限制

2017年《反不正当竞争法》修法虽然依旧采纳了"经营者"的概念,

[①] 《反不正当竞争法》第25条:"经营者违反本法规定从事不正当竞争,有主动消除或者减轻违法行为危害后果等法定情形的,依法从轻或者减轻行政处罚;违法行为轻微并及时纠正,没有造成危害后果的,不予行政处罚。"

并将"扰乱市场竞争秩序"作为核心认定标准,但其也肯定了消费者合法权益的保护作为不正当竞争行为的判定要件。简言之,该法将调整法律关系的范畴从传统经营者在市场交易中的竞争法律关系,完善为经营者在生产经营活动中所产生的竞争法律关系或经营者与消费者在生产经营活动中的交易法律关系,当然,这是从立法层面的应然解读。但从权利义务的角度来审视,可以发现,这两类法律关系之间在一般条款的适用上并不均衡和对等。如对于竞争法律关系而言,合法权益的被损害者享有法定的救济权利,但对于同样是合法权益的被损害方消费者来说,其并不拥有诉权,对其权益保护也只能融入于利益权衡中,同时这种利益权衡的启动机制还要依靠经营者的司法诉讼。此时就会产生一种悖论,即如果经营者本身未遭受明显的权益损害或放弃司法救济时,那么受损的消费者权益和市场竞争秩序也将由于经营者诉权的限制或放弃而遭到扼杀。因此,从本质上来说,在一般条款的适用情况中,其调整法律关系的范畴应然为竞争或交易法律关系,而实然为竞争法律关系。在此之下又衍生了体系上的冲突,即具体条款本应因一般条款的具体化而生成,在具体条款譬如不正当有奖销售中,消费者不能依据《反不正当竞争法》进行司法救济,却可以依法进行行政救济。这也就意味着,具体条款中的经营者与消费者的交易法律关系受到了行政救济的保护,一般条款却不能实现,这无疑扭曲了一般条款与具体条款之间的体系关系,也令调整法律关系的范畴仅呈现出一般条款与具体条款形式上的一致性。

第二节 调整领域范围:生产经营活动

从 2017 年《反不正当竞争法》的整个修改过程来看,不正当竞争行为界定这一款从"修订草案送审稿"到"修订草案二次审议稿"均没有增加"在生产经营活动中"这一调整领域的限定,进而可以推定该限定是在最后的立法审议时加入的,这也从某种程度上说明了在不正当竞争行为界定中,限定调整领域似乎在学界并没有成为一个引起热议的内容。对此,有学者提出,市场交易的说法过于具体和狭隘,不能完全体现不正当竞争行为涉及的范围,如商业秘密案件中"员工未经许可披露、使用商业秘密"的案件,往往不涉及商品交易,但也构成不正当竞争,因此,2017

年修法修改为"在生产经营活动中"可以扩大法律适用范围。① 当然，《德国反不正当竞争法》则将交易（商业）行为定义为"在交易达成之前、期间或者之后，每一个旨在以有利于自己或他人企业的方式，并在客观上促进与销售或相关的商品或服务有关的，抑或客观上与缔结或履行一份合同有关的行为"。足见，在德国概念法惯性的影响下，其通过立法的方式将行为领域进行了扩充式的明确，而我国台湾地区囿于竞争规则的统一立法，遂采取的是"市场""相关市场"的领域概念。对于我国来说，无论是"市场交易中"还是"生产经营活动中"的规范，虽然影响意义有限，但都需要事后进行合乎立法目的的解读。

在经济学理论中，"生产经营"是一个与"资本经营"既联系又区别的概念，这两种经营方式往往是结合在一起的，但又存在显著区别，如前者是指以生产为侧重，以产品（劳务）为主要经营对象并以追求利润最大化为目标的企业经营方式，而后者则强调通过投融资、资产重组和产权交易等手段，对资本实行优化配置和有效使用，以实现资本利润最大化的经营活动。② 不过这一点却并没有被刑法学者所完全采纳，譬如在我国《刑法》第276条所规定的"破坏生产经营罪"中，有的学者采取了"生产"与"经营"二分的解读，③ 也有的学者则认可其是一个与资本经营相对的概念，但不容否认的是，为适应实践需要，"生产经营"的范畴已在刑法理论与实践中被扩大了。④ 回归到反不正当竞争法视野，从具体条款来看，市场混淆行为、商业误导行为、违法有奖销售行为、商业诋毁行为及网络领域不正当竞争行为都是主要围绕商品（这里应包括服务）展开的经营活动而可能实施的不正当竞争行为，但商业贿赂以及侵犯商业秘密则有可能涉及资本的经营过程（也可以归类于服务），如企业的竞相收购、涉经营信息的商业秘密等。另外，从体系解释的角度看，第3款经营者定义采用的是"商品生产、经营或者提供服务"的用语，即对"生产与经营""商品与服务"分别进行二分划定；从立法目的解释的角度看，"促进社会主义市场经济健康发展"强调的是整个市场经济活动。故从以

---

① 参见宁立志《〈反不正当竞争法〉修订的得与失》，《法商研究》2018年第4期。
② 参见刘涛《企业资本经营与企业生产经营的区别和联系》，《前线》1998年第4期。
③ 参见崔志伟《破坏生产经营罪的口袋化倾向与司法消解》，《法律适用》2018年第7期。
④ 参见吉善雷《论网络背景下破坏生产经营罪的适用范围》，《中国检察官》2018年第10期。

上角度可以分析发现,对于"生产经营活动"的解读似乎也应像刑法学界的理论发展与扩张趋势一样,不应拘泥于"生产性经营"这一经济学概念,对其理解应该扩展至包括但不限于生产性经营活动的市场经济活动(或者说商业活动)中来。

第三节 调整法律关系主体:经营者界定评述与解读

正如上文所分析,2017年《反不正当竞争法》调整的法律关系无疑是以"经营者"作为主体的,至于经营者到底是指哪些主体,亦即竞争法律关系的范围,则须进一步借助于第2条第3款"经营者"的定义去廓清和认定。事实上,从2017年修法来看,学界对于扩充经营者这一主体的外延是具有共识的。但是从修法幅度这个角度来看,不同的修改方式将反映立法者的本意。第一,在不正当行为界定中继续延用经营者的术语,且扩充经营者概念范围的做法,也就是2017年修法的方式,其实是一种小修的幅度。其原因在于,一方面经营者的保护范围仍受限于其定义的周延性,另一方面其没有超越传统的立法架构,而固守以经营者为中心的一元保护模式。第二,中修的幅度则是在立法规范中以"竞争者"来替代"经营者"这一保护与规制的对象。从修法力度论,打破了传统立法架构,明确其调整的对象包括但不限于"具体竞争法律关系"。同时,有学者认为如此修改,从立法结构来看,是吸收二元体系区分竞争者保护和消费者保护的做法,符合市场主体针对其他竞争者和消费者所负的专业谨慎义务具有不同性的观点,进而解决了以立法目的条款为中心的立法体系前后不衔接的问题。① 第三,大修的幅度则是从《反不正当竞争法》为侵权行为法的特别法的角度或者凸显其行为规制法的角度,强调判断的标准是行为的恰当性,而不在乎谁作为。② 即:删除经营者与消费者的术语,而

---

① 参见柴耀田《论中国〈反不正当竞争法〉的结构性问题——兼评2018年新修订〈反不正当竞争法〉》,《知识产权》2018年第1期。

② 参见郑友德、张钦坤、李薇薇等《对〈反不正当竞争法(修订草案送审稿)〉的修改建议》,《知识产权》2016年第6期。

不明确调整主体概念（如《巴黎公约》）或以"他人""任何人"这些既包含经营者也包括消费者以及任何其他主体的宽泛概念作为替代（如《奥地利反不正当竞争法》），那么其调整对象将包括市场竞争者之间的竞争法律关系、市场竞争者与市场参与者之间的法律关系及市场竞争者、市场参与者与消费者之间的法律关系，这与德国法的区分体系相接近。但事实上，这一争议从全球化视角来看，因历史和国情的不同而差异明显，因此，有学者特别指出，就确定反不正当竞争法的调整对象而言，我们不应期望过高，虽然有着"经营者对消费者（B2C）"和"经营者对经营者（B2B）"这两种模式之间的区别，但其仍属于假定性质的，这种竞争者和消费者的利益因存在诸多联系而难以区分。[①] 2017 年修法虽然不能完全消弭有关所谓调整对象的争议，但从事实问题的解决、规则体系的稳定性和行为规制的侧重角度来讲，将其明确在"竞争与交易法律关系"的范畴内依然具有重大理论意义和实践价值，当然上述所言的体系化问题也有待于未来进一步梳理和解决。

1993 年《反不正当竞争法》中的"经营者"定义屡遭学术界和实务界批评，主要缘由是因为其内涵的界定不够严谨，难以涵盖《反不正当竞争法》所要规制的各类主体。而 2017 年修法则主要对该定义修改了以下两处：一是将"从事商品经营或者营利性服务"修改为"从事商品生产、经营或者提供服务"，删除了"营利性"标准；二是将"法人、其他经济组织和个人"修改为"自然人、法人和非法人组织"。这些修改与《民法典》的立法规范保持了一致，即将民事主体分为自然人、法人和非法人组织。

一　从事、提供——应采用"行为主义"标准

从"从事、提供"这一用语的延用来看，经营者概念没有发生实质性变化，仍以"从事、提供"一词强化了经营者的身份特征，这也导致学界对于"从事商品生产、经营或者提供服务"到底是遵循"主体资格说"还是按照"行为主义说"而发生争执。如按照主体资格说这一身份标准，那经营者的认定就需要经过工商登记这一前置性条件，也就是说，

[①] 参见［德］弗诺克·亨宁·博德维希主编《全球反不正当竞争法指引》，黄武双、刘维、陈雅秋译，法律出版社 2015 年版，第 11 页。

未取得合法经营主体资格的主体不是《反不正当竞争法》的适格主体，其所实施的不正当竞争行为当然就不能由《反不正当竞争法》加以规制。① 可以说，主体资格说的观点主要是出于对《反不正当竞争法》经营者定义的字面理解，这也是在司法实践中，诉讼主体的身份要件问题成为很大一部分不正当竞争行为不能纳入《反不正当竞争法》调整范围的重要原因。② 而按照行为主义说，对于经营者的认定是将考察的重点置于市场主体在参与市场竞争过程中的具体竞争行为，而非考察其是否经过工商登记取得经营主体资格，更不考虑其是否具有营利性目的。也可以说，该标准已将不正当竞争行为的适格主体扩大到所有从事或参与市场竞争的主体（任何组织和个人）。③ 上述差异背后的根源是由于"从事"一词从字面意思上表明不正当竞争行为的实施主体必须是以经营为业的，实则将经营者概念限定在以提供商品、服务为业的市场主体范围内，从而将公益性机构、非营利性组织在营利性活动中的不正当竞争行为排除在其适用范围之外。同时，像员工等仅参与商品、服务经营，明显不具有独立的经营者资格的这类主体实施的不正当竞争行为也难以被涵盖其中。④

事实上，我国《反不正当竞争法》的执法和司法已经对"经营者"进行了实质上的广义界定和解读，诸多参与市场经营活动的主体都已被视为经营者，⑤ 这也在学界形成了一定的共识，但遗憾的是，已然前行的实践经验未得到此次修法的确认。不过，从2017年修法的立法本意及立法目的出发，《反不正当竞争法》应该侧重对竞争行为的规制。也就是说，不论行为人是否具有经营资格，只要在从事或参与经济活动中损害了竞争秩序，就触犯了《反不正当竞争法》，应予以规制，否则，该法的作

---

① 参见邵建东编著《竞争法教程》，知识产权出版社2003年版，第32页。

② 参见宁立志、冯晓美《〈反不正当竞争法〉中的"经营者之困"及其破解》，《私法》2018年第1期。

③ 参见王先林《我国〈反不正当竞争法〉修订完善的宏观思考》，《中国工商管理研究》2014年第7期。

④ 参见宁立志《〈反不正当竞争法〉修订的得与失》，《法商研究》2018年第4期。

⑤ 参见李友根《修订法律应尊重与吸收司法经验——以〈反不正当竞争法（修订草案）〉经营者定义为例》，载王先林主编《竞争法律与政策评论》（第3卷），法律出版社2017年版，第34页。

用就无法充分发挥,甚至对竞争秩序造成更为严重的损害。① 因此,在未来的实践过程中,司法与执法人员对此款的理解应采用行为主义标准,即对其能否成为竞争主体的判断亦应以行为的性质为切入点,如一些虽未经过工商登记程序,但仍从事或参与市场竞争相关活动而实施不正当竞争行为的主体(亦即德国法中的竞争参与者与市场参与者)亦属于《反不正当竞争法》上的经营者。如企业员工、代理他人实施经营行为的人、未经工商登记而参与经营活动的自然人、利用业余时间兼职从事推销活动的个人等均属于此类主体,而不再是经营者的例外。②

二 商品生产、经营或服务——不以"营利性"为标准

依据 1993 年立法关于"经营者"概念的规定,经营者的构成要件之一必须是具有营利性的目的或效果,不过,若以此为标准,那么医院、学校、政府及其所属机构、企业职工等这些不具备上述标准的主体所实施的行为妨碍市场竞争时,无疑就失去了通过适用《反不正当竞争法》以规制其失序竞争行为的可能性。③ 故在 2017 年修法中,立法者删除了"营利性"这一严苛的标准,也就意味着未来实践中对经营者的认定并不以行为主体"是否具有营利目的"或"是否获得营利"为判断标准。同时,按照逻辑来讲,法律调整的主体与其调整的领域应具有契合性,即主体应来源于该领域或由该领域形成的相应主体。如《反不正当竞争法》第 2 条第 2 款规定了其调整领域为"生产经营活动",而第 3 款规定的调整主体(即"经营者")的经营内容则是为"商品生产、经营或服务",即,既包括了商品生产及商品经营,也涵盖了服务,按照《国民经济行业分类(2017)》来看,其基本上覆盖了整个商业活动。这也再次印证如上文对其的分析,实践中对"生产经营活动"的解读不应拘泥于"生产性经营"这一经济学概念,对其的理解应该扩展至包括但不限于生产性经营活动的市场经济活动(或者说商业活动)中来。另外,值得注意的是,虽然"从事、提供"一词仍有强调身份特征的嫌疑,但现实中从事、提供的内

---

① 参见孔祥俊、刘泽宇、武建英编著《反不正当竞争法原理·规则·案例》,清华大学出版社 2006 年版,第 24 页。

② 参见孔祥俊《反不正当竞争法的适用与完善》,法律出版社 1998 年版,第 74 页。

③ 参见宁立志、冯晓美《〈反不正当竞争法〉中的"经营者之困"及其破解》,《私法》2018 年第 1 期。

容有时与市场竞争行为的内容并不一致,甚至行业内部又分为主要活动、次要活动与辅助活动。① 譬如学校作为教育服务提供主体,其如果在采购书籍等教学用品的过程中,收受交易相对方提供的回扣,事实上其又参与了商品经营活动,对于这一行为,根据国家工商行政管理总局的相关答复,"商业贿赂行为的构成,不受行为人或者单位性质的限制"②。甚至作为企业的员工或前员工的个人,其本身也并未直接从事经营活动。这也意味着,实践中对"从事商品生产、经营或者提供服务"的理解,既无须以营利性作为判断标准,也不需要其参与的经营活动与从事的经营活动保持一致,而是只要行为人(自然人、法人或非法人组织)从事或参与了上述商业活动,其均可被认定为经营者。

第四节　调整法律关系客体:三重权益架构

一　保护客体的性质争论

关于反不正当竞争法的保护客体究竟为何,我国学界著述颇丰。虽然2017年修法仍是沿用了"合法权益"的术语,但争议犹存。如一些学者从知识产权法律体系或经营者保护的视角出发,强烈主张将反不正当竞争法的保护客体归结为"权利",其表述有"公平竞争权""制止不正当竞争权"及"竞争权利"等。③ 也有学者认为:"不正当竞争仅违反了客观行为规范,并非对主观权的侵害。反不正当竞争法通过禁止性条款和一般条款(诚信、良俗条款)规范竞争行为,保护的是竞争者、市场参与者、

---

① 《2017年国民经济行业分类与代码》(GB/T 4754—2017)。
② "商业贿赂行为的构成,不受行为人或者单位性质的限制,无论是否公办学校,均可依据《反不正当竞争法》和国家工商行政管理总局关于《禁止商业贿赂行为的暂行规定》进行处理。"《国家工商行政管理总局关于公办学校收受商业贿赂行为是否受〈反不正当竞争法〉调整问题的答复》(工商公字〔2006〕90号)。
③ 参见朱一飞《论经营者的公平竞争权》,《政法论丛》2005第1期;唐兆凡、曹前有《公平竞争权与科斯定律的潜在前提——论公平竞争权的应然性及其本质属性》,《现代法学》2005年第2期;刘大洪、殷继国《论公平竞争权——竞争法基石范畴研究》《西北大学学报》(哲学社会科学版)2008年第6期;李有根《经营者公平竞争权初论——基于判例的整理与研究》,《南京大学学报》(哲学·人文科学·社会科学版)2009年第4期。

消费者及公众的法益,而非绝对权利。"① 从域外角度来看,亦有学者认为:"《德国反不正当竞争法》由个体法向社会法转型后,其规制方式也发生了转变,重点不在于不正当竞争行为损害了某类主体的权利或法益,而在于它违反了为竞争者、消费者和公众利益而设立的规范。"② 更有学者从我国《消费者权益保护法》的视角提出:"该法中的消费者权益被限缩为个体消费者的权利和通过经营者义务所折射保护的消费者利益,其不能完全体现消费者受法律保护的权利和利益。但竞争法意义上的消费者利益却不止于上述情形,而能提供更为周延的保护。"③ 如果从法理角度来说,就法律保护的客体而言,通常认为法律保护的权利外,尚有受法律保护的利益或法益,以及未受法律而经公序良俗(道德准则)规范的法外利益。④ 这也在我国的《民法典》中有所体现,即:其立法将权利和利益总体上合称为"合法权益",有区分但又非严格区分,对于利益的保护也未采取严格态度,而主要看保护的必要性。⑤ 因此,2017年修法延用"合法权益"的术语,一方面可以说是向立法传统靠拢,采取折中立场而弱化该问题的争论;另一方面也突出了2017年修法作为行为规制法的属性,更强调对行为的规范,而非重点在权益的保护。不过,值得注意的是,反不正当竞争法作为权利的孵化器这一"客体利益(法益)说"正在为更多学者所接受。但利益保护一方面更具开放性、模糊性和非法定性,而符合反不正当竞争法适应新时代的现实需要。另一方面却对其法律客体保护的适格性,即在司法实践中的个案判断上,提出了更为具体、合理的分析要求,⑥ 以避免其被滥用而反伤市场竞争秩序的公平性,当然,这也为慎用一般条款的主张提供了一定的理据。

---

① 郑友德、胡承浩、万志前:《论反不正当竞争法的保护对象——兼评"公平竞争权"》,《知识产权》2008年第5期。

② 范长军:《德国反不正当竞争法研究》,法律出版社2010年版,第60页。

③ 袁嘉:《以多元利益保护观重塑反不正当竞争法立法目的条款》,《经济法论丛》2017年第1期。

④ 参见龙卫球《民法总论》,中国法制出版社2001年版,第116页。

⑤ 参见孔祥俊《反不正当竞争法的创新性适用》,中国法制出版社2014年版,第138、141页。

⑥ 参见谢晓尧《在经验与制度之间:不正当竞争司法案例类型化研究》,法律出版社2010年版,第3—4页。

二　三重权益的内容解读

（一）经营者的合法权益

反不正当竞争法保护经营者的合法权益是没有疑问的，因为从法国、德国、英国等国家早期的反不正当竞争法律制度发展史来看，该法最初就是专门为保护诚实经营者的合法权益而产生的。这也是反不正当竞争法保护的法益由单一向多元发展的逻辑起点，体现这一点的国际条约最早可追溯到1883年的《巴黎公约》，其将不正当竞争行为直接定义为与"诚实的商业行为"相反的行为。因为正当竞争与不正当竞争两者具有根本对立性，即有了不正当竞争者的经营活动自由，就挤压了诚实守信经营者的经营活动自由的空间。[①] 虽然近些年来，该法从个体法走向社会法的趋势甚为明显，但经营者仍然是不正当竞争行为最直接、最常规的实施者和受害者，这一点从2017年修法第二章"不正当竞争行为"每一条均以"经营者"作为条文开头就能印证出来。这根源于竞争行为本质上就是指两个或者两个以上的经营者在市场上以比较有利的价格、数量、质量或者其他竞争条件争取交易机会或优势的行为。[②] 而不公平的竞争行为不仅会使得诚实经营者蒙受损失，还会危及市场主体诚实经营的信念，因此，保护经营者的合法权益当然成为反不正当竞争法立法的根本目的之一，这也在2017年修法中得以坚持和贯彻。如从不正当竞争行为的判定来看，其仍然是一项核心的独立判断标准；从经营者概念的内涵和外延来看，2017年修法也与反垄断法进行了统一；从经营者合法权益的救济来看，亦享有民事救济、行政救济与刑事救济多重保障。

（二）消费者的合法权益

在不正当竞争行为的认定中，对于是否将损害消费者利益纳入该行为成立要件的考量，在2017年修法过程中也曾出现过反复。如1993年立法和2017年通过的修订草案，均是要求必须以损害其他经营者利益为核心构成要件，而在2017年修订草案前的送审稿中则加入了损害消费者利益这一客体选择要件。当然，仍有专家在二次审议稿征求意见时提出，与德

[①] 参见黄绮、曹群进、屠天峰编著《反不正当竞争法的实例说》，湖南人民出版社1998年版，第71页。

[②] 参见孔祥俊《反不正当竞争法原理》，知识产权出版社2005年版，第46页。

国相比，我国有专门的《消费者权益保护法》，《反不正当竞争法》对消费者的保护是通过维护竞争秩序实现的，在认定"不正当竞争行为"时可不将"损害消费者合法权益"作为判定要件。① 从现实来看，不正当竞争行为损害的客体愈发呈现多重性，在市场交易活动中，参加者实施的不正当竞争行为首先侵害的是竞争对手的利益，在一些情况下呈现的是对特定竞争对手利益的侵害，如市场混淆、商业诋毁和侵犯商业秘密等，在另一些情况下则是侵害的不特定竞争对手的利益，如商业贿赂、虚假宣传和不正当销售等。同时，不正当竞争行为也侵害了交易相对人尤其是消费者的利益，因消费者是经营者争取的获利对象，其也在此竞争中理应获得不受混淆和非不正当指引的选择权，如在不正当有奖销售和虚假宣传行为中，消费者的选择权受到直接侵害，也可以说是通过损害消费者利益进而影响竞争者的利益。故，在调整客体范围的问题上，立法者最终确立了"损害消费者合法权益"这一不正当竞争行为的判定要件，进一步彰显了该法对消费者的保护，也与本法的立法目的保持了一致，在符合消费者保护在反不正当竞争中的现代定位的同时，也回应了不正当竞争行为损害消费者合法权益是不正当竞争行为的主要危害之一的疑问。② 而从学界主流意见来看，多数学者对消费者合法权益标准的增加也是持肯定态度的，甚至是积极呼吁的。这也意味着，在适用一般条款时，法院可以将"损害消费者合法权益"作为竞争行为正当性判断的重要标准，当然"消费者合法权益"并非指代单个或极少数消费者的合法权益，而是整体消费者的合法权益或福祉。但值得指出的是，2017 年《反不正当竞争法》在民事法律责任规定中，仅明确"经营者的合法权益受到不正当竞争行为损害的，可以向人民法院起诉"，这无疑仍将消费者权益的保护作为经营者权益保护的副产品，仅在一般条款的适用中成为钳制竞争者的竞争利益是否具有正当性的一个标准而已。

（三）竞争秩序利益

2017 年修法将"扰乱社会经济秩序"修改为"扰乱市场竞争秩序"，事实上是与立法目的"鼓励和保护公平竞争，制止不正当竞争行为"相呼应，即进一步明确我国《反不正当竞争法》保护的客体包括市场竞争

---

① 参见王瑞贺主编《中华人民共和国反不正当竞争法释义》，中国法律出版社 2018 年版，第 174 页。

② 参见宁立志《〈反不正当竞争法〉修订的得与失》，《法商研究》2018 年第 4 期。

秩序。而在放置顺序上，立法者将"扰乱市场竞争秩序"由"损害其他经营者或者消费者的合法权益的行为"之后调整到其前，反映出立法者有强调维护竞争秩序和公共利益的意图，也即竞争秩序在竞争行为正当性判断中具有优越地位。① 这也意味着，在认定不正当竞争行为时，竞争秩序或公共利益应是行为正当性认定的首要考量因素。某种程度上，这也使该法具有了更强的公法或者经济法色彩，也进一步凸显了《反不正当竞争法》作为一部竞争基本法的定位。值得注意的是，对于市场竞争秩序的把握，可以有静态的竞争观与动态的竞争观之别，如"非公益不干扰"之下的市场竞争，就代表了一种线条单一、互不干扰及和平竞赛式的静态竞争观，但这种竞争观事实上是与竞争本质上所具有的强烈的对抗性和多元的交织性相违背的。静态的竞争思路可能维护了市场竞争的和平，但过多限制了竞争自由和损害了市场活力，而动态竞争才符合竞争实际，有利于维护经济的持续增长和不断创新。② 这也就意味着，在《反不正当竞争法》的适用中，理解市场竞争秩序应遵循动态竞争的理念，即要求司法者一方面不能单纯固守静态权益的保护，而忽视竞争本质上所蕴含的自由、效率与创新的精神；另一方面则应借助于利益平衡的工具，比较该行为对于市场竞争秩序的利害影响。

三　法益保护之间的层次关系

在法益保护的层次关系问题上，在各国的具体立法实践中，由于国情与文化背景的差异，各国反不正当竞争法对经营者利益、消费者利益和公共利益三者的重视程度也常有不同，因此，当对某一具体的竞争行为进行不正当竞争的评估与判断时，依据保护诚实经营者还是保护消费者利益，抑或保护公共利益所得出的结论有很大不同。③ 以德国为例，德国 2004 年《反不正当竞争法》改革是将其三种保护法益置于同等地位。当然，在具体的案例中，可能其中一个保护目标居于主要地位，或几个目标可能同时发生，此时则需要进行利益平衡。尤其对于消费者的利益保护，一方面突

---

① 参见孔祥俊《继承基础上的创新——新修订反不正当竞争法解读》，《中国市场监管研究》2017 年 12 期。
② 参见孔祥俊《论反不正当竞争法的基本范式》，《法学家》2018 年第 1 期。
③ 参见吕明瑜《竞争法教程》（第二版），中国人民大学出版社 2015 年版，第 253 页。

出对其保护不是一种保护反射,即消费者保护并非作为竞争者保护的副产品,另一方面也不片面强调突出消费者保护的地位。① 与此对照的是,我国《反不正当竞争法》在法益保护的层次上做了区分,如郑友德教授认为:"就立法理念而言,共有三层意思:第一层次是保护社会主义市场经济的健康发展;第二层次是保护公平竞争,制止不正当竞争行为;第三层次是保护经营者和消费者的合法权益。这也是我国《反不正当竞争法》顶层设计的三个最核心的要素。"② 邵建东教授认为:"应从以下三个层次理解我国《反不正当竞争法》的立法宗旨:制止不正当竞争为直接目的;鼓励和保护公平竞争,保障社会主义市场经济的健康发展为最终目的;保护经营者和消费者的合法权益为根本目的。"③ 甚至有学者提出:"公平竞争的秩序是反不正当竞争法的根本目的,保护消费者实际上只是本法的副产品,甚至保护竞争对手的利益也是竞争法的副产品。"④ 而也有德国学者指出:"与德国法相比,从条文逻辑来看,中国《反不正当竞争法》的公益目的是置于私益目的(经营者、消费者的合法权益)之前的,反映中国整体上公益重于私益的观念。"⑤ 因此,国内有学者曾根据法益层次的递进程度,提出将"保障社会主义市场经济的健康发展"置于条款句末的修改意见。⑥ 结合 2017 年修法对一般条款来的变动来解读,可以发现:整体上,2017 年修法仍然保留了如学者们解读的"由抽象到具体""由间接到直接"及"由公益到私益"的法益保护的层次性安排;局部上,将消费者的合法权益保护并未实质提升到与经营者合法权益保护的同等地位,与欧洲法的理念相反,即对前者的保护仍然是一种保护反射或副产品;适用上,在非具体化的行为的保护目标发生冲突时,应适用一般条款并结合基本原则与立法目的进行利益平衡,从而予以判定。

---

① 参见范长军《德国反不正当竞争法研究》,法律出版社 2010 年版,第 60 页。
② 戴龙等:《"〈反不正当竞争法〉修订的重大问题学术研讨会"综述》,《竞争政策研究》2017 年第 4 期。
③ 邵建东编著:《竞争法教程》,知识产权出版社 2003 年版,第 18—19 页。
④ 孙琬钟主编:《反不正当竞争法实用全书》,中国法律年鉴社 1993 年版,第 26 页。
⑤ 德国慕尼黑大学法学院 Ansgar Ohly 教授,于 2018 年 3 月 21 日在华中科技大学法学院举办的"新修订《反不正当竞争法》实施问题研讨会"上,对比德国立法目的条款提出此观点和见解。
⑥ 参见吕来明、熊英《反不正当竞争法比较研究——以我国〈反不正当竞争法〉修改为背景》,知识产权出版社 2014 年版,第 39 页。

第五节　衔接：立法目的与基本原则

在一般条款的适用过程中，当然也离不开基本原则的解释功能与立法目的的限定指引，否则就易引发一般条款及其利益衡量的滥用。而立法目的与基本原则本身就是制度设计时的重要价值标靶，通过对二者的妥善合理适用，司法者可以较好地把握一般条款的适用方向。

一　立法目的于一般条款的功能发挥

有关立法目的条款应否需要设置的问题向来在学界存有争议，如周旺生教授主张："凡是法律文本都应设置立法目的条款"[①]，而我国台湾学者苏永钦教授则认为，"立法目的条款的设置需符合正当理由，以适应法律的类别及实际需要，否则并无增设的必要"[②]。梁慧星教授则在谈及《民法通则》的修订时，认为"该目的条款只具有宣示的性质，不值得过分关注。起草的时候，考虑到中国的立法惯例，不想在这些问题上唱反调"[③]。此类争论也一直延续至《民法典》总则编的起草制定过程中来。[④] 事实上，其他法域的立法在这一问题上也并不统一，如改革前的《德国反不正当竞争法》及《奥地利反不正当竞争法》没有明确陈述该法的立法目的。但对于我国《反不正当竞争法》来说，目的条款的设计并非可有可无的虚位角色，而是具备了学者们强调的正当理由[⑤]，且担负着重要的价

[①] 周旺生：《立法学》（第二版），法律出版社2009年版，第485—486页。

[②] 苏永钦：《走入新世纪的宪政主义》，元照出版有限公司2002年版，第415页。

[③] 梁慧星：《学问人生与人生的学问》，载易继明主编《私法》（第5辑第2卷），北京大学出版社2004年版，第39页。

[④] 参见刘颖《民法典中立法目的条款的表达与设计——兼评〈民法总则〉（送审稿）第1条》，《东方法学》2017年第1期。

[⑤] 正当理由如《美国统一州法典委员会统一法案或示范法案的起草规则》第22条规定的"不需要规定法案的目的和法案确定的事实，除非这些内容对抵制违宪性攻击有用或是任意解释条文有作用"。苏永钦教授提出："相比于秩序法，政策法在法领域上可能本来就具有高度政策性，这时候，目的宣示有区隔以及自我正当化的作用。"苏永钦：《走入新世纪的宪政主义》，元照出版有限公司2002年版，第236页。

值判断与司法控制的实位功能。而竞争领域的复杂化及一般条款合乎目的的解读，决定了反不正当竞争法须以目的条款来统领价值取向，确立价值标准，奠定立法基调，控制整体制度的具体结构和内容。可以说，当前反不正当竞争立法又站在了新的历史起点上，方兴未艾的经济全球化、互联网引领的信息社会和蓬勃兴起的新产业革命，极大地促进了世界范围内反不正当竞争法的新变革。[1] 而且这样的变革还在继续，尤其是在创新时代的诉求下，人工智能等新技术竞争、数据隐私保护等也将必然成为反不正当竞争法现代化的使命和考验。这就要求，执法者和社会成员应该从现代背景下理解该法的价值定位及其相关精神，而目的条款无疑将有利于执法者准确地理解法律的"原旨"，公正地实施法律，亦可以使社会成员知悉法律规定的"真义"，正确地行使权利、履行义务。其中，一般条款的设计就是为了填补法律漏洞，弥补成文法缺陷，但如果对其的解释和适用背离了立法目的的初衷，将削弱法律的预测性和公正性，甚至不利于公平竞争秩序的构建和维护。诚如有学者指出，在一般条款的适用过程中，立法目的条款往往徒有"如何重要"的虚名而实际沦为摆设，对立法目的的解释和说明往往成为无关紧要、泛泛而谈的例行公事和左右逢源的挡箭牌。[2] 这也是学界反对一般条款适用的重要原因之一。从实践来看，只有将反不正当竞争法的立法目的与一般条款结合起来，才能丰富一般条款的内容而增加其可操作性，使高度抽象枯燥的一般条款鲜活起来。[3] 同时，反不正当竞争立法的应然追求决定着其规制范畴的阈值，法追求什么样的价值目标就需要有什么的规范设计与其相匹配。[4] 因此，回归反不正当竞争法的立法价值取向，准确揭示条文合乎目的的含义，既需借重于目的条款的设立，更要强调司法实践中对其进行精确解读和规范适用。

二　基本原则的修改评述与法律解读

关于基本原则这一款，《反不正当竞争法》在 2017 年修订时主要修改了三个地方：第一，将"在市场交易中"改为"在生产经营活动中"，这

---

[1] 参见孔祥俊《论反不正当竞争法的新定位》，《中外法学》2017 年第 3 期。

[2] 参见孔祥俊《保护经营者和消费者与维护公平竞争机制的关系——从一起行政诉讼案的法律适用谈反不正当竞争法的立法目的》，《工商行政管理》2000 年第 5 期。

[3] 参见孔祥俊《反不正当竞争法原理》，知识产权出版社 2005 年版，第 38 页。

[4] 参见吴宏伟《论〈反不正当竞争法〉的规制范畴》，《法治研究》2016 年第 4 期。

一点已在不正当竞争行为的认定中有所阐释，但前后规范的一致性，一方面进一步明确了《反不正当竞争法》调整的领域范围及不正当竞争行为认定的领域限定；另一方面也在条文形式上使得第 1 款与第 2 款形成了鲜明对应，即两款都是采取的"经营者在生产经营活动中"这一"主体+领域"规范范式的，某种程度上也加深了此两款之间的联结，消除了"基本原则"与"不正当竞争行为界定"因规范问题可能存在的调整主体与调整领域出现冲突或不一致的情况，这对于一般条款的明确适用也具有一定的积极意义。第二，2017 年修法将"诚实信用"原则缩写为"诚信"原则，一方面与《民法典》的调整保持了一致，另一方面从并列结构形式对称的角度使诚信与自愿、平等、公平保持了一致，但从其本质来说并没有发生任何变化。第三，2017 年修法将"遵守公认的商业道德"修改为"遵守法律和商业道德"，即新增了"守法"原则，并删除了商业道德的"公认"性的要求。

（一）新增"遵守法律"规范的解读

"遵守法律"（《民法典》总则编中的"守法原则"）是 2017 年修法中唯一增加的基本原则，而这一基本原则的增加主要是源于对社会公众意见的征求和反馈，[①] 某种程度上也不能证明是立法者深思熟虑或坚持己见的结果。具体考察其立法背景来看，当初《反不正当竞争法》立法时虽然大量吸收了《民法通则》中关于基本原则的内容（主要是第 4 条、第 7 条），却并不包含《民法通则》第 6 条 "民事活动必须遵守法律，法律没有规定的，应当遵守国家在政策"的规范。至于 2017 年予以规范的理由，有学者解读为是因为最高人民法院在 "海带配"案中指出， "在市场经济环境下，任何人只要不违反法律都可以和其他任何人开展竞争"，其裁判思路凸显了 "遵守法律原则"作为竞争行为正当性的判断标准之一。[②] 当然，不管是有心还是无心，及理由到底为何，守法原则作为一项适用于全体社会公民的行为准则，其在此次修法中予以特别强调，并在《民法典》总则编的制定中也进行了规范和完善，其具体内容和规范意义确实

[①] 参见《反不正当竞争法修订草案向社会公众征求意见的情况》《法律委、财经委、法工委对反不正当竞争法修订草案的意见》，《中华人民共和国反不正当竞争法释义》，王瑞贺主编，法律出版社 2018 年版，第 139、161 页。

[②] 参见袁嘉《新修订〈反不正当竞争法〉"遵守法律原则"的限缩解释——以德国法为参照》，《南京大学学报》（哲学·人文科学·社会科学版）2018 年第 3 期。

值得进一步研读。按照体系解释的逻辑，一般条款中"违反本法规定"的用语也应涵盖"遵守法律原则"的内容，既然前后采取了"法律"与"本法"不同的说法，那么自然遵守法律应并不限于本法了，进而实现了由"本法"到"法律"的范围拓展。这也意味着从法律解释的角度，不正当竞争行为的认定中"本法"的评价范围也并不限于《反不正当竞争法》。不过，这样的逻辑解读仅在少数学者中较为流行，而在我国尚缺乏深入的理论研究和具体实践。本书仅从以下两点阐述对其的一些理解与观察：

第一，该原则理应从禁止性规范角度来规范和解读。关于2017年修法所确立的守法原则的内容，有学者解读为"要求经营者尊法、信法、守法，依法从事生产经营活动，依法维护自身的合法权益"[1]。事实上这是对守法原则这一正面规定的正面解读，而且该解读其实有扩大守法原则内容的嫌疑，即，增添了市场主体"尊法、信法"的道德负担及"依法维权"的行为负担。同时，值得注意的是，在2017年《民法典》总则编的制定中，立法者已将《民法通则》规定的"民事活动必须遵守法律"修改为"民事主体从事民事活动，不得违反法律"。其理由就在于，在私法领域，法无禁止则自由，民事活动遵循法无禁止即可为的原则，不宜规定"从事民事活动应当遵守法律"，这也使得从禁止性规范的角度规定守法原则的表述被最终采纳。同样的，在市场竞争领域，也强调竞争自由与竞争公平，这就意味着法律没有禁止的竞争行为，市场主体就可以实施。因此，从禁止性规范角度来阐述市场主体的守法原则的做法，才符合法理，也对于保障竞争自由具有宣示意义。

第二，该原则适用应回归竞争行为正当性评价的基本范式。可以说，此处守法原则的规范强调并不能与《民法典》总则编规定的"不得违反法律"原则一样产生"违反其他法律强制性规定而使民事法律行为无效"的法律效果，其在《反不正当竞争法》立法中更像是一种价值性的宣示。不过也有学者从不同的角度为"守法原则"提出了特别的适用路径，包括"将违反其他法律的行为视为违反了诚信原则及公认的商业道德"[2]或"可将违法行为推定其损害了消费者、其他市场参与者或者竞

---

[1] 王瑞贺主编：《中华人民共和国反不正当竞争法释义》，法律出版社2018年版，第5页。
[2] 参见吴峻《反不正当竞争法一般条款的司法适用模式》，《法学研究》2016年第2期。

争者的利益"①，其实质都是将违反法律的行为作为某一种正当性标准的证明依据，一定程度上又将《反不正当竞争法》从与其他法律的体系切割中引致体系混杂的泥淖中。也有我国学者曾借鉴德国的立法模式，认为应在我国《反不正当竞争法》具体不正当竞争行为的规定中增设此条"违法行为为不正当竞争行为"。② 但事实上，我国与德国的立法模式及救济设定并不相同，德国法规范此条的目的很大程度上是基于法律救济的互补考量，即一方面对于违反市场行为法（德国司法实践中主要是行政监管法律规定）的救济绝大部分是设计的行政责任，而另一方面对于违反反不正当竞争法的行为相关主体其主要获得的是民事救济（这也是德国法传统上的主要救济模式），③ 故将两者结合并不会存在所谓重复制裁的问题，也能实现其法律目的与效果。而这一问题显然在我国并不完全成立，虽然我国《反不正当竞争法》一般条款并未设定行政责任，所谓重复制裁的问题也不明显，但是该法亦未赋予竞争者团体、消费者团体、工商业公会和手工业公会等民事救济的权利，所以法律适用效果上也不具有可操作性。至于该条对于竞争者的不作为及排除妨碍请求权与损害赔偿请求权来说，德国法亦要求该违法行为对权益构成明显损害，因此，此问题亦可以通过侵权救济的方式予以实现，当然，其如符合我国竞争法关于不正当竞争行为的判定，竞争者也可依此寻求民事救济。④ 同时，按违法行为为不正当竞争行为去扩容一般条款也会引发如何认定，认定主体是谁，以及如何防止向 2017 年修法一般条款另行"逃逸"⑤ 等诸多问题。"违法行为"规则的适用在德国判例中也常出现认定宽严不一的情形而饱受诟病，因

---

① 参见袁嘉《新修订〈反不正当竞争法〉"遵守法律原则"的限缩解释——以德国法为参照》，《南京大学学报》（哲学·人文科学·社会科学版）2018 年第 3 期。

② 参见范长军《违法行为与不正当竞争》，《知识产权》2014 年第 10 期。

③ 竞争者、竞争者团体、消费者团体、工商业公会和手工业公会可以主张不作为与排除妨碍请求权（《反不正当竞争法》第 8 条第 3 款）；竞争者可以主张损害赔偿请求权（《反不正当竞争法》第 9 条）；团体可以主张利润返还请求权（《反不正当竞争法》第 10 条）。

④ 此处可参考德国联邦最高法院曾长期坚持的判断原则，即"制裁违反其他法律的行为，并不是一般条款的任务，该法律与竞争有关且该行为为竞争行为"。参见范长军《违法行为与不正当竞争》，《知识产权》2014 年第 10 期。

⑤ 参见郑友德、王活涛《新修订反不正当竞争法的顶层设计与实施中的疑难问题探讨》，《知识产权》2018 年第 1 期。

此，德国学者也直言，与中国情况相比，"违法行为"这一行为类型在德国反不正当竞争法的实践中更为重要。① 综上所述，不管是基于立法目的分析，还是从我国法律体系的视角出发，在一般条款未赋予消费者团体、行业协会等诉权的情况下，上述超越立法表述的"当然证明关系"都不应被特别强调或论证成立，而是应立足维护市场竞争秩序之目的和要义，回归竞争行为不正当性评价的基本范式。

（二）"公认"标准弃留问题的探讨

2017年修法将"公认的"这一限定词予以删除［在《反不正当竞争法（修订草案）（二次审议稿）》时还依然存在］，有学者指出这是此次修法的一个败笔。② 至于其修改缘由，由于资料所限，笔者大胆预测可能基于以下两个理由：第一，从商业道德的本义来讲，商业道德的形成和发展本身体现的就是整体的、内在的和长远的变化，③ 会使得所谓的公认性已内化于商业道德的评价之中了。正如民法学者认为善良风俗或所谓的社会公共道德，就是指由社会全体成员所普遍认可、遵循的道德准则，④ 包括Trips协议等法律文本也并未明确加以限定，因此，立法者可能基于商业道德的含义和特征而删除了公认的标准。第二，立法者或认为"公认"一词是一个较为抽象的概念，并不会为司法裁判提供更为清晰的指引。正如在修法过程中，有的地方对修订草案提出建议，认为"公认的商业道德的认定标准应予以细化，以提高可操作性"⑤。因此，立法者也可能基于公认一词的含义和特征而删除了公认的标准。但不管是基于"公认"一词，还是基于"商业道德"一词，将"公认"删除的修改都是在理解"公认"与"商业道德"之间的关系上有失偏颇。我国《反不正当竞争法》立法将商业道德规定为认定构成不正当竞争的基本标准之一，事实上是将道德规范上升为法律规范，为解释空间受到严格限制的法律规范带来

---

① 参见［德］安斯加尔·奥利《比较法视角下德国与中国反不正当竞争法的新近发展》，范长军译，《知识产权》2018年第6期。

② 参见宁立志《〈反不正当竞争法〉修订的得与失》，《法商研究》2018年第4期。

③ 参见李舒东《社会主义商业道德的特点及其变化》，《学习月刊》2001年第12期。

④ 参见王利明主编《中华人民共和国民法总则详解》（上册），中国法制出版社2017年版，第40页。

⑤ 王瑞贺主编：《中华人民共和国反不正当竞争法释义》，法律出版社2018年版，第125页。

商业伦理的必要补给，这样对商业道德内涵与外延的把握就极为重要。众所周知，道德本身虽有一定的普世性，但也有浓厚的地方色彩，行业差异巨大，其内涵也处于不断的丰富和发展过程之中，甚至仁者见仁、智者见智，所以，作为法律上裁判依据的商业道德必须是"公认的"。同时，2017年修法也未对此处的修改进行说明，可能会引起社会大众对于商业道德是否需要符合公认标准的误解。对此，有学者进一步指出，在竞争行为正当性的认定上，应注意把握行业的惯行和公认的行为标准，而不应当以偶然的行为或者非公认的标准进行认定，反不正当竞争法关于"公认"标准的限定，体现了对于行业良善标准的认可，也体现了对于法律确定性的要求。[1] 因此，去掉公认标准是否会扩宽不正当竞争行为认定中商业道德的选取范围及增加商业道德认定的不明确性，是未来司法实践中值得注意的问题。不过，这也凸显了不正当竞争行为的评价在道德化的路径上确有其不明确的实践难题，也是德国等国家和地区逐渐抛却或限制道德化标准的缘由。

（三）诚信原则与遵守商业道德的关系及运用

在这些已经确立在现行法的市场竞争基本原则中间，与自愿、平等、公平、守法原则相比，诚信原则与遵守商业道德这两个与市场竞争行为"正当性"认定联系较为密切的原则，在实践和学理中，其适用频度较高，但关于诚信原则与遵守商业道德之间的关系及选取问题却在学界莫衷一是。譬如在竞争法领域，有学者指出，诚实信用原则更多的是以公认的商业道德的形式体现出来的，因此应在"诚信原则"或"公认的商业道德"中作出明确的选择，以杜绝叠加适用。[2] 而有学者却认为，虽然遵守公认的商业道德是基本原则的基础，其也包含了诚实信用原则，但可以突出诚实信用原则的作用，而保留诚实信用原则的规定。[3] 也有学者从文义解释、立法史与域外实践的角度论证认为，两者难以区分，可借助诚实信

---

[1] 参见孔祥俊《反不正当竞争法的创新性适用》，中国法制出版社2014年版，第66页。

[2] 参见郑友德《浅议我国〈反不正当竞争法〉的修订》，载王先林主编《竞争法律与政策评论》（第3卷），法律出版社2017年版，第6页。

[3] 参见孟雁北《论我国反不正当竞争法的修订：包容、增减与细化》，《中国工商管理研究》2015年第2期。

用原则诠释、理解商业道德。① 不过,民法学界却认为诚信原则与公序良俗原则是两个具有不同意涵和功能的民法原则。如有民法学者从权利的角度解读为"公序良俗是在权利产生阶段弥补禁止性规定不足的概括条款,诚信原则则是在权力行使阶段弥补禁止性规定不足的概括条款"②;也有学者从民法上的适用范围和目的角度认为,"诚信原则的适用范围更宽且其主要是为了保护对方当事人的利益,而公序良俗原则主要适用于人身关系和债法领域,其往往侧重于保护第三人利益和一般社会大众的利益"③。甚至拉伦兹(Larenz)从规范层次的角度提出,"相较于诚信原则,善良风俗只涉及来自人的社会条件的最低要求,并且只要求在某种情境下遵守这一要求,因此,并非所有违反诚信的行为都违反善良风俗,而不道德的行为却总是违反诚信原则的"④。综上学界的观点,可以发现,大家对于诚信原则与遵守商业道德(公序良俗原则)之间是否具有包含关系(或者说谁的范围更广)呈现了如此大的解读反差。这种反差背后的一种合理的解读就是问题出在立法术语上的差异,也就是说,在学者们的视角中,《反不正当竞争法》中的"商业道德"是一个区别于民法中的"善良风俗"的概念或范畴。事实上也是这样,正因为如前所述,立法作为最低行为标准不宜道德化,而遵守商业道德却是一种道德性的行为准则和制度建构,同时,诚实信用原则虽然贵为统率整个民法领域的"帝王条款",但它作为上层建筑的一个组成部分,仍然是产生于社会经济生活中的道德准则,具有强烈的道德属性。⑤ 另一种可能造成差异的原因,也与法律领域的确定有一定的关系,毕竟《反不正当竞争法》针对的就是市场竞争领域而非整个民法领域,故所谓诚信原则的适用范围更广的解读就没有适用基础了,其针对的就是市场竞争本身。这样,"限定于市场竞争"(如欧盟已扩展至整个商业行为)且具有"强烈道德属性"的诚信原则与"商业"(领域概念)"道德"(行为准则形态)之间,事实上已形成了鲜明

---

① 参见叶明、陈耿华《反不正当竞争法视野下商业道德认定的困局及破解》,《西南政法大学学报》2017年第5期。
② 陈甦主编:《民法总则评注》(上册),法律出版社2017年版,第62页。
③ 王利明主编:《中华人民共和国民法总则详解》(上册),中国法制出版社2017年版,第43—44页。
④ 转引自徐国栋《诚实信用原则二题》,《法学研究》2002年第4期。
⑤ 参见方剑《道德诚信与法律诚信的法理解读》,《政法学刊》2006年第5期。

的对应关系。因此，竞争法学界认为的"公认的商业道德立基于诚实信用原则，而诚实信用原则多数以公认的商业道德的形式体现"①的这一相辅相成的关系也就符合其文义及体系解释了。但本质上诚信原则还是主要基于当事人之间及注重个人利益，而遵守商业道德原则则扩及保护第三人利益和一般社会大众的利益（如消费者福利）。故有时评价诚信经营时仅仅以商人行为为标准是不够的，需要从消费者或者社会公众的角度进行评判和伦理矫正。②因此，诚信原则与遵守商业道德原则之间既存在着相辅相成的关系，在侧重点上也有些许的差异，二者同时规范在基本原则之中也就有其必要之处了。正如当初立法时认为，一些重要的商业惯例（包括诚信原则）已被法律所吸收成为法律规范，但有限的条文不可能反映出商业道德的全部内容，因此遵守商业道德依然对于发挥其规范作用具有重要意义。③

从域外来看，《巴黎公约》明确将不正当竞争行为界定为"工业和商业领域中的任何违反诚实信用的竞争行为"。而诸多单独制定反不正当竞争法的成员方则将"诚实交易行为"术语（或"诚实信用原则"）引入法律（瑞士、西班牙），也有一些国家采用的是另类反映该含义的名称如"诚实商业惯例"（比利时、卢森堡）、"善良风俗"（德国、希腊、波兰）、"良好营销"（瑞典）、"贸易或商业中的良好惯例"（立陶宛）、"专业正当原则"（意大利《民法典》）"专业上的勤勉注意"（法国《消费者法》）等。在这些域外规范之中，德国早期采用"善良风俗"而弃用"诚实信用"的做法值得研究。事实上，德国的做法是由其立法渊源决定的，《德国反不正当竞争法》的一般条款是在其《德国民法典》第826条侵权法一般条款上改造的结果（仅删除了"损害故意"要件），从而确立了"善良风俗"的标准，当然这一标准也在2004年修法时由"不正当"概念予以替代，但其实质上仍提供着参考与指导价值。④故从以上域外纷繁复杂的立法例来看，似乎也不能给我国《反不正当竞争法》的立

---

① 孔祥俊：《反不正当竞争法的司法创新和发展——为〈反不正当竞争法〉施行20周年而作》，《知识产权》2013年第12期。

② 参见孔祥俊《反不正当竞争法的创新性适用》，中国法制出版社2014年版，第60页。

③ 参见国家工商行政管理局条法司《反不正当竞争法释义》，河北人民出版社1993年版，第26—27页。

④ 参见范长军《德国反不正当竞争法研究》，法律出版社2010年版，第10、14页。

法选择提供一个明确的指引或一致的方向。虽然我国规定了"诚信原则",甚至又将"商业道德"进行原则立法化,但本质上与各国强调的不正当竞争行为(或商业行为)的核心意涵并无明显差别,而且这两个基本原则之间并不存在如"自愿原则与守法原则""平等原则与公平原则"之间本质上所存在的较为明显的冲突。因此,过分强调诚信原则与遵守商业道德原则的实质差异或形式规范问题事实上有些徒劳无益。另外,值得再次提醒的是,虽然现实中的立法文本、适用实践与司法政策均强调了诚信原则与公认的商业道德在判定行为正当性中的重要作用,诚然其也仍将在未来司法实践具有重要的参考与指导价值并担当行为正当性评判的重要标准,但从反不正当竞争法的发展趋势来看,弱化主观性和道德性的竞争行为评价范式愈发流行及重要,如其对于竞争属性、利益衡量、损害程度等的考量,相较于普遍的、抽象的、泛道德性的基本原则而言,某种程度上更符合本法的法律定位和立法目的的实现。

(四) 商业道德原则于一般条款中的适用逻辑

首先值得指出的是,正如民法学者将公序良俗原则解读为消极禁止性规范而非积极约束性规范,此处的"商业道德"在某种程度上可视为"市场竞争中的公序良俗"(德国在其最初的反不正当竞争立法中用的就是"善良风俗"),因此,商业道德原则也只宜从反面表达为"不得违反",而不宜从正面表述为"遵守"。因为一方面,商业道德纷繁复杂,在没有法律规范及司法实践中明确或很大程度违反该类商业道德将会违法的前提下,市场竞争应该保有其竞争自由的本质;另一方面,不管是要求人们遵守法律还是遵守商业道德,本质上都是要求人们只遵循法律底线,某种程度上也是消极地否定了人们追求更高标准道德的自由。故本着平衡"法无禁止即自由"和"法律是行为最低底线"的立法理念,应借鉴《民法典》总则编中的调整,将商业道德原则的表述和内容规范为"不得违反(公认的)商业道德"。

另外,虽然有如上立法蓝本的借鉴,但严格来讲,"社会公德"或"商业道德"并非传统意义上的法律概念,甚至从一般法理的角度来讲,道德的行为标准一般高于法律,而法律才是最低的行为标准。为此立法者在民法中创设了一个法律概念"善良风俗",这也是我国民事立法中的"公序良俗"之"良俗"的全称。一般认为,善良风俗并不指代道德本身,否则会为民事主体设定过高的行为标准,其只是道德中构成社会存在发展基础的一个被裁剪出来的部分，即社会一般道德或社会最低伦理标准，也被称为"伦理的最小值"。① 故在德国早期的反不正当竞争立法中，德国立法者也吸收了该国民事立法上的成果而采用了"善良风俗"这一法律概念。而按照我国许多民法学者的理解，所谓《民法通则》规定的"社会公共利益和社会公德"，就相当于国外民法中的"公序良俗"的概念。② 故，在我国《反不正当竞争法》立法之初，立法者也依据"社会公德"而确认了"公认的商业道德"这一基本原则。而《民法典》总则编立法则改用了"公序良俗"这一法律概念，《反不正当竞争法》修法也在沿用"商业道德"这一概念的基础上，剔除了其"公认性"的要求。但不管如何界定其法律名称，学界对于"（公认的）商业道德"或者说"市场竞争领域的善良风俗"（以下都用"商业道德原则"来称呼）的内容还是具有以下共识的：

第一，商业道德原则既包括对于"合法自利"的保护，也包括对于"不当损人"的规范。事实上，所有的竞争者参与市场竞争的直接经济目的无一不是追求经济效益，没有这样的目的也不会导致竞争，可以说，商业道德本质上应涵盖自利的道德，这在我国社会主义的商业道德中也不例外。③ 正如自愿原则是有限制的一样，市场竞争者同样应在法律和道德允许的范围内"自利"，而这样的单纯利己是值得社会尊重的，甚至从政策面讲是受到鼓励和支持的。但是，如果为了追求利己而损人，则不符合法律和道德的价值取向和行为规范，并应对其进行合理规制。其本质上反映的就是在市场竞争行为的评判中，应把握好"自利"与"损人"之间的利益平衡。

第二，商业道德原则既包含了市场竞争中的人身关系，也涵盖了市场竞争中的财产关系。正如在民法视域下，公序良俗原则一方面关注了如夫妻、亲子等人身关系，意图调整人与人之间的这些正常关系，以促进社会主义精神文明的建设；另一方面则配合各种具体的强制性规定，对于交易

---

① 参见 [德] 迪特尔·梅迪库斯《德国民法总论》，邵建东译，法律出版社 2001 年版，第 511 页。

② 参见王利明主编《中华人民共和国民法总则详解》（上册），中国法制出版社 2017 年版，第 40 页；梁慧星主编《民商法论丛》（第 2 卷），法律出版社 1994 年版，第 49 页；李双元、温世扬主编《比较民法学》，武汉大学出版社 2016 年版，第 67 页。

③ 参见王明湖主编《反不正当竞争法概论》，中国检察出版社 1994 年版，第 150 页。

活动中的财产关系予以调控。同样地，商业道德原则也包含了对市场竞争中的人身关系的评价，其既适用于具有竞争关系的经营者之间，也适用于不具有竞争关系的经营者与消费者、员工等之间。同时，商业道德原则也对损害的法益，如经营者、消费者的合法权益予以关注，正如损害的法益成为评价市场竞争行为是否受保护及承担何种程度的法律责任的考量因素之一。

第三，商业道德原则既包括如"不得搭便车、食人而肥、误导、欺诈、诋毁等"明确的规范内涵而确立于类型化的不正当竞争行为之中，又因"其内涵随着社会不断发展变化而变化"已融入一般不正当竞争行为的评判之中。回顾历史，反不正当竞争规则最初就是用来规范那些侵害知识产权人商誉和其他受主流商业圈谴责的商业行为的，[1] 可以说，不正当竞争行为的评价就是以当时的商业道德作为评价标准的。而随着工业化的不断发展以及商业贸易的日益繁荣，越来越多的商业行为已脱离工业产权的范畴，却在违背商业道德、挑战行为底线的问题上愈演愈烈，故，为抑制其对国际贸易带来的挑战，不正当竞争规则开始将商业诋毁、虚假宣传等违反商业道德的行为类型化于其体系之中。历经了一个多世纪，时至今日，虽然"商业道德"本身过于抽象、主观的表述饱受诟病，甚至在一些国家已经逐渐抛弃"不正当"评价上的"道德"判断，[2] 但事实上，商业道德的内涵也处于不断的丰富之中，以适应反不正当竞争法的发展方向和基本范式。我国司法实践中主要以诚实信用原则、行业自律惯例和创设具体细则三条路径来认定商业道德，也受到了不同程度的批判。[3] 甚至有学者提出在数字网络环境下，可通过"行业惯例""从业规范与自律公约""技术规范""消费者福利"和"平等非歧视性对待"五方面因素加以综合判断。[4] 足见，商业道德的判断已不局限于其"德"是否符合社会普遍观感，而是扩充到其"道"是否符合市场竞争发展，包含其对消费

---

[1] 参见孔祥俊《论反不正当竞争法的新定位》，《中外法学》2017年第3期。

[2] 参见［德］弗诺克·亨宁·博德维希主编《全球反不正当竞争法指引》，黄武双、刘维、陈雅秋译，法律出版社2015年版，第297页。

[3] 参见叶明、陈耿华《反不正当竞争法视野下商业道德认定的困局及破解》，《西南政法大学学报》2017年第5期。

[4] 参见陶钧《在数字网络环境下"公认的商业道德"判定的考量因素》，《竞争政策研究》2017年第1期。

者体验、技术创新等的吸收和关注等，这也为评价非类型化的市场竞争行为提供了有益的规制路径。

市场竞争的基本原则反映了反不正当竞争法所要追求的价值目标，其应该是国家立法机关在制定反不正当竞争法时所应遵循的基本准绳，而确立该原则的目的就在于为所有的市场竞争行为立法提供一个明确的实现目标和立法标准。① 故市场竞争的基本原则应是反不正当竞争法立法的出发点和指导思想，自然也应对司法具有指导作用和约束力，以发挥其价值评判和法律解释之功能。而商业道德原则作为市场竞争基本原则中的重要组成部分，其在具体司法适用中常常出现逻辑缺失及次序紊乱的问题，因此，厘清其司法适用的逻辑与位阶也是消除此适用困境与分歧的基本要求和路径。2022年3月最高人民法院发布了《关于适用〈中华人民共和国反不正当竞争法〉若干问题的解释》，其中第3条也特别对商业道德原则的内涵和评价标准进行了详细阐释，② 这也为理论和实务界讨论商业道德原则的司法适用范式提供了非常重要的参考。

在《反不正当竞争法》第2条中，立法者将第1款基本原则和第2款法律定义同时规定在同一法条之中，但囿于法律原则与法律规则的性质认定和适用不同，因此，学界对于商业道德等基本原则的适用问题产生了分歧，且这一分歧也关乎哪些条款为我国《反不正当竞争法》中一般条款的问题。对于此问题，学界大体秉持三种观点：一是第2条第2款为一般条款；③ 二是第2条第1款与第2款合称为一般条款；④ 三是第2条（包

---

① 参见黄赤东、孔祥俊主编《反不正当竞争法及配套规定新释新解》，人民法院出版社1999年版，第19页。

② 《最高人民法院关于适用〈中华人民共和国反不正当竞争法〉若干问题的解释》（2022年）第3条规定：特定商业领域普遍遵循和认可的行为规范，人民法院可以认定为反不正当竞争法第2条规定的"商业道德"。人民法院应当结合案件具体情况，综合考虑行业规则或者商业惯例、经营者的主观状态、交易相对人的选择意愿、对消费者权益、市场竞争秩序、社会公共利益的影响等因素，依法判断经营者是否违反商业道德。人民法院认定经营者是否违反商业道德时，可以参考行业主管部门、行业协会或者自律组织制定的从业规范、技术规范、自律公约等。

③ 参见高言、曹德斌主编《反不正当竞争法理解适用与案例评析》，人民法院出版社1996年版，第14—15页。

④ 参见郑友德《浅议我国〈反不正当竞争法〉的修订》，载王先林主编《竞争法律与政策评论》（第3卷），法律出版社2017年版，第6页。

含第 3 款）可视为我国《反不正当竞争法》的一般条款。① 而关于原则与规则的适用问题，在民法学界也大体呈现三种理论分野：第一，持否定论的民法学者认为，不管法律有无具体规定，法律原则本身都不能作为直接适用依据进行裁判，其仅是民法中既有衡平规定的抽象理念表达。② 其形式上的非规范性也决定了其只有通过司法解释或与具体的民法规范相结合，才能发挥法律作用。③ 第二，持肯定论的学者认为，民法基本原则在适用上具有补充性，即在有明确法律规则的情况下，应优先适用法律规则，只有在缺乏明确规则的情况下，才适用民法基本原则作为裁判的法理和依据。④ 甚至有学者明确指出，由法律明文规定的基本原则，其本身是成文法律渊源的组成部分，不是独立的法律渊源，自然可以作为审判案件的明确依据。⑤ 也有学者从比较法视野指出，许多国家民法典中都明确规定，在法律没有明确规定的情况下，应当依据基本原则填补漏洞，这在我国的审判实践中也已进行了有益的尝试。⑥ 第三，也有学者在原则适用上进行了划分（姑且称为划分论），认为虽然如在民法中无具体规范时才能直接适用原则性条文，但也仅有诚信原则、公序良俗原则和禁止权力滥用原则才可以作为裁判的依据。⑦

事实上，以上观点的分野与我国《民法典》特殊的立法结构密切相关，该问题也同样存在于我国《反不正当竞争法》的立法之中。从上述两法主要的域外借鉴对象德国法来看，《德国民法典》和《德国反不正当竞争法》都未单独设立价值型的基本原则，而是直接体现在具体的规则条款之中。譬如 1909 年《德国反不正当竞争法》第 1 条 "商业交易中以竞争为目的违背善良风俗者，得请求其不作为和损害赔偿"；⑧《德国民法

---

① 参见邵建东、方小敏主编《案说反不正当竞争法》，知识产权出版社 2008 年版，第 11 页。
② 参见陈甦主编《民法总则评注》（上册），法律出版社 2017 年版，第 39 页。
③ 参见许中缘、屈茂辉《民法总则原理》，中国人民大学出版社 2012 年版，第 173 页。
④ 参见张民安《民法一般原则的补充性、强制性和公共秩序性》，《法治研究》2017 年第 6 期。
⑤ 参见孔祥俊《法律方法论》（第一卷），人民法院出版社 2006 年版，第 130 页。
⑥ 参见王利明主编《中华人民共和国民法总则详解》（上册），中国法制出版社 2017 年版，第 31、37 页。
⑦ 参见梁慧星《民法总论》（第五版），法律出版社 2017 年版，第 293 页。
⑧ 当然，2004 年及之后的修法版本，由 "不正当" 概念取代了 "善良风俗"，但其本质上仍是 "原则" 融于一般条款之内。

典》第 138 条第 1 款"违反善良风俗之法律行为无效"、第 157 条"契约之解释，应斟酌交易习惯，依诚信原则为之"。① 故有德国学者认为，一般条款（Generalklauseln）指的是以非常一般性的方式表述思想内容，这些思想内容被赋予原则性意义，如"诚实信用原则""善良风俗原则"。② 而反观我国立法，其既在规则条款之前罗列了诸多价值型基本原则，同时囿于这些基本原则的适用空间和先后顺序的差异，③ 有些又在规则之中具体规定，如我国《民法典》第 7 条和第 142 条有关诚信原则的规定，这就决定了基本原则之间是有区分的，其差异就在于是作为价值型基本原则的存在而难以直接适用，还是作为概括条款型的规范而得以直接适用，这种区分应同样适用于我国《反不正当竞争法》立法规范的解读。

正如本书在解读诚信原则时提及，我国《反不正当竞争法》通过"违反本法（或前款）规定"的术语将这两种规范杂糅、链接在一起，使得包含诚信原则在内的第 2 条第 1 款本身既符合价值型的基本原则，也融于"不正当竞争行为"这一认定规则，而实现了由"价值理念型"到"概括条款型"的转换，从而具有了直接用于裁判的法律功能。至于第 3 款"经营者"的规定，其作为一个独立的定义性规则，可适用于整部法律有关经营者的认定，适用对象包括一般条款、具体不正当竞争行为条款，甚至立法目的条款及法律责任条款等，而非独属于一般条款的组成部分。故从以上逻辑来分析，我国《反不正当竞争法》第 2 条第 1 款与第 2 款共同型构了该法的一般条款，理想上应将二者合并于一条，这也符合我国《反不正当竞争法》的司法政策和司法实践的态度，即"反不正当竞争法未作特别规定予以禁止的行为，如果给其他经营者的合法权益造成损害，确属于违反诚实信用原则和公认的商业道德而具有不正当性，不制止不足以维护公平竞争秩序的，可以适用原则规定予以规制"。最新的《反

---

① 参见台湾大学法律学院、台大法学基金会编译《德国民法典》，北京大学出版社 2017 年版，第 120、137 页。
② 参见［德］迪特尔·施瓦布《民法导论》，郑冲译，法律出版社 2006 年版，第 75 页。
③ 参见［德］鲍尔/施蒂尔纳《德国物权法》，张双根译，法律出版社 2004 年版，第 57—58 页。

不正当竞争法司法解释》（2022 年）也在其第 1 条①中明确规定了一般条款与反不正当竞争法及有关法律之间的适用顺位，即《反不正当竞争法》第二章及知识产权相关法律的具体规定适用优先，而非与一般条款并行适用或选择适用。可以预见，在规范地位上，未来应从立法理念与规范结构层面确立市场竞争行为一般条款的规范地位，且在适用标准上，市场竞争行为一般条款的适用应坚持严格主义的适用标准。尤其是在网络领域不正当竞争行为层出不穷的场景之下，传统行业领域的商业道德与互联网行业领域所要遵守的商业道德之间的差异性是值得进一步考察的问题。未来应通过司法创设具体细则的方式，来进一步揭示现行司法解释中所确立的关于商业道德须为"普遍遵循和认可"的判断标准，同时，包括经营者的竞争利益、市场秩序利益、消费者利益以及其他经营者利益等多方面利益的协调与平衡，亦对于商业道德的塑造和认定存在重要影响。显然，这均有待于司法实践和学理研究的进一步挖掘。

在良好商业环境的诉求之下，消费者已经将遵守商业道德式的竞争作为衡量产品及服务质量的一个重要维度，尤其是在当下虚假交易、网络刷单等新型不正当竞争行为层出不穷的情况之下，失德竞争行为已严重透支了社会信用。因此，业界所倡导的从重视规模竞争到重视道德竞争的转型，无疑对于强化信誉竞争这一优胜劣汰机制、提升企业价值与改善营商环境具有积极意义。与之相反，如经营者攀比的是失德竞争所获得的利益，那么其对于经营者自身及营商环境来说则无异于饮鸩止渴、涸泽而渔。质言之，商业道德理念与制度的完善可为失德惩戒、守德激励与营商环境改善提供坚固的基石，而制度的生命力在于执行，其关键就在于抓好落实、见到实效，以期从根本上遏制失德竞争行为，维护公平的竞争秩序。在此背景之下，商业道德原则历经了学理上的供养和实践的检验，仍对我国不正当竞争行为的判断具有重要的司法解释和利益衡量价值，这一点应得到理论与实务界进一步的发掘和规范，以期凝聚共识。

---

① 参见《反不正当竞争法司法解释》（2022 年）第 1 条规定："经营者扰乱市场竞争秩序，损害其他经营者或者消费者合法权益，且属于违反反不正当竞争法第二章及专利法、商标法、著作权法等规定之外情形的，人民法院可以适用反不正当竞争法第 2 条予以认定。"

第三章

《反不正当竞争法》一般条款的实践适用与问题厘清

关于一般条款的实施机制，涉及实施主体、对象、方法等几个基本要素。[①] 只有通过充分的规范解释和理论探讨，方能在矛盾和冲突中寻找出供给一般条款适用的解决路径，以期更好地规制新类型的不正当竞争行为，从而营造良好有序、健康平稳的市场环境。

第一节 一般条款的适用主体与权限

考虑到一般条款的适用弹性较大，对执法人员能力的要求较高，我国学界及立法者倾向于对一般条款的适用采取从严把握的态度。学界论说对司法机关适用一般条款持肯定意见，但对行政机关适用一般条款的态度则主要存在两种观点。一种观点是否定行政机关适用一般条款的权力。其认为行政执法与侵权归责之间存在是否奉行法定原则的差异，即人民法院在处理不正当纠纷时，可根据案件的实际情况在《反不正当竞争法》第二章未列举的情况下适用一般条款，但由于该法没有针对违反一般条款设定相应行政责任，故，遵照行政处罚法定原则，行政机关依然不能适用一般

[①] 参见吴太轩《〈反不正当竞争法〉一般条款行政实施的价值证成与机制构建》，《竞争政策研究》2023年第1期。

第三章 《反不正当竞争法》一般条款的实践适用与问题厘清　　61

条款查处不正当竞争行为。① 另一种观点则肯定行政机关可适用一般条款,其理由包括"赋予级别较高的行政执法部门适用一般条款认定不正当竞争行为的权限,可以消除上述法律及权力滥用的隐患,如规定只有省级以上的监督检查部门才有认定权,并且在具有疑虑时还应将有关问题提交国家监督检查部门进行判断""民事侵权性质与行政违法性质的切割式分离,会导致不正当竞争行为的认定自动滤除了扰乱市场竞争秩序这一要件,而且行政机关认定竞争行为与实施处罚并非一回事,监督检查部门可以出面予以指出、认定、劝告乃至制止"②。

此问题的结论事实上也决定了我国的一般条款是完全的一般条款（司法机关与执法机关均适用）还是一个有限度的一般条款（仅司法机关可以适用）。

首先,从2017年修订后的《反不正当竞争法》文本角度来看,其对该法第二章所有具体类型化的不正当竞争行为均统一设计了民事责任（第17条）并单独设计了行政责任（第18—24条）,而并未对一般条款认定的不正当竞争行为单独设计行政责任。这也是第一种观点所持的依据。不过2017年修法新增第27条规定:"经营者违反本法规定,应当承担民事责任、行政责任和刑事责任,其财产不足以支付的,优先用于承担民事责任。"这一条应从立法目的上被解读为,仅为前述具体条款中的不正当竞争行为责任承担提供了适用顺序上的法律指引,还是可以从文义角度,认为经营者违反本法规定的所有不正当竞争行为均应当承担民事责任、行政责任和刑事责任,从而为一般条款设计了行政责任呢? 从逻辑上来说,本书认为,应持前者的理解,原因在于后者的解读根本无法成立。例如,即便将"本法规定"扩张至包括一般条款认定的所有不正当竞争行为,那么这些不正当竞争行为的行为人应承担包括刑事责任在内的所有责任吗? 显然未达到刑事可责性要件的不正当竞争行为的行为人不必承担刑事责任,故文义上的解读就不能机械理解为经营者对所有不正当竞争行为均应当承担三种责任,而是强调某类具体不正当竞争行为的行为人在承担三种责任的情况下,其责任承担顺序应如何安排。

---

① 参见王瑞贺主编《中华人民共和国反不正当竞争法释义》,法律出版社2018年版,第6页。

② 邵建东编著:《竞争法教程》,知识产权出版社2003年版,第35—36页。

其次，立法者的立法意图还体现于修法过程的调整中。例如，2017年3月全国人大法工委公开的《反不正当竞争法（修订草案）》拟新增第15条授权国务院决定的权限的条款。① 对此，有观点解读为，第15条就是对一般条款的授权条款，授权国务院对新型不正当竞争行为的认定作出决定，原因在于其不仅明确细化了认定该类行为的条件和标准，还配备了相应法律责任（该修订草案第28条），解决了"法无明文规定，行政机关不得执法"的困境。② 足见，从呈报此稿的原国家工商行政管理总局的意见来看，其是主张第一种观点的。但囿于依据《行政复议法》第7条和《行政诉讼法》第53条，国务院不能作为行政诉讼和行政复议的对象，可能导致当事人缺乏司法救济途径，以及该条具有排除司法认定其他不正当竞争行为权力的嫌疑等。故从全国人大常委会的二审稿来看，其直接删除了这一条兜底、授权规范与相应的法律责任条款，这在某种程度上也体现了立法者对一般条款持有"既保持开放又适当限制"的态度和立场，以及延续了抑制行政机关偏好干预市场的"家长式"执法作风的做法。③ 因此，从文本解读和立法目的角度出发，2017年修法并未在一般条款的适用上为行政机关设定一个授权规定，更未设计一个与之相配的行政责任条款。至于后者肯定说观点中，学者所提出的行政机关认定、责令停止与处罚并非一回事的观点也并不能成立，固然此观点在理论上行得通，但行政机关的认定、责令停止本质上是行政处罚程序中的中间环节，在司法实践中也常常被视为一个可诉的具体行政行为，既然如此，其行为仍属于行政责任的一种，仍是超过了行政法定的范畴。

最后，从立法趋势来看，随着各国在其不正当竞争规则中已列举了大多数不正当竞争行为，且在理论与实践中已经构建了或多或少的复杂

---

① "对经营者违反本法第2条规定，且本法第二章第六条至第十四条和有关法律、行政法规未作明确规定，严重破坏竞争秩序、确需查处的市场交易行为，由国务院工商行政管理部门或者国务院工商行政管理部门会同国务院有关部门研究提出应当认定为不正当竞争行为的意见，报国务院决定。"

② 参见孟雁北《〈反不正当竞争法（修订草案）〉研讨会综述》，《竞争政策研究》2017年第2期。

③ 参见孔祥俊《〈反不正当竞争法〉修改完善的若干思考》，《经济法论丛》2017年第1期。

案例群，以指导或解释特别规定的偶发问题和一般条款，导致现实中在商业行为的评价上很少以一般条款来作直接判断，甚至法院对这一兜底条款的适用门槛也显著高于从前。① 而且从我国的行政执法来看，"其他不正当竞争行为"案件整体上呈现出一个先升后降的发展趋势，也即自1995—2002年其案件数量持续走高，而自2003年以来则出现明显的下降情况，近年来占比亦跌至10%左右，② 这应与我国1993年《反不正当竞争法》实施十年以来的配套规范等的出台和执法案例的积淀有关，从而使一些行为在类别界定上更为清晰明确。同时，随着2017年修法类型化的进一步完善，行政执法适法范围应获得进一步明确，从而实现"科学立法"与"严格执法"的统一。值得注意的是，随着新经济、新业态、新模式的层出不穷，③ 严格执法的落实也遭遇挑战，鉴于此，2022年11月份国家市场监管总局发布的《反不正当竞争法（修订草案征求意见稿）》新增第37条："经营者违反本法第二条规定，实施严重破坏竞争秩序、确需查处的不正当竞争行为，本法和有关法律、行政法规未作明确规定的，由国务院市场监督管理部门认定，由省级以上市场监督管理部门责令停止违法行为"，可见，起草者也有意赋予中央一级的市场监管机构适用一般条款来认定其他不正当竞争行为，因此，为适应时代的现代化发展，未来我国《反不正当竞争法》中的有限一般条款转变为完全一般条款是值得期待和肯定的。

第二节　一般条款的适用空间与顺位

正如前文在一般条款原则化与规则化的讨论中已经明确，有立法参与者所主张"人民法院在处理不正当纠纷时，根据案件的实际情况，既可以

---

① 参见［德］弗诺克·亨宁·博德维希主编《全球反不正当竞争法指引》，黄武双、刘维、陈雅秋译，法律出版社2015年版，第8、297页。

② 参见1996—2016年的《中国工商行政管理年鉴》。

③ 参见国家市场监管总局《关于〈中华人民共和国反不正当竞争法（修订草案征求意见稿）〉的说明》，2022年11月27日，http://www.gov.cn/xinwen/2022/11/27/content_5729081.htm。

适用本法第二章的规定,也可以适用本法第 2 条一般条款的规定"①。这一选择性适用关系并不成立,而应视为"一般条款是认定法律未列举行为的开放性依据"②。正如我国台湾地区关于"公平交易法"的学界通说一样,"具体条款并不排除概括条款的适用,只不过是在法条援引上,如果有具体禁止规范可供引用,就无须再援引概括条款,因两者之间只有'补充原则'关系之适用"③。德国立法所明确的特别规定与一般条款的适用关系,即行为如果满足"附录"即所谓的"黑名单"中所列举的 30 项不正当商业行为的构成要件,则不需要审查其侵害的显著性,就构成不合法行为,属于行为本身不合法,这也减轻了商业交易的负担。④ 虽然我国在立法中并未通过"其他""绝对、相对禁止条款"的立法形式明确第二章具体不正当竞争行为与一般条款的适用关系,但遵循一般条款的本源功能,这一补充适用关系应在理论和实务界达成共识,在新《反不正当竞争法司法解释》(2022 年)中其也基本被确立。在此大前提下,还应进一步讨论具体条款中作了规定与未作规定之间的分际。

第一,优先适用具体条款包括对"等""其他"之类推⑤的适用。有学者曾提出:"所谓《反不正当竞争法》第二章没有规定的情况,既应包括非具体化条款的行为,也应包括具体化条款中未作规定的新式的行为。"⑥ 事实上,后面的说法并不严谨,因具体化条款中未作规定的新式的行为既可能包括通过类推可以适用的情形,也包括无法或不应通过类推进行适用的情形,故不能就此一概而论。

首先,从文义解释的角度,"等"在我国汉语的用语中,一般存在两种含义:一是表示列举的未尽,如发达国家有德国、法国、美国等;二是

---

① 王瑞贺主编:《中华人民共和国反不正当竞争法释义》,法律出版社 2018 年版,第 6 页。
② 孔祥俊:《不正当竞争行为的一般条款》,《中国工商报》2017 年 11 月 23 日,第 5 版。
③ 转引自刘孔中《公平交易法》,元照出版有限公司 2003 年版,第 166—167 页。
④ 参见范长军《德国反不正当竞争法研究》,法律出版社 2010 年版,第 86—87 页。
⑤ 关于"类推解释"与"类推适用"的关系,学界观点并不一致,但无论是类推解释,还是类推适用,都是以类比推理作为其逻辑结构,从实践适用的角度来看,并无对两者进行严格区分的必要。参见谢斐《以立法意图重构类推解释的边界——基于法律续造相关理论的反思》,《法律方法》2018 年第 1 期。
⑥ 邵建东、方小敏主编:《案说反不正当竞争法》,知识产权出版社 2008 年版,第 21 页。

表示列举后煞尾,① 如现时的社会主义国家有中国、古巴、越南、朝鲜、老挝等。而通过梳理我国 2017 年《反不正当竞争法》包括"等"字（内容类型）列举的条款,② 可以发现,其均指向的是列举未尽的情况,除此之外,2017 年《反不正当竞争法》部分具体条款还设计了"其他"式（行为类型）的兜底。③

其次,"等""其他"立法者未穷尽列举的情形,表示立法者允许实践进行类推,也凸显出其具有司法与执法实践中适用的优先性,亦即在符合"等""其他"类推解释后的涵摄范围内的内容或行为也应依照具体条款进行适用和规制。值得注意的是,"等"字的类推主要依据前述内容的相似性和同质性,如商品名称、包装、装潢等相同或近似的标志,此时对于如"作品标题"而言,则在"等标志"的类推解释的涵摄范围之内。而"其他"的类推依据的是前述行为的相似性和同质性,此时应以行为构成要件作为主要判断依据,如第 6 条市场混淆行为中第 1 款第 4 项"其他足以引人误认为是他人商品或者与他人存在特定联系的混淆行为"中的"有一定影响力+足以引人误认",即为市场混淆的构成要件的行为判断基础。最后,类推的适用并非任意扩大解释,而是通过对相关概念内涵的分析和界定,所进行的合理推理或推论,这才是类推的本质属性所在,这也就意味着类推的一般思维结构可以结合目的解释或基本原则解释等予以限定。④ 而通过类推后无法涵摄在其之内的行为才能被最终被认定为无法适用该具体条款。

第二,穷尽具体类型化的条款之后并非当然适用一般条款。一般条款对于具体条款而言并非绝对的兜底,因为对于已经具体化的行为规制条款,其应是明确了该行为的构成要件与保护范围,故如从形式上判断某行为是具体条款的规制范畴,那么无论最后判定其是否符合具体条款的构成要件,都不能再寻求一般条款的救济。有司法文件就曾指出:"凡属反不正当竞争法特别规定已作明文禁止的行为领域,只能依照特别规定规制同

---

① 戴长林、周小军:《新刑法条文中"等"字含义辨析》,《法学》1999 年第 7 期。
② 包括第 6 条第 1 款第 1、2、3 项;第 8 条第 1 款;第 10 条第 1 款第 1 项。
③ 包括第 6 条第 1 款第 4 项、第 9 条第 1 款第 1 项、第 12 条第 2 款第 4 项。
④ 参见魏治勋《类推解释的思维结构及其与类推（适用）的根本区分》,《东方法学》2018 年第 1 期。

类不正当竞争行为，原则上不宜再适用原则规定扩张适用范围。"① 这一点也可以以实际中的判例予以分析，如在"金庸诉江南等著作权侵权及不正当竞争纠纷"② 案中，法院判定有一定影响力的作品的人物名称和人物关系并未在《反不正当竞争法》具体条款中予以规范（理由还包括当事人未以具体条款进行救济和抗辩），从而直接引入一般条款进行详细的论证，最后得出所谓"不正当"的结论。但事实上，对于作品的人物名称和人物关系的保护的类型应当分析是否应归入"商业标志性权益"的保护范畴之中，③ 在此之下，如上述内容经过商业化的运用从而具有与其他标志一样的商业标志性权益，那么可以在其不受商标法保护之时提供反不正当竞争法的保护，但依据规范，反不正当竞争法对此类商业标志权益的保护提供的是禁止混淆的保护，也就意味着如不符合禁止混淆条款的构成要件的规定，则不能再适用一般条款超越立法之外而扩大保护，除非其规则适用后的结果将导致明显的利益失衡或违反正义。④ 而法院在该判决中就明显存在两点疏漏：一是将作品本身的商业价值与作品的人物名称和人物关系是否具有商业标志性权益直接画上了等号，而事实上商业标志性权益的来源在于是否进行了商标性质的使用，显然该判决并未顾及此点；二是该判决轻易地否定了具体条款的适用可能性，其根源在于对具体条款的实质内涵把握不够透彻，也有偷工减料的嫌疑，直接忽视了对市场混淆行为条款中"等""其他"类推的适用。

综上所述，具体条款与一般条款之间具有补充适用之关系，而其适用空间与顺序则是，在适用《反不正当竞争法》时，首先，进行形式的判断，以明确该行为的类型是否已规制在具体条款之中；其次，如该行为类型不在具体条款规制的范畴之内则再寻求一般条款的规制，如该行为类型已经在具体条款进行了规范，那么则适用具体条款；最后，凡是落入具体条款的规制行为类型之内的，则不管该纠纷行为是否符合具体条款规范的构成要件，之

---

① 最高人民法院《关于充分发挥知识产权审判职能作用推动社会主义文化大发展大繁荣和促进经济自主协调发展若干问题的意见》（法发〔2011〕18号）。

② 广东省广州市天河区人民法院〔2016〕粤0106民初12068号民事判决书。

③ 参见孔祥俊《作品标题与角色名称商品化权益的反思与重构——关于保护正当性和保护路径的实证分析》，《现代法学》2018年第2期。

④ 参见谢晓尧《竞争秩序的道德解读：反不正当竞争法研究》，法律出版社2005年版，第44页。

后不得再依据一般条款进行重复判断和救济,除非其规则适用后的结果将导致明显的利益失衡或违反正义。正如德国法所强调的,不能适用具体条款而适用一般条款的行为必须已显现出明显的不正当性,而且存在根据具体条款进行审查的连接点,只不过是缺乏全部的连接点而已。① 上述要件的限制无疑进一步明确了一般条款与具体条款的适用关系和连接。

第三节　一般条款的适用标准与范式

在前文关于一般条款的法律定性及内容解释的基础上,一般条款适用的问题理应得到进一步明确和完善,尤其是在我国司法实务界对该问题的处理仍然标准不一、理论失据的情况下,厘清其中存在的适法错误与瑕疵是十分必要的,这对于维系法律系统的稳定性也具有极其重要的意义。正如有学者提出,由于缺乏确定的适用标准与范式,在适用一般条款时,法院对适用路径往往举棋不定,这确实有害于实现法律的确定性。故下文将以司法实践问题为导向,以上述规范解读为依据,对我国《反不正当竞争法》一般条款的实践适用问题进行分析。

关于一般条款的适用标准与范式的问题学界已有一些理论研究成果,譬如有学者提出了"3+1"的判断模型,即竞争观、损害观和法益观"三观"再加上竞争行为正当性的利益衡量方法;② 还有学者则提出三要素审查法,包括存在可以受法律保护的利益、存在具体竞争关系以及须实施商业行为(如提供具体的商品或者服务);③ 甚至有学者展示了一般条款原则性思维适用的"技术路线",即在确立各个独立的利益相关者的基础上,根据不同主体的利益诉求,分别提取支持其主张的规范命题(次级原则),并对其进行表达、证成与检验,而后对规范命题背后的利益关系进行评估、考量和权衡,从而在方案选择中作出最终裁决。④ 还有学者从法

---

① 参见范长军《德国反不正当竞争法研究》,法律出版社 2010 年版,第 120—121 页。
② 参见孔祥俊《论反不正当竞争的基本范式》,《法学家》2018 年第 1 期。
③ 参见黄武双《互联网不正当竞争的认定》,2021 年 12 月 29 日,https://mp.weixin.qq.com/s/lfzaQQl-6RuQCXk-iZThHA。
④ 参见谢晓尧《一般条款的裁判思维与方法——以广告过滤行为的正当性判断为例》,《知识产权》2018 年第 4 期。

益的角度阐述了司法适用一般条款的三步走模式,如首先通过一般条款引入其他竞争相关的合法权益,之后以其为标准认定是否存在合法权益受损的事实,并进一步判定是否存在不当竞争行为。① 可以说,诸上学术成果从不同面向为大家展示了一般条款的适用标准与范式,虽然在路径上各有不同,但其整体能反映出一种适用导向,即区别于具体条款的构成要件的判断模式,一般条款奉行的是以利益衡量为重心的裁量方法。这也符合从严把握的适用态度,以避免对资源配置中起决定作用的市场进行不适当的干预,也防止走向不适当扩张一般条款适用范围甚至滥用倾向的老路。② 区别于上述学者的观点的是,笔者将从制度利益的层次结构视角出发,结合前文的学理阐述和规范解读,提出一个具体适用一般条款的标准与范式,以供司法实践参考。

一 确认制度利益起点及内容

虽然在一般条款适用的利益的起点上学者们的论述并不相同,如孔祥俊教授主张"反不正当竞争法上的利益可以仅为正当的竞争利益,而不必是侵权法意义上的特定合法权益或者可诉的法益"③。黄武双教授则要求为"一个直接受损害的利益,包括消费者的利益"④。而谢晓尧教授则认为包括"原被告利益、消费者利益、各产业界的利益等。"但细究下来,其区别仅在于司法介入阶段上的不同,因为一部法律的制度利益在方向上是明确的,而其立法过程本身也是在利益的平衡与选取中所凝固的具体制度设计,因此,制度利益应然成为该法律制度一个不可分割的属性。⑤ 而从不正当竞争行为规制的立法来看,其制度利益当然指向的是孔祥俊教授所主张的"正当的竞争利益",这也是所有市场参与者共同的基础。⑥ 但在一般条款民事救济的视角之下,诉讼程序的启动往往就是以经营者个人或消费者群体的合法利益的损害为起点的。这些利益当然也是制度利益中

---

① 参见吴峻《反不正当竞争法一般条款的司法适用模式》,《法学研究》2016 年第 2 期。
② 参见孔祥俊《不正当竞争行为的一般条款》,《中国工商报》2017 年 11 月 23 日第 5 版。
③ 孔祥俊:《论反不正当竞争的基本范式》,《法学家》2018 年第 1 期。
④ 黄武双、谭宇航:《不正当竞争判断标准研究》,《知识产权》2020 年第 10 期。
⑤ 参见梁上上《利益衡量论》,法律出版社 2013 年版,第 95 页。
⑥ 参见 [德] 弗诺克·亨宁·博德维希主编《全球反不正当竞争法指引》,黄武双、刘维、陈雅秋译,法律出版社 2015 年版,第 6 页。

的组成部分，但并非唯一的，也不是判断正当性的根本性要件。其理由在于司法裁判阶段会要求法官对于凡是涉及和符合该制度利益的正当竞争利益进行综合衡量。除此之外，我国反不正当竞争制度之内的利益还有如下特性。

第一，一般条款启动程序的利益须以经营者的利益损害为前提。这一点凸显了我国在立法之中的保守色彩和法律定位不明的情况，但依据2017年修法第17条关于民事责任的规定，也仅能解读出经营者在自身合法权益受损时，才可向人民法院起诉，正如在全国人大常委会法制工作委员会经济法室主任编著的释义中，特别强调"只有合法权益受到侵害的经营者主张权利，并向人民法院提起诉讼的，人民法院才能受理"①。这无疑排除了消费者的诉讼请求权，也否定了经营者以消费者合法权益或竞争秩序利益作为其单独诉由而启动一般条款进行民事救济的可能。

第二，一般条款启动程序的利益既包括实际损害性，也理应包括潜在损害性。早期曾有学者主张，一般条款的适用仍应以竞争者或消费者之损害已发生为前提。②但事实上，在该竞争行为未发生实质损害时，其也具有妨碍竞争秩序之可能性或危险性，譬如在不正当有奖销售中，其抽奖式最高额有奖销售的行为规制并不以消费者或其他市场参与者具有实质损害为前提。故现在我国台湾地区学界的主流观点认为，一般条款之构成要件并不以该行为产生实际损害为必要，即只要行为人有故意或过失，及该行为实施后足以影响交易秩序之可能性，达到抽象危险性之程度为已足。③不过，这一点在我国《反不正当竞争法》中规定得并不严谨，因为从2017年修法体系解释的角度看，一般条款以扰乱和损害为要件，而其民事法律责任条款仅有致损赔偿的规定，并将致损受损与赔偿认定紧密联系在一起，缺乏对于排除妨碍请求权及停止侵害请求权的明确规定。同时，虽然"海带配额案"④中明确要求启动程序利益必须达到实质损害性，但前述"金庸诉江南案"的判决无疑打破了这一标准，为当事人

---

① 王瑞贺主编：《中华人民共和国反不正当竞争法释义》，法律出版社2018年版，第60页。
② 参见赖源河编审《公平交易法新论》，元照出版有限公司2002年版，第432—433页。
③ 参见汪渡村《公平交易法》，五南图书出版公司2015年版，第245页。
④ 参见山东省食品进出口公司、山东山孚日水有限公司、山东山孚集团有限公司诉青岛圣克达诚贸易有限公司、马达庆不正当竞争纠纷案，最高人民法院〔2009〕民申字第1065号民事裁定书。

"可合理预期获得的商业利益"这一潜在利益损害提供了保护，并以"侵权人获利"这一替代性的损害赔偿计算方式作为潜在损害性的保护伞，故，这也意味着未来经营者以潜在损害性为诉由也具有其救济空间。

第三，一般条款启动及裁判程序的利益应具备相对的合法性。正如竞争本身是中性的一样，按照庞德的观点，利益也可以看作人们——不管是单独地还是在群体或社团中或其关联中——寻求满足的需求、欲望和期望。[①] 在此视角之下，利益当然也具有合法与非法的形式，但如果经营者主张保护的利益是非法形式的，则通常会导致构成不正当竞争。[②] 同时，在某一裁判中被认定给予保护的合法利益并非确认其合法形式的绝对性，这一点也区别于权利的特征。

第四，一般条款裁判程序的正当竞争利益具有开放性、模糊性和非法定性。事实上，从法律方法论的角度看，也只有将利益作广义的理解，才能使利益衡量的方法的功能真正地发挥出来。[③] 这也正如前文的阐述中所明确的那样，利益衡量中除了考察已明确规范的经营者、消费者的合法权益外，对竞争秩序利益的解读要具有一定的广泛性和动态性，包括产业利益（具体因素有竞争效率、技术创新）及社会成本利益（具体因素有行为影响的广泛度、效仿的可能性）等，但也应明确对公众其他利益方面的保护，如环境保护、健康保护等则并非制度内的利益，对竞争秩序利益的开放解读仍应以"竞争秩序"为内核，而非泛化的公众利益。

二 利益衡量的"量"的标准

在利益损害的"量"的标准问题上，我国仅在民事责任条款中规定了损害赔偿额的计算，但并未明确启动一般条款的"量"的标准，以及利益衡量时又有哪些"量"的要求。关于这一点，德国与我国台湾地区的规范则都在一定程度上进行了明确，譬如在德国，这一"量"的维度被该国学者称为"相关"标准，即在竞争中立与自由的视角下，不正当

---

① 转引自［美］罗斯科·庞德《法理学》（第三卷），廖德宇译，法律出版社 2007 年版，第 14 页。

② 参见孔祥俊《论反不正当竞争的基本范式》，《法学家》2018 年第 1 期。

③ 参见吴从周《民事法学与法学方法：概念法学、利益法学与价值法学：探索一部民法方法论的演变史》，中国法制出版社 2011 年版，第 10 页。

竞争行为须达到自由竞争不能容忍的程度。① 具体来看，其2008年修法中一般条款所规范的"足够显著"标准在2015年修法时发生了位移，即从一般条款转向了具体条款，并从总的一般条款转向了消费者一般条款。也就是说，该法对经营者的利益损害并不要求再具有足够显著性，仅是在个别具体条款中，以及对消费者、市场参与者要有显著的影响性，但这仍不影响实践中在适用一般条款时对损害程度要求的严格标准。而我国台湾地区"公平交易法"第24条案件处理原则则明确说明，判断概括条款中"足以影响交易秩序"中的"足以"因素，应考虑受害人数之多寡、造成损害之量及程度、是否会对其他事业产生警惕效果及是否为针对特定团体或组群所为之等，并同时对此规定限制性条件，如单一、个别非经营性之纠纷，则应寻求民事救济，这反映出我国台湾地区在经营者民事救济与行政机关介入方面采取的是两分法，显然后者的标准要高于前者。虽然上述规范略有不同，但二者的交集对于我国具有重要的借鉴意义，即，对于经营者的民事救济在利益损害的"量"的标准问题上并不要求达到消费者保护或行政机关介入的所谓"足够显著性"的标准，尤其是在起诉阶段。不过，在市场竞争中损害往往是竞争的常态，这就要求在裁判阶段应以涉案行为对于经营者权益的损害须达到自由竞争所不能容忍的程度为行为不正当性认定的界限。同时，损害（得失）的程度可以考量的具体情形有：行为所采取之方法手段、行为发生的频率规模、行为违背商业伦理之程度、所牵涉竞争要素的种类、行为人与相对人关于交易内容之理解程度与获取管道是否对等、当事人纠纷争议解决能力与资源之多寡、市场结构因素、交易习惯与产业特色等。② 也就是说，利益得失量的认定与上述行为的事实因素分不开。参照我国学者在民事案件中利益衡量的模式，③ 根据我国《反不正当竞争法》一般条款所反映的当事人及其群体利益、制度利益以及社会公共利益，可以看出《反不正当竞争法》保护的类型化利益，具体如图3-1所示。

---

① 参见柴耀田《反不正当竞争法一般条款的体系化功能——德国2015年〈反不正当竞争法〉改革对中国修法的启示》，《电子知识产权》2016年第10期。
② 参见吴秀明《竞争法研究》，元照出版有限公司2010年版，第101页。
③ 参见梁上上《利益衡量论》，法律出版社2013年版，第104—108页。

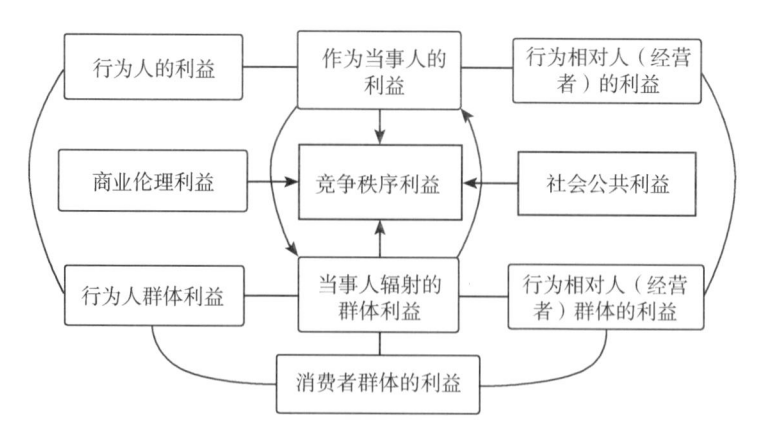

图 3-1 我国《反不正当竞争法》保护的类型化利益

三 利益衡量的"质"的标准

在经过利益认定及其量的评估后,须在此基础上进行"质"的利益衡量,其本质是背后利益层次结构与利益的价值秩序之间的比较,这也是许多学者所主张的在利益衡量时应适用的利益位阶理论,从适用来看应把握以下两个步骤。

第一,须得指出的是,在制度利益内部尚有不同的利益分配和目标保护。这也就意味着,对于某一市场竞争行为类型应首先判断其所对应的主要保护目标。如在市场混淆行为规制中,其首先保护的目标是特定经营者的利益,其次才是消费者与市场竞争秩序的利益,此时的判断应以主要保护目标为主。而有些市场竞争行为则可能同时存在几个不同的目标保护方向,此时则需要进行进一步的利益衡量。[①] 而至于何为主要保护目标的判断则主要根据行为的性质来作判定。譬如在《论反不正当竞争的基本范式》一文讨论的广告屏蔽软件案件中,[②] 德国法院的判决就很明确地指出,首先应分析被告是否出于有目的地阻碍或妨碍竞争对手,如果判定为是的话,那么该行为主要针对的就是特定(或范围内)的经营者或其产品,而其所针对的保护目标主要就是经营者的合法权益,此时,就应主要考量其对经营者的损害程度。而如果判定为非的话(如法院认为"付费

[①] 参见范长军《德国反不正当竞争法研究》,法律出版社 2010 年版,第 61 页。
[②] 参见孔祥俊《论反不正当竞争的基本范式》,《法学家》2018 年第 1 期。

白名单"的广告屏蔽仅是被告进入市场的手段,而竞争必然会对竞争者的收益产生影响,而非有目的地阻碍特定经营者),那么该行为事实上是进行了一个商业模式的创新,但此商业模式对特定经营者、消费者和竞争秩序利益都产生了直接的影响,故,对其的判定就应遵循相关利益平衡的具体思路。

第二,在市场竞争行为体现为多种保护目标的情况下,其利益平衡的具体思路应遵循法学方法论上的利益位阶理论,当然,正如前文所析,《德国反不正当竞争法》是将三种利益置于同等地位而在此基础上进行利益平衡。如在上述广告屏蔽软件案件中,其对利益得失的考察结果就是行为相对人(经营者)的利益影响是出于自然竞争的结果,况且原告可以通过其他技术手段进行制约或者开辟其他盈利模式,故对其个体及群体甚至产业发展、行业伦理的利益损害从技术中立及动态发展来看,影响实际上是有限的。但该行为对消费者的利益及技术创新等竞争秩序的利益具有积极促进的效果,进而通过利益平衡判定该行为并非不正当。与此对比的是,虽然我国 2017 年修法在一般条款中特别强调了市场秩序利益的优先地位,似乎传递出一种公益大于私益的导向,但事实上,从图 3-1 的利益结构中,我们可以发现,市场秩序利益的内容既有偏向行为人利益的(如竞争效率、技术创新利益等),也有偏向于行为相对人(经营者)利益的(如行业商业伦理利益及产业利益等),而按照传统的利益位阶理论,即高位阶利益与低位阶利益冲突时,高位阶利益应优先获得保护,尤其是在与宪法的秩序相连接时,就会获得更大的正当性。其在正当竞争利益的制度利益框架中的位阶冲突显现得并不非常明显,但值得注意的是,此时作为判定标准的消费者利益并不是经营者合法权益的一个反射,恰恰相反,其在市场竞争中往往担负着较强的市场竞争自由评判功能。总之,在《反不正当竞争法》一般条款的适用过程中,多重目标的利益平衡并不特别突出某一利益的位阶,其整体上还是遵照对行为属性及其对各个利益客体的动态影响的事实因素比较评判标准,如某一市场竞争行为对行为相对人(经营者)及其群体等的利益影响并不明显,且对其他利益有促进意义的话,则不宜认定为不正当竞争行为。

四 基本原则解释与立法目的限定

在一般条款的适用过程中,当然也离不开基本原则的解释功能与立法目的的限定指引,否则就易引发一般条款及其利益衡量的滥用。而立法目的与基本原则本身就是制度设计时的重要价值标靶,通过对二者的妥善合理适用,司法者可以较好地把握一般条款的适用方向。

(一) 基本原则解释

法律基本原则或法律制度的本质要求在许多情况下都是解释法律或法律行为的基点,① 而法律解释又是在法律适用过程中不可或缺的环节。事实上,市场竞争的基本原则一方面发挥着对竞争法律适用关系中所遇到的具体问题进行合理解释的功能;② 另一方面该原则本身也型构了《反不正当竞争法》的法律解释方法或规范,即平等释法、公平释法等,以保证法官或法律适用者解释法的渊源文本时的可预测性,使被解释的法律规范更确定,提升法律决定的理性和稳定性。③ 同时,由于法律规范的具体规定毕竟有限,不可能对纷繁复杂的具体案件都提供恰如其分、可丁可卯的答案。④ 因此,基本原则的确立就是为了克服这一成文法的局限性,来弥补成文法的不足。⑤ 尤其是在对非具体化的竞争行为进行行为正当性的评判时,综合价值评判与利益平衡是对该行为认定的关键。这就要求在行为认定时,既要考察该市场竞争行为是否符合一般条款(主要体现的是利益平衡)和立法目的,也要融入市场竞争基本原则所蕴含的多元价值考量。但须指出的是,按照拉伦茨的原则位阶理论,公平、自愿、平等原则相比于诚信与遵守商业道德原则来说,其已是上位阶原则的存在,故在具体适用时理应后者优先,除非在后者的适用发生冲突时或者违背上位原则时,方有前者上位原则的适用空间。另外,值得再次提醒的是,虽然现实中的立法文本、适用实践与司法政策均强调了诚信原则与公认的商业道德在判定行为正当性中的重要作用,其也仍将在未来司法实践中具有重要的参考与指导价值并担当行为正当性评判的重要标准,但从反不正当竞争法的发展趋势来看,弱化主观性和道德性的竞争行为评价范式愈发流行及重要,如其对于竞争属性、利益衡量、损害程度等的考量,相较于普遍的、抽象

---

① 参见崔建远《基本原则及制度本质乃解释的基点》,《求是学刊》2017年第1期。
② 参见黄赤东、孔祥俊主编《反不正当竞争法及配套规定新释新解》,人民法院出版社1999年版,第20页。
③ 参见王夏昊《论法律解释方法的规范性质及功能》,《现代法学》2017年第6期。
④ 参见孔祥俊《法律解释与适用方法》,中国法制出版社2017年版,第438页。
⑤ 参见许中缘、屈茂辉《民法总则原理》,中国人民大学出版社2012年版,第175页。

的、泛道德性的基本原则而言，某种程度上更符合法律定位和立法目的的实现。

（二）立法目的限定

反不正当竞争法须以目的条款来统领价值取向，确立价值标准，奠定立法基调，控制整体制度的具体结构和内容。这一点与我国其他具有立法目的条款的法律而言并无明显差别，也是我国社会主义法律一以贯之的目的性要求。与之相近的学术视角是，立法的目的或者说司法制度建构的目的，往往被视为是法律适用的"社会效果"，自然在此基础上的严格的规则之治也难以摆脱立法目的的主导与限定。① 这也意味着对于立法目的的适用与坚守，也将出现适当的符合目的与不适当机械适法这两种结果，故，对于立法目的的适用要有明确的空间划定，总结来看，主要有以下正反两个方面。

第一，在立法目的的适用空间上，首先，立法目的作为目的解释或者历史解释可以指导法官在适用一般条款时进行上述方法论的释法。值得强调的是，一般条款在进行文义解释时并不需要立法目的的直接介入，而是只有在文义解释模糊不清时，方能寻求背后立法目的的介入，另外，在进行一般条款的体系解释时，如其与法律责任的规范解读，立法目的可以作为隐藏在其中的主线的存在为体系解释提供目的性的佐证。② 其次，立法目的亦具有弥补法律漏洞的功能，但因立法漏洞存在情况的不同，对于立法目的的适用也并不相同。对此，曾有学者提出法律漏洞所存在的两种情形，即一种是自始存在的漏洞，另一种是嗣后存在的漏洞，③ 前者的出现是因为立法者并未意识到漏洞问题的存在，后者的出现则是立法者故意遗漏的漏洞。这也就意味着对于前一种漏洞去探寻立法目的意图的方法无疑是水中捞月，因此，就必须在一般价值理念的指引下对立法目的予以重构。譬如，对于"守法原则"的规定，从修法情况来看，事实上，立法者并无在此问题上有过纠结或阐释，也并非出自对学者意见的采纳，因此可以大致判定其是一种自始存在的漏洞，那么对其的解释和补充就要遵循

---

① 参见刘治斌《立法目的、法院职能与法律适用的方法问题》，《法律科学》（西北政法大学学报）2010年第2期。

② 参见［德］卡尔·恩吉施《法律思维导论》（修订版），郑永流译，法律出版社2014年版，第92页。

③ 参见孔祥俊《法律方法论》（第三卷），人民法院出版社2006年版，第148页。

一般价值理念，正如前文所述，囿于立法体系和法律规范的问题，违法行为与不正当竞争行为之间并不应认定为存在当然的证明关系。至于后一种漏洞，则需要对立法者的真实意图进行仔细探寻，这一点也集中体现在消费者诉权以及行政机关的权限的问题之上，如从法律的规范调整来看，虽然在一般条款中明确对消费者合法权益的保障以及曾尝试过对于行政机关的授权，但事实上，从最后修法结果中的具体规范用语来看，立法者对此均持有否定的态度。最后，立法目的对于完善法官的法律推理具有重要意义。在现实的司法实践中，法官援引一般条款的说理往往过于笼统和恣意，而立法目的的指引发挥着缩小法官之间的论证适用差异的功能，并为法官推理提供权威性的思考来源，当然，这一点的功能发挥仍有待于一般条款方法论适用的成熟和推广。

第二，在立法目的的适用限制上，首先，应明确适用一般条款与适用立法目的并非同一个问题，正如前文所述，只有在适用一般条款出现解释不明或违反正义时，才得寻求立法目的的适用，这也是立法目的适用的形式上的限制。其次，立法目的不具有直接适用的可能，不能作为直接法源进行援引，如在一般条款关于"违反本法规定"的解读中，即便可将基本原则条款纳入一般条款的适用范围从而使基本原则成为直接的法源，也不能将立法目的进行如上解读和适用。另外，对于立法目的的解读和适用不能违反上位阶的一般法律思想，尤其是不得与宪法的规定相抵触。最后，从新反不正当竞争法立法目的本身来看，对于立法目的的适用既不能僵化解读，也不能过于宽泛，而是应充分考量其文字背后所蕴含的价值追求以及具体的适用语境。

第四节　一般条款适用的配套措施完善

一般条款的适用在我国的立法语境下就是司法方法论的问题，但司法方法论的实质仍是法律方法论，其具体内容则包括法律思维、法律发现、法律解释、法律论证、法律推理、漏洞补充及利益衡量等。[①] 而法律方法

[①] 参见焦宝乾《我国司法方法论：学理研究、实践应用及展望》，《法制与社会发展》2018年第2期。

论之所以重要,其主因在于法律适用是一个复杂而不易掌握的"技艺",故,在案件审理中,法官对法律规范的掌握往往不是手到擒来,相反则是左右为难、绞尽脑汁,甚至是变幻莫测的,这就对法官的学识素养、经验积累提出了较高的要求。① 当然,除了在法官主观能动性的部分需要激励之外,还需要通过相关司法文件的指导、法律适用方法论的培训等来落实,尤其是在我国将成文法作为法律渊源的这一大背景下,严格遵循法律适用的方法论显得非常重要。正如前文所析,一般条款的移植问题一直未在本土化的体系中取得法律适用的广泛共识,故在司法适用中常常乱象丛生。② 反不正当竞争工作协调机制或最高人民法院理应通过相关规范性文件等形式,对《反不正当竞争法》一般条款的适用问题进行体系化的明确,如此方能引致司法实务界,甚至是理论学界达成共识并构建起对话的基础和机制,以期在一般条款的司法适用问题上行稳致远。

一 修正相关司法文件及裁判文书的指引

最高人民法院发布的司法文件和作出的裁判文书在我国基层法院的案件审理中发挥着重要作用,甚至作为直接援引的裁判依据,故如果不能对上述内容进行统一的梳理和明确,现实的司法实践仍将会保持各说各话的"传统"。譬如在《最高人民法院关于充分发挥知识产权审判职能作用推动社会主义文化大发展大繁荣和促进经济自主协调发展若干问题的意见》中,有三点值得进一步明确和修正:第一,该司法文件仅强调原则规定的适用方式而未能明确原则规定(或一般条款)的属性和范围,其容易使得司法实践的适用依据并不统一,这也在现实中得到广泛印证;第二,该司法文件以"给其他经营者的合法权益造成损害"为判断不正当性的必要条件已经不符合 2017 年修法的规范要求,如 2017 年修法将"消费者的合法权益"作为权益损害的选择性要件之一,凸显出经营者保护与消费者保护的二元观;第三,该司法文件将"确属违反诚实信用原则和公认的商业道德"作为行为不正当性判断的前置标准也不符合现时去道德化的潮流和转向,而理应基本原则归基本原则,一般条款归一般条款,明确基本原

---

① 参见孔祥俊《司法哲学与裁判方法》,人民法院出版社 2010 年版,第 348 页。
② 参见陈科《公平责任一般条款的司法适用——以 100 份侵权案件判决书为分析样本》,《法律适用》2015 年第 1 期。

则仅对一般条款起到解释性和指引性的作用而非单独作为裁判的依据。除此之外,最高人民法院关于"海带配额案"① 中所提出的一般条款的适用条件,也应重新根据司法文件做统一的梳理和纠偏,其所出现的问题大体上与前述司法文件相似,但更为严重的是,该判决所提出一般条款适用的评价标准不仅未涵盖消费者的合法权益,甚至连损害竞争秩序利益这一核心要件都未体现,故上述文件或文书都有集中梳理和修正的必要。关于这一点,可以考察我国台湾地区的实践,如我国台湾地区公平交易委员会鉴于"公平交易法"第 24 条(现为第 25 条)为一概括性规定,故,为使其适用具体化明确化,于"公平交易法"施行之初即订有"公平交易委员会对于'公平交易法'第 24 条案件之处理原则",其内容随着执法经验之累积略有修正,已成为公平交易委员会处理"公平交易法"第 24 条案件认定事实、适用法律之重要准据。此项处理原则,行政法院将之定性为主管机关依其职权所订之"解释性行政规则",嗣后因应 2015 年之修正,修正其名称为"公平交易委员会对于'公平交易法'第 25 条案件之处理原则",并在理论与实务界起到了凝聚共识的作用。② 足见,囿于一般条款的适用难题,在我国尚未达到如德国百年来成熟司法实践的高度之下,我国应通过反不正当竞争工作协调机制或最高人民法院出台"反不正当竞争法一般条款之处理规则"这一规范性文件,统一明确其适用方式和适用态度,从而为治理司法实践乱象及实现法律的稳定性奠定坚实的基础。

二 加强基层法官法律适用方法论的培训

一般条款的规范在某些情况下也成为法官创制法律的领地,而且这种类型的"法官造法"并不局限于最高法院或者高级法院,基层法院也会出现法官造法的现象,③ 故对其进行合理的约束与指引将成为解决此问题的一个关键。尤其是在从道德化解读转向利益衡量的方法论中间,其对法官提出了要坚守"有思考的服从原则",也就是说,法官既不能像自由法

---

① 最高人民法院〔2009〕民申字第 1065 号民事裁定书。
② 参见廖义男《公平交易法之释论与实务》(第二册),元照出版有限公司 2015 年版,第 207 页。
③ 参见梁上上《利益衡量论》,法律出版社 2013 年版,第 59 页。

学那样基于自由裁量实施判决,也不能像概念法学般盲目地服从于立法者,而是在二者之间坚守"有思考的服从原则",即:在制定法概念之中浸入背后的诸利益状况,借用赫克的话来说,"法律解释绝对不是观念之探究而是利益之探究"①。而这种兼顾利益的纠纷解决方式在实践中也被认为是最佳的路径。②但不可讳言的是,这种司法适用具有其技术属性,甚至在一定程度上决定着法律的实施程度和效果,③而驾驭技术的成熟既需要依赖平时大量经验积累,亦需要正确的法律适用方法论的培训和教导。事实上,早在21世纪初期,法官们就已经呼吁提高基层法官适用法律的能力,包括法律发现能力、法律解释能力和利益衡量能力等,这也几乎对应了一般条款适用的整个过程。④而这一培养能力过程也不是一朝一夕的问题而是长期的工作。不过,相关机关可以借修法的宣讲之机或通过资深法官讲座的方式加强对基层法官法律适用方法论的培训,如能通过这一点一滴的思维引导和方法传授,对于凝聚实务界适用一般条款的方法达成共识具有积极的导向作用。

三 借重学理上一般条款适用的研究成果

除上述司法文件、权威判例及实务培训外,借重学理上一般条款适用的研究成果也愈发显得重要及可行。这一点在一般条款适用的完善路径上也得到印证。譬如孔祥俊教授就曾在其发表的《论反不正当竞争的基本范式》一文中,对于包括"百度与360插标不正当竞争案""猎豹浏览器屏蔽优酷网视频广告案"和"优酷与合一不正当竞争纠纷案"等案件的判决思路作出精致的点评,并从一般条款适用的基本范式的角度指出了其判决中适用方法的错误和不足,⑤这无疑对于后续的司法实践具有一定的警示和借鉴效果。另外,值得指出的是,德国能在一般条款的适用方法论及

---

① 参见顾祝轩《制造"拉伦茨神话":德国法学方法论史》,法律出版社2011年版,第46—47页。

② 参见孙海龙、姚建军编著《知识产权判解示例》,人民法院出版社2008年版,第439页。

③ 参见江国华《常识与理性:走向实践主义的司法哲学》,生活·读书·新知三联书店2017年版,第204页。

④ 参见余福明《论提高基层法院法官司法能力的途径和方法》,2005年8月29日,https://www.chinacourt.org/article/detail/2005/08/id/176265.shtml。

⑤ 参见孔祥俊《论反不正当竞争的基本范式》,《法学家》2018年第1期。

具体化问题上取得诸多成果和共识，学界的贡献不可谓不大，而这种理论指导实践、实践检验理论的模式无疑使得其在司法经验的纯熟上呈现螺旋式的上升。但与之相比，一方面我国在理论与实务的结合上尚缺少权威的途径和稳定的渠道，另一方面借鉴与理解上的不统一也可能加剧这一分歧。正如有学者指出，我国在一般条款的确定性问题上出现左支右绌的情况，其根源还在于社会成员的内在接纳态度，其中一重要表现就在于司法体制是否具有吸纳并转化道德资源的技术装置和制度保障。① 对此，曾有资深法官提出建议，应加强法官之间的业务探讨和法官与学术界的沟通交流，以及建立判例库以实现通过创制判例的方式推广审判经验和理论上的方法论成果，以解决实践中所出现的同案不同判、新情况及新问题。② 当然，在关于一般条款的适用问题上同样需要借助于上述制度以实现理论与实务的交流和共识的达成，这也应成为我国司法制度改革中的一种新的思路。③ 如此方能在一般条款的司法适用乱象中寻找出一条通往光明的道路。

---

① 参见谢晓尧《竞争秩序的道德解读：反不正当竞争法研究》，法律出版社 2005 年版，第 41—42 页。

② 参见虞伟华《裁判如何形成》，中国法制出版社 2017 年版，第 226—227、243 页。

③ 参见焦宝乾《我国司法方法论的学理研究、实践应用及展望》，《法制与社会发展》2018 年第 2 期。

第四章

竞争基本法视角下一般条款规范的制度延伸

竞争法学界虽将一般条款的关注重点主要集中在我国《反不正当竞争法》的规范与适用问题上，但事实上对于同样作为竞争基本法的《反垄断法》而言，关于反垄断法领域的一般条款及竞争基本法之间的制度接口问题，实务界与理论界也早有关注和发声。譬如，我国商务部条约法律司在其早期的调研文章中就曾强调，"现代反垄断法之所以能够在不断发展的经济活动中，维持其认定排除限制竞争行为的能力的其中一重要原因，就在于其实体性规范大多是由高度概括性的一般术语组成的，如此也使其能够随着时代发展，吸收和引进新的法律与经济的理论和解决方法以应对时代变化"[1]。同样值得关注的是，我国台湾地区的"公平交易法"在历经修订后，其一般条款已实现了由规范不正当竞争案件的功能扩展至亦可用于排除限制竞争的案件，甚至附带及于消费者直接保护之功能，[2] 从而使得该一般条款真正成为统一竞争法意义上的一般条款。故总结前述经验和启示，进而明确在竞争基本法视角下，两部竞争基本法如何更好地实现制度衔接，以及探讨《反垄断法》是否具有借助一般条款这一兼具立法论与方法论规范的空间，具有其现实意义和理论价值，本书也将以问题为导向，主要从以下几个层面展开具体探讨。

---

[1] 中华人民共和国商务部条约法律司：《反垄断法的特点》，2005年4月27日，https://tfs.mofcom.gov.cn/gzdt/art/2005/art_d9225670f5a8487fb177c63056231acd.html。

[2] 参见吴秀明《竞争法研究》，元照出版有限公司2010年版，第74页。

第一节 《反垄断法》总则中建构一般条款的必要性质疑

从两部竞争基本法的整个修法过程来看，修法方向始终在分立立法的路径上前行，但学界对于分立立法还是统一立法的争论之声并没有戛然而止。事实上，对于我国以公法与私法相合、侵权救济与行政执法并共存的"混融一体"的《反不正当竞争法》来说，[①] 实行删除、切割等"外科手术式"的立法治疗还是转向统一竞争立法的方向，均各有支持的声音。对于前者来说，主要认为该法的症结为"在体例上存在过渡性、应急性的问题亟待处理"[②] 等，同时倡导分立立法在明确立法目的、划分立法界线和便宜操作上的优点。[③] 但其遗留下来的问题是，竞争法子系统的制度接口如何安置？显然，与其他法律之间的关系不同，《反不正当竞争法》与《反垄断法》二者虽有诸多差异，但在立法目的上殊途同归，即共同担负着维护着市场竞争的自由与公平的重要使命，而反映在具体的市场竞争行为中，可以发现两法之间有着一定的规范交叉和逻辑重叠。对此，有学者曾试图提出一解决路径，即为提升我国《反垄断法》的灵活性和适应性，应将该法第4条改造为一般条款。[④] 不过，在《反垄断法》总则中是否有必要设置一般条款的问题，虽然并未在我国学界引起较大争论，但从体系规范和域外考察的角度来看，仍有必要对此问题进行一定的回应，以明确该问题的重点和本质。基于前文对于一般条款的解析及反垄断规则的特性，笔者认为，在《反垄断法》总则中规范一般条款的做法并无必要，甚至某种程度上会导致竞争法体系的紊乱。

[①] 参见王艳林《论反不正当竞争法向统一竞争法修改的取向——兼评〈反不正当竞争法修订草案〉隐含的新冲突》，《法治研究》2016年第6期。

[②] 王先林：《我国〈反不正当竞争法〉修订完善的宏观思考》，《中国工商管理研究》2014年第7期。

[③] 参见王学政《对竞争立法模式的比较研究》，《中国法学》1997年第5期。

[④] 参见于连超《反垄断法的一般条款解读——中国反垄断法第4条释义》，《黑龙江省政法管理干部学院学报》2009年第2期。

一 竞争基本法法律属性的视角

反垄断法与反不正当竞争法在法律属性上的本质区别,决定了一般条款在反不正当竞争规则的适用中更为重要,而在反垄断规则的框架下,一般条款的确立无疑会挑战传统上严格法定主义的约束。相比于反不正当竞争法具有较强的私法属性,反垄断法则由其强烈的公法属性而被视为"经济宪章",且这种强干预功能是一种实际的深度干预,甚至影响着产业的发展和企业的结构,故而,反垄断法的规则适用常常强调其谦抑性。[①] 而与之相反的是,一般条款则是以其灵活的兜底功能而被立法者青睐。更重要的是,从实践需求和发展来看,历史已经证明不正当竞争行为会囿于国情的差异、时代的变迁和经济的发展,在行为的表现形式上有所突破而难以归类到具体条款之内,而一般条款的功能则在于弥补此之不足而具有必要的规范空间。但反垄断规则在国际上具有较强的稳定性和通约性,主要遵循列举原则。固然我国的竞争法规范也存在明显竞合的情况,不过从实际运行来看,其问题并不在于缺乏灵活性、扩展性,而在于竞争法体系化的问题未能得到合理安置,故采取一般条款的规范也不能直接、妥善地解决该问题。正如有学者在分析中心辐射型协议等新问题时,最后落脚点仍在于增补及完善现行相关条款,[②] 而非借助于在总则中设计抽象的一般条款。

二 竞争基本法规范冲突的视角

作为灵活性的法律适用规范,一般条款的设置会增加新的规范冲突。诚然,2017年《反不正当竞争法》修订重点厘清了该法与反垄断法之间的规则交叉的问题,忽视了规则空白的困境,而一般条款本身又具有补遗之功能。但问题是,囿于一般条款的抽象性及我国具体化实践的惰性,一般条款的设计无疑会增加新的规范冲突。最为明显的则是,两部竞争基本法均设有一般条款的情形下,应由哪一部法律进行调整呢?虽然部分竞争行为可以通过两法的立法目的、一般条款要件进行区分,但仍然存在竞合,甚至均难以调整的情况。尤其是相对于美国统一的立法体系而言,分

---

① 参见宁立志《反垄断和保护知识产权的协调问题》,《竞争政策研究》2017年第5期。
② 参见郭传凯《美国中心辐射型垄断协议认定经验之借鉴》,《法学论坛》2016年第5期。

散的立法体系很难完成双重一般条款调和的任务，因此，从域外情况来看，同属大陆法系的德国在分立立法体系下，则在卡特尔法中未设置总则性的一般条款，而是借由反不正当竞争法的一般条款，作为与反垄断法连接的有限度的接口。[①] 即便如此，欧洲学界对于这一接口的合法合理性也提出了质疑，欧盟成员国之间对此所采取的态度也并不完全一致。故，与其在反垄断法中新设一个模糊的一般条款，不如明确反不正当竞争法一般条款的适用空间。

三 反垄断行政资源考量的视角

基于反垄断行政资源的考量，一般条款的适用空间也极其有限。事实上，即便我国台湾地区的学界已认同了第 25 条为"公平交易法"的一般条款，但学者们还是前赴后继地强调，应严格限制该条款在排除、限制竞争行为上的适用。尤其是当初行政执法机关（公平交易委员会）成立时，担心案源太少，而以公平自居介入诸多案件，实然是行政资源的严重错配。实际上行政执法机关作为一专业机关，理应多注意联合行为、结合行为的管制，将其资源和精力主要集中于此。同时，就长远而言，如行政执法机关的见解与法院见解常不一致时，对行政执法机关的信用也将有伤害之危险。[②] 故同样考虑到目前行政资源的条件及公法领域的界限，一般条款的规范也存在上述理论与实践的问题，这无疑会导致其设立的结果走向首鼠两端的适用境地。

第二节 分立立法模式下竞争基本法规范的竞合问题困境与因应

竞争基本法之间的体系性问题是一个有待于进一步探究的问题，特别是在竞争法概念的架构下，反垄断法与反不正当竞争法之间的关系问题比

---

① 参见［奥］伊姆加德·格里斯《反垄断和反不正当竞争法之间的接口》，张世明译，《内蒙古师范大学学报》（哲学社会科学版）2015 年第 2 期。

② 参见廖义男、吴秀明、刘华美等《公平交易法施行九周年学术研讨会论文集》，元照出版有限公司 2001 年版，第 362 页。

任何一个问题都重要。然而，我国的学理与实践过于注重二者之间的不同点描绘，甚至认为其具有清晰理论界限，是泾渭分明的规则体系，但修法遗留下来的问题则恰恰证明了两部竞争基本法之间的接口和关联性问题需要进一步挖掘和明晰，其中一般条款由于其包容性而往往扮演着制度接口的角色。

一　立法空白说与法律疑难说的辩驳

值得指出的是，关于我国竞争基本法规范间的立法问题，有学者提出立法空白说，[①] 即认为，某一市场竞争行为可能既难以满足反垄断法的规制条件，也难以得到反不正当竞争法的调整，譬如，其认为缺乏滥用相对优势地位行为的规制条款就属于我国立法上的空白。在具有一般条款兜底的情形之下，虽然有学者主张一般条款为法律漏洞，但相比之下，德国学者则认为一般条款仍属于法律解释的范畴，其理由在于"即便一般条款有其抽象及不确定性，但它总算是作了规定，也不能说它未做法律上的指令，而这一点恰恰是法律漏洞之范围的划分标准"[②]。也正如德沃金强调"在没有明确的规则而可以适用原则的情况下，并不代表法律空白，而是司法上的法律疑难"[③]。只不过在我国竞争基本法分立立法的模式下，我们常常将适法思维局限于宏观上的应不应该适用，而非微观判定符不符合构成要件。但实际上对于滥用相对优势地位行为来讲，部分域外国家和地区早已将该行为具体化为一类不正当竞争行为或限制竞争行为，故其本质上显现的并不是法律空白的问题，而是在非类型化规范的情况下，反不正当竞争法一般条款的适法疑难及潜在的法律竞合问题。同时，这在分立模式的德国与统一模式下的我国台湾地区来说，其主要的焦点问题也在于此规范竞合问题，因此，本书也将主要就我国竞争基本法规范间的竞合问题及其处理进行重点分析。

二　规范竞合情况下的法律适用困境

《反不正当竞争法》修订虽然只是剔除了基于历史原因所存在的明显

[①] 参见陈立彤《聚焦反不正当竞争法修订之滥用相对优势地位行为》，2016 年 3 月 11 日，https://opinion.caixin.com/2016-03-11/100919064.html。

[②] 参见黄茂荣《法学方法与现代民法》（第五版），法律出版社 2007 年版，第 565 页。

[③] 参见马得华《法律空白与法官造法》，《法律方法》2005 年第 00 期。

竞合规范条款，但从学术理论与域外实践来说，修改后的竞争法规范仍然存在以下两种竞合的情形：一是行为事实同时符合反垄断法与反不正当竞争法的规范构成要件的情况，如低价倾销等，其所引发的问题是，当违反反垄断法的情形下是否可以依据反不正当竞争法一般条款进行救济（亦即违反法律原则）；二是某一行为事实不完全符合反垄断法的构成要件，却符合反不正当竞争法一般条款的构成要件情况，如滥用相对优势地位行为等，那其是否受到反不正当竞争法一般条款的管辖呢？[1] 关于此，最明显的莫过于《德国反限制竞争法》规制的占支配地位或优势地位企业的阻碍行为（第19、20条）、联合抵制行为（第21条）与《德国反不正当竞争法》第4条第10项规定的有目的阻碍竞争者构成不正当竞争行为（也被视为宽泛的一般条款式规定）之间的竞合关系，以及我国台湾地区"公平交易法"第20条第1款第3项（有下列各款行为之一，而有限制竞争之虞者，事业不得为之：以低价利诱或其他不正当方法，阻碍竞争者参与或从事竞争之行为）与第三章不公平竞争行为规范之间的竞合。[2] 德国的处理方式为基于竞合关系两法均可以适用，产生了请求权的竞合，但适用反不正当竞争法时必须考虑到是否会导致反垄断法所规范限定条件的落空，即反垄断法的目标价值和正当理由。[3] 当然，欧洲学界对于不完全符合反垄断规范的情形是否可寻求反不正当竞争法一般条款救济的问题也在分歧争议中塑造了一个主流观点，即反垄断法对于反不正当竞争法一般条款不具有排除作用的前提就在于，该行为事实的相关情况在反垄断法规范的构成要件中并未被考虑，以及该考虑按照竞争法的规范位阶不能被排除。[4] 换言之，上述处理模式通过特定条件的限制明确了违反反垄断法行为的不正当性以及反不正当竞争法一般条款再评价的可能性。而我国台湾地区则在统一模式下可直接适用一般条款，即具体规则适用后的结果将导致明显的利益失衡或违反正义下可再适用一般条款进行救济，进而来解决规范竞合下的行为评价问题。与上述处理模式对应的是，当前立法及学理

---

[1] 参见［奥］伊姆加德·格里斯《反垄断和反不正当竞争法之间的接口》，张世明译，《内蒙古师范大学学报》（哲学社会科学版）2015年第2期。

[2] 参见吴秀明《竞争法制之发轫与展开》，元照出版有限公司2004年版，第83—84页。

[3] 参见范长军《德国反不正当竞争法研究》，法律出版社2010年版，第45、162页。

[4] 参见［德］科勒《反不正当竞争法和卡特尔法规范的竞合》，《竞争法律与实务》2005年第2期。

上都没有明确我国的竞争基本法规范内是否存在这样一个接口以及具体的适用规则。

三 尊重反垄断法的目标价值和正当理由

正如前文的解析，虽然违反或不足以违反反垄断法的行为基于立法初衷与现实考量，并不当然证成该行为的不正当性，但是如若依据反不正当竞争法的行为分析范式符合不正当竞争行为一般条款（甚至是具体条款）构成要件的话，《反不正当竞争法》当然具有调整适用的空间，这主要归因于一方面立法技术上两法之间并没有明确的法律排除条款，另一方面也符合二者共同保护公平自由竞争的立法目标的实现。不过，值得指出的是，囿于我国《反不正当竞争法》一般条款的适用主体与权限限制，当事人寻求该规范的民事救济也就意味着放弃了行政救济，这也符合引导及强化反不正当竞争法私法救济的精神。[①] 与之相比，《反垄断法》的行政救济更为强大（较重的罚款幅度）但适用条件更为严苛，而民事责任方面却并无太大差异，故实践中适用条件与举证责任的限制会刺激竞争对手寻求《反不正当竞争法》的民事救济。同时须注意的是，放弃或丧失反垄断法的救济并不意味着逃离了《反垄断法》的约束，基于两法的差异性及避免立法上的冲突，对于同样规范于《反垄断法》的竞争行为，其反不正当竞争规则视角下的正当性判断，也须顾及《反垄断法》的目标价值和正当理由。

第三节　统一立法构想下一般条款的规范设计与实践适用

从 2017 年修法的结果来看，分立式立法仍遗留了竞争法子系统的制度接口如何安置以及如何回应市场转型国家统一竞争立法的新趋势等典型问题。可以说，市场经济发达的国家和地区，通过制定一部统一的竞争法，规制垄断和不正当竞争，运用独立竞争政策，调节经济发展和市场稳

[①] 参见孔祥俊《〈反不正当竞争法〉修改完善的若干思考》，《经济法论丛》2017 年第 1 期。

定，呈现出大范围的一致性与协调性，如英国、法国、加拿大、澳大利亚、芬兰、瑞典等。[①] 对于中国来说，对这一趋势核心内容的回应亦有其必要性。本书将基于统一立法的构想，对竞争法典市场竞争行为一般条款的规范与适用提出以下思考及建议：

第一，规范地位上，应从立法理念与规范结构层面确立竞争法典市场竞争行为一般条款的规范地位。关于前者，须指出的是，反不正当竞争法与反垄断法二者虽有诸多差异，但在立法目的上却殊途同归，即共同担负着维护市场竞争自由与公平的重要使命，而反映在具体的市场竞争行为中，可以发现两法之间有着一定的规范交叉和逻辑重叠，这就使得竞争法典有明确市场竞争行为一般条款统摄所有市场竞争行为之规范地位的必要空间。而关于后者，则是汲取我国《反垄断法》垄断协议规则制定与我国台湾地区"公平交易法"立法经验与教训的结果，二者的共同缺点在于，由于一般条款的规范位置摆放问题，引发了学界的不同解读和实践适用争议，也对一般条款的统摄性和权威性产生了冲击。譬如我国《反垄断法》中垄断协议的一般性条款仅规范在横向垄断协议中，而引发能否当然适用纵向垄断协议的争论。同样地，我国台湾地区"公平交易法"中有关不公平交易行为的一般条款的规范也因置于第三章"不公平竞争"之后，使得学者产生了该一般条款仅为第三章不公平竞争行为的一般条款还是公平交易法整部法律的一般条款的争执。上述问题虽然最终通过学界与实务界的磨合，能在一定程度上形成主流意见，进而得以明确其规范定位及指引其适用规则，但作为经验教训，在未来竞争法典的立法时理应避免，即将"公平竞争行为"一般条款置于竞争法典的总则中，而非置于不正当竞争行为的专章之中。

第二，构成要件上，市场竞争行为一般条款的条件应明确"足以影响交易秩序"之核心要件，并逐渐摒弃道德性的判断，缩减原则的设立范围。首先，作为立足于市场竞争领域的基本法，其根本目的在于维护市场公平自由的交易秩序，因此，"足以影响交易秩序"因素理当作为市场竞争行为公平与否的核心要件之一，亦即要考量市场竞争行为对市场秩序利益的影响情况。其次，从一般条款的规范趋势来看，其与传统上道德性原

[①] 参见吴振国《〈中华人民共和国反垄断法〉解读》，人民法院出版社2007年版，第2—3页。

则的路径愈来愈远，而是与反垄断法的效率竞争等现代观念愈发契合，倘若该条款负荷的抽象价值过多，其利益平衡的复杂性及价值因素的主观性会对司法实践造成一定困扰。现有的原则如只是反映《民法典》总则编原则而欠缺本身特质，则不如像意大利《反不正当竞争法》一样直接设计援引民法典条款，但这显然并不符合竞争法典作为一部重要经济法而独立立法的要义。同时，从抗辩的角度来讲，"自愿、平等、公平"等原则不仅成为裁判者的判定难题，更是当事人的抗辩盲点，缺乏抗辩权的功能发挥将无法实现竞争法的保护目的，即保护所有市场参与者行动和决定自由。竞争法一般条款的抽象原则性内容的界定困难不应被过分强调，因为大多数的不公平竞争行为已在具体规范中有所规定，实践中更细致化的原则解释几乎没有必要，而是应考虑所有的市场因素，如规模、相关竞争者数量、行为性质、严重性、持续性和重复性等，因此更多原则的确立实在是徒增困扰。

第三，适用方法上，市场竞争行为一般条款的适用方法应予以规范明确化（如我国台湾地区）或促成理论共识（如德国）。我国在理论与实务中长期存在的关于一般条款如何适用的问题理应通过包括上述办法在内的路径进行回应和解决，否则仍将持续陷入立法论的泥淖中。譬如，在竞争法典出台后，竞争执法机构或最高人民法院应立即出台关于竞争法典一般条款的具体适用方法，当然该适用方法不能脱离一般条款固有的立法功能和方法适用，主要内容应包括前文所述及的适用权限及主体、与其他法律关系、与具体条款关系等，尤其是应明确确立具体适用一般条款的方法是利益衡量方法论，而关于利益衡量的详细操作、考察因素等可以参考学界意见，以形成具有合理性、可操作性的适用规则。当然，考虑到我国《反不正当竞争法》的修法足足等待了20年的时间，故基于理性预期，统一竞争法典的制定也将是未来较长时间段内的立法呼声，这也意味着，促成理论共识的空间和时间也较为充裕，如能像德国一样经过半个多世纪的方法论大辩论而最终确立一套较为统一的一般条款适用方法论，亦能为竞争法典市场竞争行为一般条款的适用提供坚实的理论基础。

第四，适用标准上，市场竞争行为一般条款的适用应坚持严格主义的适用标准，其本质上反映了两个层面的问题：第一层面为成文立法的技术进步与规则打磨，事实上，通过分立具体规范的一般条款以及不断在修法过程中吸收典型的违法市场竞争行为，已经能在很大程度上满足市场对于规制不公平竞争行为的需求，这也意味着曾经作为灵活性规范代表的一般条款的适用空间也将被不断地挤压，而未能经过立法者选入认为亟须规制的市场竞争行为，也将必须进行严格地审视才能作为限制竞争权利的合法理由。第二层面，则从根本上反映的是市场自由与权利限制，甚至是与公权介入之间的矛盾，尤其是在竞争法典体制下，基于其发展走向和立法宗旨，对于消费者诉权的进一步保障以及行政机关赋权也将顺势而为。① 但由于立法者对于个体滥诉以及执法质量的担忧，这些问题都在 2017 年修法中进行了保守处理，这也意味着未来竞争法典对消费者、公共利益等保障的扩大，也将势必压缩竞争行为人的竞争自由空间。故，从上述情形以及域外经验借鉴来看，竞争法典坚持市场竞争行为一般条款严格主义的适用标准也将是未来之需。

第五，责任配置上，市场竞争行为一般条款应明确界分不同类型市场竞争行为下民事责任与行政责任的配置问题，即适当限制行政处罚的适用范围而提升处罚力度，并强化司法救济的有效途径。事实上，从域外市场竞争行为的一般条款与具体条款之间的划分趋势来看，其责任配置的区分并不完全在于行为主体的不同，而在于利益损害的差异。正如有学者曾指出，如某些市场竞争行为如虚假宣传、商业贿赂等，损害了公共利益且私力救济保障程度不够，那么公权力的介入和行政救济就有了必要性及空间。反之，如司法救济的途径足够有效和有力，行政救济的空间就应当进行适当限缩，毕竟其惩罚性和剥夺性远大于民事救济措施，如主要以损害竞争对手为目的的仿冒、商业诋毁，甚至是侵犯商业秘密的行为就应当主要保障其司法救济的路径，而不再纳入行政处罚的适用范围，② 除非其损害已经达到了侵害不特定经营者利益或严重影响市场竞争秩序的程度。同理，对于市场竞争行为一般条款的适用情况也在此理，其也应根据不同利益损害的程度和情况，而规范公权力的介入空间，而不是像修法期间出现的"全部赋权"或"全不赋权"的极端反复情况，如此才能通过体系完善及责任配置更好地实现相关利益的平衡。

---

① 参见宁立志《继往开来：变迁中的中国反不正当竞争法》，《郑州大学学报》（哲学社会科学版）2018 年第 6 期。

② 参见孔祥俊《〈反不正当竞争法〉修改完善的若干思考》，《经济法论丛》2017 年第 1 期。

第五章

《反不正当竞争法》一般条款
规范具体化的类型阐释

囿于一般条款的实质内容不确定,在适用时必须对其具体化,而其具体化的主要形式就是类型化阐释。关于类型化的方法,其主要包括明确一般条款及其核心含义、寻找与建立典型案例类型、类型化结果的体系化整理、将待决的案件与类型案件进行对比联结、进行价值判断和利益平衡五个步骤。[①] 事实上,除《反不正当竞争法》具体条款中所列举的商业误导行为(包括商品来源误导的市场混淆行为、虚假宣传行为、对他人商誉误导的商业诋毁行为和对有奖销售信息实施误导的行为[②])、商业贿赂行为及侵犯商业秘密的行为等典型不正当竞争行为外,实践商业场景的复杂性和多元化,正在催生出越来越多的新型不正当竞争行为。基于案例类型的相对充分、学理讨论的相对集中、利益衡量的相对复杂等原因,本章将重点对其中四个类型化的不正当竞争行为进行阐释,以型构出一般条款与具体类型之间的逻辑脉络和连接点。但不得不承认的是,类型化条款可能引发误选和寻租等特殊的法律成本,[③] 在具体化类型的选择方面,立法者理应慎重,尤其是面对新技术领域下的技术手段和经营行为。

---

① 参见杨峰《商法一般条款的类型化适用》,《中国社会科学》2022 年第 2 期。
② 参见宁立志《继往开来:变迁中的中国反不正当竞争法》,《郑州大学学报》(哲学社会科学版) 2018 年第 6 期。
③ 参见蒋舸《〈反不正当竞争法〉网络条款的反思与解释以类型化原理为中心》,《中外法学》2019 年第 1 期。

第一节　网络领域类不正当竞争行为规制

自 2017 年《反不正当竞争法》第 12 条（网络领域类不正当竞争行为条款）设置以后，与数字经济领域相关的不正当竞争行为的法律法规，如《电子商务法》《禁止网络不正当竞争行为规定（公开征求意见稿）》《反不正当竞争法司法解释》（2022 年）等，以及执法、司法案例和学术探讨等相关成果，凝聚出竞争法学界的一些基本共识：第一，在法律属性和定位方面，《反不正当竞争法》系行为规制法而非权益保护法；第二，《反不正当竞争法》一般条款（不确定法律概念）采用以特定商业领域遵循和认可的行为规范（商业道德）为基础、以利益衡量为内核的方式[①]来判定某一竞争行为是否构成新型不正当竞争行为，而具体条款应根据是否符合构成要件这一标准来认定该类型化行为中的新型不正当竞争行为；第三，在一般条款与具体条款的适用顺位上，如有具体条款可供引用和评价，那么就无须再适用一般条款进行双重评价，只有在属于违反反不正当竞争法具体条款规定之外的情形，才可以适用一般条款。

一　行为法与领域法立法模式并存的难题

深入考察可以发现，上述认知理念和适用范式是与我国 2017 年《反不正当竞争法》第 12 条的立法相冲突的，原因在于：纵观 2017 年《反不正当竞争法》的第二章，仅第 6 条[②]与第 12 条规定了"其他……行为"的兜底条款规定，而前者相比于后者之所以少见适用争议，是因为前者有

---

① 参见《反不正当竞争法司法解释》（2022 年）第 3 条："特定商业领域普遍遵循和认可的行为规范，人民法院可以认定为反不正当竞争法第 2 条规定的'商业道德'。人民法院应当结合案件具体情况，综合考虑行业规则或者商业惯例、经营者的主观状态、交易相对人的选择意愿、对消费者权益、市场竞争秩序、社会公共利益的影响等因素，依法判断经营者是否违反商业道德。人民法院认定经营者是否违反商业道德时，可以参考行业主管部门、行业协会或者自律组织制定的从业规范、技术规范、自律公约等。"

② 参见《反不正当竞争法》第 6 条第 2 款第（4）项：其他足以引人误认为是他人商品或者与他人存在特定联系的混淆行为。

明确的构成要件（有一定影响力的商业标识+引人误认），仅有承担传统领域里某一类具体不正当竞争行为（市场混淆行为）的兜底功能，而后者则具有类似于整个网络领域所有可能类型的不正当竞争行为的兜底规范。譬如，将第12条中的兜底条款"利用技术手段，通过影响用户选择或者其他方式，实施的其他妨碍、破坏其他经营者合法提供的网络产品或者服务正常运行的行为"稍作修改，即，将"技术"改为"经营"、"用户"改为"消费者"、"运行"改为"交易"，以及删除"网络"一词，修改为"利用经营手段，通过影响消费者选择或者其他方式，实施的其他妨碍、破坏其他经营者合法提供的产品或者服务正常交易的行为"，那么，将这段话视为对传统领域的所有类型的不正当竞争行为的总结似乎也并无问题。而现实的适用情况是，认定传统领域的新型不正当竞争行为（具体类型化条款之外的）要适用一般条款，而认定网络领域的新型不正当竞争行为要适用第12条的兜底条款，换言之，网络领域不正当竞争行为的规范适用和行为认定呈现出一个自我封闭的情况。与此同时，现在诸多观点认为，相比于传统领域，网络领域的商业道德更具有动态性和不确定性，那么依此逻辑，认定网络领域的新型不正当竞争行为更应该适用一般条款的认定模式而非具体条款的构成要件模式，因为后者通过提取公因式的方法难以周延地涵摄网络领域所有类型的不正当竞争行为，而且"妨碍、破坏""正常运行"等仅以经营者利益为考察视角的行为标准适用起来却有困难。从最高人民法院在《反不正当竞争法司法解释》（2022年）起草与公布中的规范变动也能窥此玄机，如在其征求意见稿中，第25条就是起草者对《反不正当竞争法》第12条第2款第4项兜底条款适用条件的解释，[①] 但一方面，该解释以"有悖诚实信用原则和商业道德"为核心内容，相当于直接嫁接和适用了一般条款的规范，且违反了该解释第2条写明的具体条款与一般条款的适用关系，甚至有超越解释权限之虞；另一方面，最终发布的司法解释则只对《反不正当竞争法》第12条第2款第（1）、（2）项的规定做了解释，那么这也意味着，此司法解释

---

① 参见《反不正当竞争法司法解释（征求意见稿）》（2021年）第25条："经营者利用网络从事生产经营活动，同时符合下列条件的，人民法院可以依照反不正当竞争法第十二条第二款第四项予以认定：（一）利用网络技术手段实施；（二）违背其他经营者意愿并导致其合法提供的网络产品或服务无法正常运行；（三）有悖诚实信用原则和商业道德；（四）扰乱市场竞争秩序并损害消费者的合法权益；（五）缺乏合理理由。"

未来无法为法官适用第（4）项的兜底条款提供指引功能及作用。相比之下，《禁止网络不正当竞争行为规定（公开征求意见稿）》第 22 条的规定虽然罗列了诸多考察因素，① 但因《反不正当竞争法》第 12 条中的兜底条款是以其他经营者遭受的损害为判定标准，所以在具体适用时，执法人员也需要参考特定领域的商业道德以及关注消费者利益及动态竞争秩序利益的损害情况，这也相当于变相回归了一般条款的判断标准。

归根结底，上述适用争议和困境之所以存在，症结在于，与《德国反不正当竞争法》等纯粹的行为法立法模式不同，我国《反不正当竞争法》的立法模式将传统领域与网络领域人为地割裂开来，进而导致行为法立法模式与领域法立法模式并行的情况存在。而要解决此问题并最大限度将两种立法模式的冲突予以消解，笔者建议：一方面，在《反不正当竞争法》第 12 条范围之内，对网络领域新型不正当竞争行为进行充实，而不应再扩展到《反不正当竞争法》第 12 条之外，以防加剧两种立法模式的冲突对立；另一方面，在上述充实和补强立法的基础上，删除《反不正当竞争法》第 12 条第 2 款第 4 项这一兜底条款，明确无论是传统领域还是网络领域，新型不正当竞争行为的规制均应依照《反不正当竞争法》第 2 条一般条款的规定进行个案审理，这也符合行为规制的特征和要求，且在诸多典型网络领域不正当竞争行为已能通过《反不正当竞争法》第 12 条这一具体条款中的构成要件来予以判定解决的情况下，无须过分担忧所谓向一般条款逃逸的问题，因为这与和传统领域新型不正当竞争行为认定面临的情况类似。与其以不周延的构成要件所组成的具体条款来提供不确定的领域式兜底，适用一般条款来解决网络领域中的新型问题可能更切合正义、秩序和逻辑，而且从 2017 年之后司法机关适用一般条款来解决网络

---

① 参见《禁止网络不正当竞争行为规定（公开征求意见稿）》（2021 年）第 22 条："经营者不得利用技术手段，实施其他妨碍、破坏其他经营者合法提供的网络产品或者服务正常运行的行为。判断是否造成妨碍、破坏其他经营者合法提供的网络产品或者服务正常运行，可以综合考虑下列因素：（一）是否导致其他经营者合法提供的网络产品或者服务无法正常使用；（二）是否导致其他经营者合法提供的网络产品或者服务无法正常下载、安装或者卸载；（三）是否导致其他经营者合法提供的网络产品或者服务成本不合理增加；（四）是否导致其他经营者合法提供的网络产品或者服务的用户或者访问量不合理减少；（五）是否导致消费者体验不合理下降或者其他利益遭受不合理损失；（六）行为实施的次数、持续时间的长度；（七）行为影响的地域范围、时间范围等；（八）其他因素。"

领域新型不正当竞争行为的态度和情况来看，无论如何对"妨碍、破坏"等宽泛要件进行规范和解释，多数都最终回归到了一般条款的适用和认定路径上来，且《反不正当竞争法》第12条中如"技术手段"等的限定限制了其对网络领域新型不正当竞争行为的规制能力，也不符合全面完善和优化监管数字经济领域新型不正当竞争行为的立法政策取向。同时，相信在部门规章与司法解释对一般条款更为细化的指引之下，执法机关和司法机关未来能更好地把握和解决对占比有限的网络领域和传统领域的新型不正当竞争行为。

二 网络领域类不正当竞争行为的类型化

从2022年11月国家市场监管总局发布的公开征求《反不正当竞争法（修订草案征求意见稿）》意见的公告来看，起草者解决行为法与领域法立法模式并存的方法是参照《禁止网络不正当竞争行为规定（公开征求意见稿）》中的相关规定，对网络领域类不正当竞争行为进一步类型化，具体来看，其一方面规定了网络领域类不正当竞争行为的"小一般条款"①（第15条）及其兜底条款（第20条），还分别规定了不得利用技术手段妨碍、破坏其他经营者的行为（第16条、第17条）和利用算法损害权益、扰乱市场竞争秩序的行为（第19条），内容相当庞杂，且存在一定的规范内容重合，导致目前关于网络领域类不正当竞争行为的类型化整体呈现出不科学、不协调的情况，立法者需要结合公开意见对此进行逐步完善，引导反不正当竞争立法更加规范化。同时，基于此类新型不正当竞争行为有继续扩张的趋势，以及对《反不正当竞争法》谦抑性与对市场竞争规律的尊重，立法者和执法者需要更谨慎地对待此类新型不正当竞争行为，可暂时适用网络领域类不正当竞争行为的"小一般条款"及其兜底条款规制此类行为，待相关案例群扩大与稳定后，可考虑提炼此类行为的共性，进而对其进行类型化并予以规制。此处仅对部分类型化条款中的术语表达进行评价。

第一，从市场竞争秩序视角及一般条款的核心标准出发，网络领域类不正当竞争行为的类型化应紧扣不当损害其他经营者合法权益和消费

---

① 蒋舸：《〈反不正当竞争法〉网络条款的反思与解释以类型化原理为中心》，《中外法学》2019年第1期。

者合法权益，进而损害市场竞争秩序这一公共利益这一痛点，来分类网络领域类的不正当竞争行为。至于是在网络上采取的系技术手段（如算法或技术规范）还是经营手段（如平台规则、行业惯例），不应逐一地去规定和罗列，如恶意交易、流量劫持、不当干扰、恶意不兼容、强制进行目标跳转、拦截屏蔽等也难以穷尽列举，且实践中它们的行为样态非常多样。虽然我国是成文法国家，但并不意味着我们的立法要事无巨细，同时，过细且不科学的立法还会给司法实践带来困扰和难题，正如2017年版的网络领域类不正当竞争行为规定一样。笔者认为，只需要总结出网络领域类不正当竞争行为的本质特性，通过行为要件样式的规范出"小一般条款"即可，更具类型化的内容可以交给行政法规和司法解释来应对，否则反不正当竞争法的修法工作将一直处于动态的变化中。

第二，规范中"利用技术手段"等用语含义尚需进一步解释，目前存在较多争议，建议简化表述，以提高互联专条具体条款的适用性。笔者认为，首部规范中"利用技术手段"要件的实际作用有限。根据文本解释，认定网络领域类新型不正当竞争行为，似乎应当以客观上存在"经营者利用技术手段"为必要条件。然而，实际上，传统的不正当竞争行为也可以利用所谓的"技术手段"达成，如实施经营者聘请"网络水军"实施的虚假评论行为，从表面上看，属于"利用技术手段"达致非法竞争目的。但究其实质，该行为是《反不正当竞争法》第9条规制的虚假宣传行为在互联网领域的延伸，而非应受第16条规制的新型不正当竞争行为。可见，该要件无法从根本上将传统不正当竞争行为与新型不正当竞争行为区分开来，也会给法官适用法律造成一定的困扰，如"技术手段"在认定新型不正当竞争行为的作用，对技术性的程度要求应做何种理解，目前尚缺乏具体的司法解释或部门规章指引。法官论证裁判思路时只得粗浅地提及被诉行为"利用了技术手段"。同时，该要件也体现了立法者对技术问题存在认识误区，也由此造成了法律漏洞：经营者若通过一定的交易安排、商业策略避开了"技术手段"，直接实施了新型不正当竞争行为，此类行为是否应落入本条的规制范围？答案应当是肯定的。"技术手段"只是网络经营者为实现竞争目的所选择的路径之一，除去"技术手段"，以其他理由、方式实现对自身的推销或对他人的拒绝，往往更具有迷惑性或者表面上的合理性。譬如，以信息安全、隐私保护为借口阻碍网络活动中各类信息的公开或流动，以交易安全为理由拒绝或限制他人产品或服务在特定平台上的运行等行为。对此，笔者建议将"利用技术手段"这一表述删除，避免法律适用的误区或者增加对相关手段的列举，如将"营销手段"与"技术手段"并列，以此杜绝相关经营者利用技术手段之外的方式实施不正当竞争行为。

第三，条款中规定经营者若实施了妨碍、破坏行为，即落入互联网专条的规制范围，但经营者实施妨碍、破坏行为时的主观构成要件，是否包括经营者"间接故意"，如何解释妨碍、破坏行为的危害程度，经营者不得妨碍、破坏"其他经营者合法提供的网络产品或服务的正常运行"，其中的"合法"具体是指其他经营者具备合法的资质抑或其提供的网络产品或服务的内容不违法，正常运行是否有行业公认的判断标准等问题存在不清晰之处。在互联网经济中，妨碍、破坏他人提供的互联网产品或服务是常态，但此种妨碍并不一定带来对方实质损失，而如何对妨碍、破坏行为施加合理限度有待回答。互联网催生了诸多经济发展的新形态，对合法与违法的判断标准一时之间也难以界定，如何处理经营者自主经营权与市场公平竞争秩序之间的关系也尚不明确。因此，笔者建议将"妨碍、破坏"改为"干扰"。相比于"妨碍"，"干扰"一词的"主动性"更为明显，往往是后来者对于先到者才能实施"干扰"，主观色彩较为突出。"干扰"对于损害后果的要求较低，合法经营者的举证责任较轻，可以及时维权，有利于保护竞争秩序。

第四，关于"恶意不兼容"条款，"恶意"要件的专门强调，在一定程度上会带来社会公众理解上的困惑，究竟何为"恶意"？是民法领域中的"知道"还是某种程度上对违法后果的追求或放任？单纯地以"知道"作为判断"恶意"的标准，无法应对互联网领域复杂多变的技术因素，由于网络经营者的主体身份限制、技术门槛限制极低，同类或不同类产品、服务间的"不兼容"是常态，"兼容"才是例外。经营者对"兼容"的追求，意味着背后巨额的人力、物力投入。事实上，一味地强调不同经营者产品或服务间的兼容性，不符合相关技术发展和社会需求的客观规律。从这个意义上讲，无论是本条款中指代不明的"恶意"还是"不兼容"的后果，都是相关经营者在生产经营活动中可能产生的主观意愿或技术效果，并不是清晰、合理的价值判断依据。这从《反不正当竞争法司法解释》（2022年）的规范变化中也能体察出来，其在公开征求意见稿的第

24条中还规范了"恶意不兼容"的考察因素：包括针对其他特定经营者实施不兼容，妨碍用户正常使用其他特定经营者合法提供的网络产品或服务，其他经营者不能通过与第三方合作等方式消除不兼容行为产生的影响，缺乏合理理由。但在争议之下，其最终公布的《反不正当竞争法司法解释》（2022年）并没有对这一项作任何解释和处理，足见，"恶意不兼容"的宽泛表述不能与竞争行为的不正当性直接画等号，同时，考虑到可以将二选一行为、差别待遇行为等以更为具体的行为表述规制于《反不正当竞争法》之中，因此，"恶意不兼容"的规制必要性会显著降低，建议予以删除。

第五，《反不正当竞争法司法解释》（2022年）第21条明确"仅插入链接，目标跳转由用户触发的，人民法院应当综合考虑插入链接的具体方式、是否具有合理理由以及对用户利益和其他经营者利益的影响等因素，认定该行为是否违反2017年《反不正当竞争法》第12条第2款第1项的规定"；与此同时，《禁止网络不正当竞争行为规定（公开征求意见稿）》第15条第4项规定"无正当理由，对其他经营者合法提供的网络产品或者服务实施屏蔽、拦截、修改、关闭、卸载，妨碍其下载、安装、运行、升级、转发、传播等"，第17条第2款第7项规定"不兼容行为是否具有正当理由"等。可见，网络领域竞争行为的复杂性，要求执法者和立法者需要结合特定的商业场景来判定行为的合理正当性，尤其在干扰是常态、非干扰才是例外的竞争生态中，对于网络领域竞争行为的出发点与预期效果的考察也是一个不能忽视的重要因素。基于此，建议对所有网络领域的不正当竞争行为添加"无正当理由"作为违法性条件，从而在给予被诉侵权人抗辩机会的同时，为执法者和立法者全面认定网络领域竞争行为的正当与否提供更为充足的法律事实。

第二节 商业烦扰类不正当竞争行为规制

顾名思义，商业烦扰行为是指经营者对相对人所实施的不请自来、超出对方合理预期且不受欢迎的商业行为，在实践中主要表现为经营者为了争夺潜在客户群而在未取得相对人同意的情况下，通过打电话或自动语音电话方式向对方推销商品或服务、向他人手机发送营销性质的短信、向他人电子邮箱发送广告以及上门推销或者在公共场所强行推销等。[①] 在激烈的市场竞争中，经营者为了获取竞争优势而不断翻新竞争手段，其中不乏溢出正当边界，侵害他人权利和其他经营者竞争利益，甚至导致资源配置不公平、损害公平竞争秩序的现象。市场营销作为一种重要的竞争手段被经营者广泛采用，它可以发现、了解消费者的需求，是经营者开展竞争的重要因素。但若经营者实施营销方式不合理，如不顾他人的意愿而反复打电话推销或在不恰当的时机发送各类通信信息则会侵害他人的生活安宁权益，令他人陷入十分痛苦的烦扰。可以说，这些行为违背诚实信用原则，损害竞争者或消费者的权益，侵害市场的正常竞争秩序，理应受到《反不正当竞争法》或相关专门立法的规制。表 5-1 为主要国家对于商业烦扰行为的禁止性规范。

表 5-1　　　　主要国家对于商业烦扰行为的禁止性规范

国家、地区	立法	内容
美国	《电话消费者保护法》（TCPA）	由联邦通信委员会（FCC）于 1991 年颁布，保护美国公民免受不请自来的电话、机器人电话、传真广告和自动电话拨号系统的侵害。TCPA 主要条款包括：只能在上午 11 点至晚上 8 点（当地时间）的 9 小时内致电潜在客户；必须通过"请勿拨打"国家数据库（DNC）注册表，并避免致电其中列出的客户；拨打时，必须介绍自己、公司以及通话的目的，还必须在来电显示系统上显示准确的标识信息；不遵守 TCPA 法规可能会招致严厉的处罚，包括巨额罚款和潜在诉讼
英国	《隐私和电子通信条例》（PECR）	于 2003 年在英国推出，它管理电子通信的使用，包括销售电子邮件、电话、短信、cookie 和自动电话呼叫。该法规要求企业在通过电子渠道联系消费者之前获得消费者的明确同意。这可以保护用户的隐私并保护他们免受不需要的和可能有害的消息。PECR 的主要条款：必须表明自己的身份，并在被问到时透露电话号码和地址；只能在工作日的上午 8 点至晚上 8 点之间以及周末和公共假期的上午 9 点至下午 6 点之间拨打冷门电话；必须尊重希望选择不接听冷门电话的潜在客户的偏好。不遵守 PECR 规则可能会导致信息专员办公室（ICO）采取严厉行动，这可能会导致警告和处罚

---

① 参见宁立志、董维《商业烦扰防治体系之构建》，《河南师范大学学报》（哲学社会科学版）2019 年第 1 期。

续表

国家、地区	立法	内容
德国	《反不正当竞争法》（AAUC）	其2016年修法第7条"不可合理期待的骚扰"的条款规定：（1）一个交易行为以不可合理期待的方式骚扰市场参与者，是被禁止的。该禁止尤其适用于被请求的市场参与者明显不愿纳的广告。（2）下列情形，始终被认定为一种不可合理期待的骚扰：①在广告中，使用一种未列在本款第②项和第③项下的，适合于远程销售的商业交流手段，在消费者明显不愿接受此广告的情况下，通过这种交流手段固执地向消费者推销；②在未经消费者事先明确同意，或者至少没有推定其他市场参与者会同意的情况下，通过电话进行广告推销；③在未取得消费者的事先明确的同意，通过自动呼叫机、传真机或电子邮件进行广告推销，或者④在广告资讯中：a. 掩饰或隐瞒了委托传递资讯的寄件者的身份，或者b. 违反《电讯媒体法》第6条第1款规定或者要求接受者点击一个违反这条规定的网站，或者没有接受者能够只依基础费率的传递费而提出停止此类资讯的有效地址。（3）如有下列情形，第2款第③项的规定不予适用，其利用电子邮件所做的广告不认定为是不能忍受的骚扰：①企业主鉴于商品销售或提供服务从顾客处获得其电子邮箱地址；②企业主为其类似商品或服务直接地做广告而使用该地址；③顾客未反对使用其他地址以及④在获取位址及每次使用地址时，顾客均被明确告知，其能够随时只依基础费率的传递费而拒绝这种使用
澳大利亚	《消费者法》（ACL）	ACL于2011年推出，负责管理澳大利亚的商业惯例、消费者权利和保护。与其他西方国家一样，澳大利亚也拥有一份国家DNC名单。它允许公民注册他们的电话和传真号码，以限制电话推销员的联系。ACL的主要条款：只能在工作日上午9点至晚上8点之间以及周六上午9点至下午5点之间致电潜在客户，周日和公众假期不能拨打冷电话；必须向消费者提供有关您的身份和推销目的的准确与诚实的信息；必须严格遵守DNC注册，避免拨打注册号码；如果潜在客户与您达成协议，必须给他们一个冷静期，从他们收到协议之日起10天。在此期间，他们可以取消协议，而无须支付任何罚款或费用
印度	《电信商业通信客户偏好条例》（TCCCPR）	TCCCPR于2018年推出，旨在监管未经请求的商业通信（UCC）或冷门电话。该法规赋予电信运营商权力，允许客户设置他们希望通过短信或电话联系的日期和时间范围。印度还参考西方国家设有一个请勿打扰（DND）目录，允许消费者选择不接收电话营销通信。TCCCPR的主要条款：您必须在TRAI注册自己才能收到商业消息或电话。您只能在上午9点至晚上9点（当地时间）之间拨打陌生电话。所有冷呼叫必须以140开头才能识别其来源。不遵守这些规定可能会被处以最高2500美元的罚款，并可能被禁止使用账户

续表

国家、地区	立法	内容
欧盟	《通用数据保护条例》（GDPR）	欧盟的 GDPR 于 2018 年生效，以保护欧盟公民的隐私和个人数据。它取代了过时的《数据保护指令》，使个人能够更好地控制其个人数据。GDPR 适用于所有处理欧盟公民个人数据的公司，无论公司位于何处。GDPR 相关的主要条款：在给潜在客户打电话之前，必须获得他们的明确同意；必须建立不凌驾于潜在客户权利之上的合法利益；必须对潜在客户透明地了解冷呼叫的目的以及他们的数据将如何使用；必须为潜在客户提供一种选择退出未来联系的简单方法；违反 GDPR 可能会被处以最高 4% 的全球年收入或 20 万欧元的罚款，以较高者为准

总体而言，上述规范体现出一些国家对于商业烦扰行为或称为冷呼叫（Cold Calling）的打击态度和作为，并且在规范内容上呈现出一定的相似性，主要包括以下五点内容：第一，在冷呼叫时明确身份。不同国家和地区的冷呼叫规定各不相同，但有一件事是标准一致的，那就是在通话开始时就透露你的身份，这有助于保持透明并与潜在客户建立信任，因此，在前 2 分钟内，请确保披露重要细节，例如：姓名、所代表的公司、通话的目的、地址或电话号码。第二，严格规范冷呼叫的时间。不同的法律规定了不同的时间，但一般来说，正常工作时间只在上午 8 点至晚上 8 点之间致电潜在客户，并且避免在周末和公共假期给潜在客户打电话。第三，致电前征得明确同意。这可确保致电人遵守冷呼叫法规，并使潜在客户更愿意倾听意见，以下是获得明确同意的一些方法：在其网站上使用明确的选择加入复选框，在注册表单上清楚地说明电话营销电话的目的，从一开始就告知潜在客户冷门电话的目的，并在继续对话之前征求他们的同意，使用 DNC 注册表交叉检查潜在客户列表，以避免致电已选择退出的潜在客户。第四，在进行货币交易之前获得潜在客户的书面批准。如今金融欺诈相当猖獗，为防止付款纠纷和经济损失，应当要求获得书面批准。第五，避免使用机器人拨打电话。一方面，他们缺乏人情味和个性化，另一方面，多数电话营销法规都对他们持否定态度。

建议在我国《反不正当竞争法》修法中增加"禁止商业烦扰行为"这一新型不正当竞争行为规范的内容。如可草拟法条为：经营者未经相对人请求或者同意，或相对人明确表示拒绝的，不得通过以下方式向其发送商业性信息，从而造成相对人遭受不合理的烦扰：（一）人工或利用已录制好的语音拨打固定电话、移动电话；（二）发送短信、电子邮件、传真或其他即时通信类信息；（三）上门拜访或在公共场所攀谈；（四）其他违背相对人意愿且造成相对人遭受不合理烦扰的商业行为。关于法律责任方面，则可以规定为：经营者违反本法第某条规定实施商业烦扰行为的，由监督检查部门责令停止违法行为，并可以根据情节单处或并处警告、一万元以上十万元以下的罚款；情节严重的，处十万元以上五十万元以下的罚款。

第三节　针对性阻碍竞争者类不正当竞争行为规制

基本上，每一项商业行为都会阻碍其竞争对手，这主要是因为任何提供商品或服务的人总是通过竞争来"阻碍"其他供应商，以限制对方业务发展的自由和空间，从而争夺有利于自己的交易机会和资源。当然，这种竞争在自由市场中是可取的，因为它是自由市场经济的基本先决条件，否则，我们的经济体系本身就会受到质疑。因此，并非每一种形式的阻碍都是反竞争的。而对竞争者的不公平障碍是以对竞争者的竞争发展的损害为前提，这种损害超出了与任何竞争相关的损害，并具有某些不公平的特征，且其行为已然超过不公平的门槛，这就需要根据案件的具体情况来确定。本节将结合司法实践中的类似案例，扼要总结出以下四种针对性阻碍竞争者的不正当竞争行为类型。

一　恶意挖走竞争对手的员工或客户的行为

市场竞争以自由竞争为原则，以反不正当竞争法的规制为例外，尤其是一般条款的适用应严格对待。若经营者遵守了相应的竞争规则，依靠自身的优势资源，达到吸引人才集聚、打造高曝光度优秀平台的效果，且未限制有效竞争的，应为自由的市场竞争所容许。在市场竞争机制并未受到明显扭曲的情况下，法院不应泛化反不正当竞争法的适用，而应尊重经济运行规律，避免随意干涉市场运行，避免过度干预市场竞争，让市场的归市场，以充分保障市场在资源配置中的基础作用，促进竞争效果的有效实现。[1] 从已有的

---

[1] 参见浙江省高级人民法院〔2020〕浙民终515号民事判决书。

判决结果来看（见表 5-2），相关法院的观点基本保持一致：第一，对于恶意挖角行为，尤其是"集中挖角""引诱主播跳槽"等，具有适用反不正当竞争法一般条款的空间和可能，但也非必然适用，正如有判决意见指出，斗鱼鱼乐公司认为虎牙公司对其实施了"恶意集中挖角"等不正当竞争行为，虽有权依据反不正当竞争法来主张相应的合法权益，但对于虎牙公司的被诉竞争行为是否确已构成不正当竞争并应适用反不正当竞争法加以规制，尚须结合其行为方式（手段）、行为目的、行为后果等综合具体分析；第二，劳动者的择业选择自由必须得到保障，虽然人才也是经营者参与市场竞争的重要资源，但在不涉及商业秘密的情况下，反不正当竞争法对人才流动的调整和规范应当遵循兜底性和谦抑性，最大限度为人才流动和经营者自由竞争营造宽松的法律环境；[1] 第三，如果原雇主已然通过违约救济的方式获得相应赔偿的情况下，法院一般不支持其再获得反不正当竞争法的救济；第四，我们应呼吁，在市场竞争中，诚实守信的契约精神仍应得到倡导，尤其是游戏直播行业作为互联网新兴产业，应不断加强行业自律，完善市场竞争环境，相关企业应规范经营行为，力促主播妥善处理与经纪公司及前平台之间的合约关系，进一步提高行业竞争效率，增进消费者福利，进而对社会公共利益有所助益。[2]

表 5-2　　我国针对性阻碍竞争者类不正当竞争纠纷典型案例

序号	案件名称	判决结果	判决意见
1	武汉斗鱼鱼乐网络科技有限公司、广州虎牙信息科技有限公司等不正当竞争纠纷[3]	不构成不正当竞争	综合考量斗鱼鱼乐公司所提及的其他关联案件情况，斗鱼鱼乐公司在本案及其他关联案件中均主张虎牙公司实施了"集中挖角""引诱主播跳槽"等不正当竞争行为，但仅提供了主播跳槽、虎牙公司接受主播跳槽，以及因主播跳槽导致平台用户和合同利益减损等方面的证据，并未对虎牙公司实施"集中挖角"等行为的具体方式（手段），以及相关行为具有的恶意性或其他非正当性举证证明，亦未提供充分证据证明虎牙公司单纯接收跳槽主播的行为违反了网络直播行业领域所应普遍遵循和认可的行为规范

---

[1] 参见上海知识产权法院〔2022〕沪73民终162号民事判决书。
[2] 参见浙江省高级人民法院〔2020〕浙民终515号民事判决书。
[3] 参见湖北省高级人民法院〔2021〕鄂知民终568号民事判决书。

续表

序号	案件名称	判决结果	判决意见
			（商业道德）。因主播跳槽本身甚或出现集体跳槽的原因有多种，与第三方是否实施"恶意挖角"等行为之间并不具有必然等同关系，主播与直播平台（企业）之间的契约关系，也并不意味着主播即因此而丧失在行业内的自主选择或自由流动的权利，故单纯依据斗鱼鱼乐公司所诉称的主播集体跳槽行为，并不能据此即可当然地推定虎牙公司必然对其实施了集中"恶意挖角"或"恶意引诱"等不正当竞争行为。故对斗鱼鱼乐公司主张虎牙公司的涉案被诉竞争行为构成不正当竞争的上诉理由，本院不予支持
2	中国互联网络信息中心与深圳市艾普方略人力资源顾问有限公司不正当竞争纠纷①	不构成不正当竞争	不正当竞争行为成立的构成要件包括：不正当竞争的主体为经营者；客观上实施了不正当竞争行为；其他市场主体因为不正当竞争行为而使其合法权益受到损害，损害与不正当竞争行为之间具有因果关系，行为人主观上存在过错。本案中，艾普公司作为猎头公司，向信息中心员工发送邮件，系其为存在人力资源需求的公司进行人力资源挖掘的正常经营模式，邮件本身内容并无不当，不应认定为不正当竞争行为。且信息中心并未提供证据证明艾普公司的被诉行为对其合法权益造成损害，亦无证据证明艾普公司的被诉行为违反商业道德，扰乱市场竞争秩序。故艾普公司的被诉行为不符合不正当竞争行为的构成要件，信息中心主张艾普公司的行为构成不正当竞争的请求缺乏事实及法律依据，不应予以支持。一审法院对此认定正确，本院予以确认
3	杭州开迅科技有限公司与李勇等不正当竞争纠纷上诉案②	不构成不正当竞争	被诉人的涉案行为虽然具有合同法上的可责性，但在现有证据尚不足以证明其通过昵称、头像进行恶意大规模导流，且其经纪公司已就被诉人的违约行为向开迅公司承担了相应违约责任的情况下，反不正当竞争法没有再行介入之必要。而虎牙公司的行为客观上虽然在一定程度上损害了开迅公司的竞争利益，但竞争本身就意味着对交易机会的争夺，一方竞争获利往往意味着相对方的受损，在案证据不能证明虎牙公司系采取了有违商业道德的恶意诱导手段或其他不当举措来进行商业竞争

---

① 参见北京知识产权法院〔2021〕京73民终691号民事判决书。
② 参见浙江省高级人民法院〔2020〕浙民终515号民事判决书。

序号	案件名称	判决结果	判决意见
4	上海甲悦医疗器械有限公司与上海微创心通医疗科技有限公司不正当竞争纠纷上诉案①	不构成不正当竞争	囿于合同相对性的原则，虽然甲悦公司可以主张与其有竞争关系的微创心通公司构成不正当竞争，但其主张的行为应当是在李某某从甲悦公司离职继而加入微创心通公司过程中采取了违反商业道德的不正当手段，而不是微创心通公司聘用李某某或者李某某跳槽本身构成了不正当竞争。毕竟员工离职、跳槽等属于劳动用工市场的正常现象，也是员工选择工作单位的自由。其他经营者即使知道该员工与原单位仍存在劳动合同或者竞业限制协议，但仅仅聘用该员工本身并不存在不正当竞争的问题。当然，劳动者在合同期限届满前离职由此给用人单位造成损失的，应当根据合同约定承担相应的违约责任。本案中，综合甲悦公司提交的证据和本案的具体情况，现有证据并不足以证明微创心通公司在李某某跳槽过程中采取了有违商业道德的不正当手段

二 向竞争对手滥发 IP 侵权警告函的行为

2009年12月，最高人民法院审判委员会第1480次会议通过了《最高人民法院关于审理侵犯专利权纠纷案件应用法律若干问题的解释》，该司法解释第18条明确了发送专利侵权警告是提起确认不侵权之诉的前置程序。自此，专利侵权警告函逐渐步入公众视野。近年来，专利侵权警告函在维权中的使用呈上升趋势，这对及时快速维护权利人的合法利益起到了促进作用。但是，不当发送的专利警告函对相对人也产生了负面影响，主要表现为专利侵权警告函的发送目的、发送时间、发送方式、发送对象②、发送内容和发送主体等不适当。而处理不当发送的侵权警告函消耗了相对人大量的时间和精力，有的甚至严重影响了企业的业务进程。这是因为，其在收到警告函时可能面临两难境地：如果根据警告函内容停止生产，可能遭受因停产带来的经济损失；如果对专利警告函置之不理，又可

---

① 参见上海知识产权法院〔2022〕沪73民终162号民事判决书。

② 很多情况下，权利人会在竞争对手不知道的情况下发送专利侵权警告函给竞争对手的上下游客户。在"本田双环"案中，本田株式会社在寻求司法救济之后，继续向双环汽车的销售商发送侵权警告函并且扩大了被警告经销商的发送范围。本田株式会社在向这些经销商发送警告函维护其自身专利权的同时，也有打击竞争对手，争取交易对象或者商业机会的目的。法院最终判决该行为构成不正当竞争。

能受到"故意侵权"的指控,从而面临高额的损害赔偿。① 专利侵权警告函的接收者诚然可以通过提起确认不侵权之诉寻求救济,但是专利侵权诉讼可能面临"举证难、周期长、成本高、赔偿低、效果差"的困境,因此,需要配合不正当竞争之诉来帮助相对人获得相应救济。而诸多知识产权侵权警告函的内容并不能体现权利人谨慎注意的态度,且鉴于知识产权侵权比对的专业性,需要通过设置这一禁止不正当竞争行为规范,来明确发送给第三方的知识产权侵权警告函需要有更高的注意义务。知识产权侵权警告函所披露的信息要客观、公正、完整,不可以出现任何含有警告、威胁的内容,不可以宣传自己竞争优势以达到打击竞争对手的目的等。当然,如果发送侵权警告时未善尽谨慎注意义务,以编造、传播虚假或误导性信息的方式损害竞争对手的商誉,则构成商业诋毁。② 为完善对于此类行为的规制,建议在我国《反不正当竞争法》修法中增加"禁止滥发知识产权侵权警告函行为"这一新型不正当竞争行为规范的内容。如可草拟法条为:经营者不得在有权机关未依照法定程序作出侵犯知识产权认定的生效裁决的情况下,以直接或间接的方式不合理地向竞争对手寄发知识产权侵权警告函。关于法律责任方面,则可以规定为:经营者违反本法第某条规定实施滥发知识产权侵权警告函行为的,由监督检查部门责令停止违法行为、消除影响,处十万元以上五十万元以下的罚款;情节严重的,处五十万元以上三百万元以下的罚款。

三 实施低价倾销以阻碍竞争对手的行为

关于低价倾销阻碍竞争对手运营是否应该归入《反不正当竞争法》进行调整的问题,有判决意见认为:"为了理顺《反不正当竞争法》与相关法律制度的关系,保持法律规定的协调一致,2017年修法已删除原《反不正当竞争法》第11条'经营者不得以排挤竞争对手为目的,以低于成本的价格销售商品'有关倾销的规定,上述条文规定的行为由反垄断法予以规制。故《反不正当竞争法》中目前已经不存在低价倾销不正当竞争的类型化行为,在低价构成市场支配地位时才有可能影响市场竞争秩

---

① 参见谢光旗《专利侵权警告函:正当维权与滥用权利的合理界分》,《重庆大学学报》(社会科学版) 2022 年第 1 期。

② 参见江苏省高级人民法院〔2021〕苏民终 919 号民事判决书。

序，而应归入《反垄断法》的规制范畴"①。诚然，这一修法变化是客观事实，但从我国 2022 年修订的《反垄断法》的情况来看，其第 22 条第 1 款第 2 项的规定，很难满足对于低价倾销行为的周延规制。其根源在于，低价倾销或言之掠夺性定价也包括对市场支配地位的谋取，而非仅是对已有市场支配地位的滥用，②但现行《反垄断法》对于低价倾销行为的规制是以经营者具有市场支配地位为前提，这就导致那些尚不具备市场支配地位，却通过实施扩大损失的方式进行低价倾销，以获得市场支配地位及其利益补偿的不正当竞争行为难以被有效规制。因此，笔者认为，虽然《反不正当竞争法》已删除了禁止低价倾销的具体条款，但在《反垄断法》存在规范空白的现况下，《反不正当竞争法》一般条款或者《价格法》的规范理应承担起相应的规制任务。具体在认定时，应注意以下三点：第一，对于那些已经具有并企图维持自身市场支配地位的低价倾销行为，应当适用《反垄断法》进行规制，而对于那些尚不具备但意图谋取市场支配地位的低价倾销行为，应允许竞争者通过《反不正当竞争法》一般条款或者《价格法》进行救济；第二，当适用《反不正当竞争法》一般条款或者《价格法》时，应要求原告举证被告具有以阻碍竞争对手而独占市场的目的，③且低价倾销行为系扩大自身损失，并在行为实施结束后能获得市场支配地位及其利益补偿；第三，应全面考虑低价倾销行为是否存在正当理由，特别是出于新产品促销、淡季刺激购买、结束营业大拍卖、即期品库存出清等目的。

四　恶意阻止向竞争对手交付或购买的行为

在《德国反限制竞争法》第二章中，其立法者将反限制竞争行为分立为滥用市场支配地位行为（第 18、19、19a 条）、滥用相对优势地位行为（第 20 条）及恶意妨碍等其他限制竞争行为（第 21 条），虽然所谓"恶意妨碍等其他限制竞争行为"（经营者不得出于不公平妨碍特定经营者之意图，来要求其他经营者进行断绝供货或采购；经营者不得以利益来威胁或加诸其他经营者，亦不得许诺或授予利益给其他经营者，以促使其

---

① 北京知识产权法院〔2022〕京 73 民终 4583 号民事判决书。
② 参见许光耀《掠夺性定价行为的反垄断法分析》，《政法论丛》2018 年第 2 期。
③ 参见四川省乐山市中级人民法院〔2014〕乐民初字第 218 号民事判决书。

违背契约拘束之行为等）被置于德国"反垄断法"框架下，但其事实上并无以实施者具有市场支配地位或相对优势地位为规制前提。与此同时，囿于我国《反垄断法》并未对"恶意妨碍等其他限制竞争行为"进行处理，而该行为的确会扰乱市场竞争秩序，并对其他竞争者的合法利益产生明显损害，因此，在未将其列入具体条款的情况下，我国司法机关可以依据《反不正当竞争法》一般条款对此类行为进行规制。2022年公布的《反不正当竞争法（修订草案公开征求意见稿）》其第14条引入了对恶意交易行为的禁止性规范，其具体内容为："经营者不得为了牟取不正当利益，实施下列恶意交易行为，妨碍、破坏其他经营者的正常经营：（一）故意通过短期内与其他经营者进行大规模、高频次交易、给予好评等，引发相关惩戒，使其他经营者受到搜索降权、降低信用等级、商品下架、断开链接、停止服务等处置；（二）恶意在短期内拍下大量商品不付款；（三）恶意批量购买后退货或者拒绝收货；（四）其他利用规则实施恶意交易，不当妨碍、破坏其他经营者正常经营的行为。"在这一行为规范中，一方面经营者有时自己直接实施对竞争对手的恶意交易行为，另一方面也有可能"借助"他人来实施此类行为，但二者均构成不正当竞争行为。不过，"恶意交易行为"主要规制竞争者与其下游消费者之间的不正当交易行为，而"恶意阻止向竞争对手交付或购买的行为"则还关注竞争者与其上游之间的供应环节，因此，如果最终《反不正当竞争法》第三次修改按照上述第14条进行规范的话，类似恶意阻止向竞争对手交付或购买等行为则无法被涵盖进去，此时，当事人及司法机关可能需要根据一般条款来对此类情形进行处理。如我国台湾地区"公平交易法"第20条规定的"以损害特定事业为目的，促使他事业对该特定事业断绝供给、购买或其他交易之行为"则可大致包含上述两类情形。从行为判定上看，依据一般条款的认定范式，对此类行为需要考察阻止或妨碍行为的不正当性，即对竞争者利益和竞争秩序利益损害的量与质，并分析该行为是否符合商业道德或具有合理理由。

第四节　滥用相对优势地位类不正当竞争行为规制

在我国两次《反不正当竞争法》的修订过程中，关于是否应纳入滥用相对优势地位类不正当竞争行为规制以及如何规范表述的问题，一直是学界争执的焦点话题，而学界对此问题也并未达成共识。经过多年的学术讨论和立法酝酿，笔者认为，有关于规制滥用相对优势地位行为的问题仍然存在诸多不确定性因素，①亟待学界的进一步挖掘和辩论。

一 滥用相对优势地位行为是否应该被规制

关于滥用相对优势地位行为是否应该被规制的问题，学界的讨论主要集中于四个视角，分别为规制滥用相对优势地位行为的实践需要、国际立法经验参考、与滥用市场支配地位理论的区别以及《电子商务法》的先行先试。然而，学界对于上述不同视角的论证所得出的结果并不相同，甚至立场完全相左，本书特对此予以总结和梳理。

第一，基于规制滥用相对优势地位行为的实践需要视角。有学者提出，互联网领域不正当竞争行为的泛滥需要通过引入禁止滥用相对优势地位行为条款来对实践乱象加以规制，如前几年"二选一"行为的出现，本质上就系互联网企业利用自身的优势力量限制下游经营者的交易自由与竞争者的公平竞争权益，严重损害了经营者、消费者合法权益以及扰乱了市场竞争秩序。《零售商供应商公平交易管理条例》的出台也印证了在零售领域确系存在滥用相对优势地位行为的不公平现象。②然而，对此，有学者则反驳认为，引入滥用相对优势地位条款会新增三方面的成本，即执法成本、守法成本与滥诉和乱举报风险，从规制的成本收益来看，引入该条款并不合适。③司法实践中的一些判决意见也对此提出了质疑，如有判决认为："利用相对优势地位不同于市场垄断地位，对于不具有市场支配地位的经营者，应允许其自主设置交易条件，这属于正常的市场交易活动，不宜予以干预。"④足见，即便实践中已经出现与滥用相对优势地位相似的行为，仍有学者基于高昂成本与谨慎干预的思考，对立法引入的必要性提出了反对意见。

第二，基于国际立法经验参考视角。目前，在国际反不正当竞争立法中，主要是德国、日本和韩国在其各自的反垄断立法中对规制滥用相对优

---

① 参见王晓晔《论滥用"相对优势地位"的法律规制》，《现代法学》2016年第5期。
② 参见戴龙《滥用相对优势地位的法律规制研究——兼议〈反不正当竞争法（修订草案送审稿）〉第6条的修改》，《中国政法大学学报》2017年第2期。
③ 参见陈永伟《滥用相对优势地位的经济学分析》，《中国市场监管研究》2023年第2期。
④ 浙江省杭州市中级人民法院〔2020〕浙01民终293号民事判决书。

势地位行为进行了规制。对此，有学者认为，我们应效仿他们的立法经验，同时结合本土实际，对相对优势地位进行细分，并应在反不正当竞争修法中引入禁止滥用相对优势地位行为条款。① 对此，有实务专家则提出，一方面，直接规制滥用相对优势地位行为的国家寥寥无几；另一方面，德国、日本、韩国三国本土的互联网企业并不具有很强的国际竞争力，如果我国引入相关条款，可能会对本土互联网企业的全球竞争力造成打击和伤害。② 更有理论专家指出，德国、日本、韩国三国虽然在各自立法上规定了相关条款，但实践中适用的情况非常少见，且适用的案件也遭到了学界的批判，认为处罚决定对企业的经营自由造成了较大程度的干涉。③ 显然，对于域外经验的分析也呈现出不同的考虑方向，这只能说明，我们或许能从国外立法经验中获取一些信息，但仍不足以支撑我们立法选择的取舍。

第三，基于与滥用市场支配地位理论的区别视角。有学者认为，之所以要规制滥用相对优势地位行为，其必要性之一在于其理论内容与滥用市场支配地位理论存在明显区别，即在市场力量、适用范式与认定标准等方面存在显著差异，且其以关注微观市场效应为考察重点。④ 同时，相对优势地位更注重对于依赖性关系的分析，与反不正当竞争法维护公平竞争的立法宗旨一脉相承。⑤ 也有学者从滥用相对优势地位行为的危害性与反垄断立法视角下的立法空白来佐证对该行为规制的必要性，但其否定了反不正当竞争法规制的模式，认为此模式容易引致滥用自由裁量权及忽视行业之间的差别性，而建议采用分业立法模式。⑥ 然而，有学者却提出，从结

---

① 参见袁嘉《德国滥用相对优势地位行为规制研究——相对交易优势地位与相对市场优势地位的区分》，《法治研究》2016年第5期。

② 参见张宏斌《审慎考虑将"相对优势地位"引入〈反不正当竞争法〉》，2022年12月8日，https：//www.sohu.com/a/615068439_120133310。

③ 参见王晓晔《〈反不正当竞争法（修订草案征求意见稿）〉研讨会会议纪要》，2023年1月10日，https：//www.163.com/dy/article/HQO7N6TA05149FJG.html。

④ 参见龙俊《滥用相对优势地位的反不正当竞争法规制原理》，《法律科学》（西北政法大学学报）2017年第5期。

⑤ 参见江怡《滥用相对优势地位的法律规制》，《人民司法》2022年第10期。

⑥ 参见孙晋《数字经济时代反不正当竞争规则的守正与创新——以〈反不正当竞争法〉第三次修订为中心》，《政治与法律》2023年第3期。

构性要素观之，对滥用相对优势地位行为的规制，本质上系对反垄断法规制范围的不当扩张。①上述观点的分野，似乎为区分滥用市场支配地位行为与滥用相对优势地位行为提供了理论机理，但其仍旧需要在二者之间寻找明确的界限以防止强干预力量的不合理延伸。

第四，基于《电子商务法》的先行先试视角。我国《电子商务法》的出台对于电子商务领域的行为治理提出了更高的要求，并通过行业监管规则的设立，在一定程度上填补了竞争基本法的立法空白，尤其是为《反不正当竞争法》一般条款的适用提供了相互调适的规则借鉴。②也有学者从《电子商务法》设立的竞争条款的正当性出发，认为目前的竞争规则并无周延完备，有待于在技术层面科学立法。③另外，《电子商务法》第35条对滥用相对优势地位行为的规制，可以结合电商平台的领域特性，从继续性合同的法律行为关系出发，探索交易关系中再交涉义务以及专用资产损害性等方面是否存在不合理性，来具体考察是否构成滥用相对优势地位。④当然，在规则适用的过程中间，既要明确电子商务平台经营者的责任义务，也要从促进产业发展的立法视角，在维护市场竞争秩序与避免不当行政干预之间寻求最佳平衡。⑤

综上所述，笔者认为，滥用相对优势地位行为是否要规制的核心考量，应是此类行为是否对我国的市场竞争秩序产生了损害，至于立法规范层面或技术层面的内容仅仅是制度设计的组成部分，我们完全可以根据立法计划和安排进行相应布局和调整。因此，只有从产业发展利益和消费者福利视角明确和肯认这种行为的社会危害性，如此才能确立起立法规制的必要性，并凝聚学界共识促进立法安排与认定标准的逐步落实。严格来讲，规制模式的差异不能取代或影响行为违法性核心标准的考量，正如在

---

① 参见李剑《论结构性要素在我国〈反垄断法〉中的基础地位——相对优势地位滥用理论之否定》，《政治与法律》2009年第10期。

② 参见卢均晓《关于禁止滥用优势地位的理论辨析——〈电子商务法〉第35条的竞争法属性：检视与改造》，《价格理论与实践》2021年第10期。

③ 参见龙俊《〈电子商务法〉中竞争条款设置的正当性及其制度优化》，《大连理工大学学报》（社会科学版）2022年第4期。

④ 参见陈可、侯利阳《电子商务平台滥用相对优势地位行为的违法性辨析》，《财经问题研究》2023年第9期。

⑤ 参见戴龙《论我国〈电子商务法〉竞争规制条款的适用》，《法治研究》2021年第2期。

我国《电子商务法》立法与《反不正当竞争法》修订过程中，虽然立法草案关于此行为规范的内容反反复复，但从其核心标准的设计来看，实质上其"合理性"或"正当理由"的考察与一般条款的利益衡量要素是契合对应的，因此，"在立法论上缓和争执，在方法论上引致共识"这一基调仍可适用于滥用相对优势地位行为的规制问题。

二 滥用相对优势地位行为的条件如何认定

结合 2022 年公布的《反不正当竞争法（修订草案公开征求意见稿）》第 13 条的规定[①]与 2021 年出台的《电子商务法》第 35 条之规定[②]，并嵌入一般条款的适用范式，本书将滥用相对优势地位行为的认定条件的内容大致总结如下。

第一，制度利益起点：损害市场竞争秩序。有判决意见曾提出："在市场竞争过程中，不同的商业主体为了争夺商业机会势必会产生摩擦和损害，从而影响到其他竞争者的利益，但不能因为商业利益受损就推断构成不正当竞争，只有竞争行为同时具有不正当性时，才需要适用反不正当竞争法予以规制。而在判定互联网领域竞争行为的不正当性时，需要在互联网产业背景下进行考量，除了被诉行为是否损害了经营者利益外，还应结合是否违反市场经营者普遍遵循的诚实信用原则和商业道德，是否损害了平台商户利益、消费者利益，是否有损竞争机制等因素予以综合判定。"[③] 申言之，竞争者遭遇的直接损害或消费者面临的间接损害不应该独立视为滥用相对优势地位行为的制度利益起点，而此行为的核心制度利

[①] 2022 年《反不正当竞争法（修订草案公开征求意见稿）》第 13 条规定："具有相对优势地位的经营者无正当理由不得实施下列行为，对交易相对方的经营活动进行不合理限制或者附加不合理条件，影响公平交易，扰乱市场公平竞争秩序：（1）强迫交易相对方签订排他性协议；（2）不合理限定交易相对方的交易对象或者交易条件；（3）提供商品时强制搭配其他商品；（4）不合理限定商品的价格、销售对象、销售区域、销售时间或者参与促销推广活动；（5）不合理设定扣取保证金、削减补贴、优惠和流量资源等限制；（6）通过影响用户选择、限流、屏蔽、搜索降权、商品下架等方式，干扰正常交易；（7）其他进行不合理限制或者附加不合理条件，影响公平交易的行为。"

[②] 2021 年《电子商务法》第 35 条规定："电子商务平台经营者不得利用服务协议、交易规则以及技术等手段，对平台内经营者在平台内的交易、交易价格以及与其他经营者的交易等进行不合理限制或者附加不合理条件，或者向平台内经营者收取不合理费用。"

[③] 浙江省高级人民法院〔2021〕浙民终 601 号民事判决书。

益起点应为特地市场环境和产业背景下的市场竞争秩序利益。具体来说，就是动态竞争中所蕴含的自由、效率与创新的生态秩序，即：经营者凭借依赖关系，在形式上利用服务协议、交易规则以及技术手段等，实施（不合理）限制、附加（不合理）条件或者收取（不合理）费用，进而影响了经营者的自由，可能损害了市场产出效率（包括令实施者拥有提高价格的能力或导致社会总产出减少[①]），或阻碍了市场创新生态。此时，根据上述形式上的判别，有可能损害市场竞争秩序利益，并导致特定经营者利益的受损，那么此时，可以启动一般条款或具体条款的适用程序。

第二，利益衡量的量：损害的显著性考察。鉴于新型不正当竞争行为的认定应该从严处理，避免干预过当引发寒蝉效应，同时，竞争产生短期利益损害或干扰是正常的市场状态和反应，通过相关经营和技术手段来维护自身的利益也是理性经济人的正常思维，因此，对于那些利用优势地位，但未对市场竞争秩序产生显著损害的行为，反不正当竞争法应该保持谦抑性，不轻易给出否定性评价。而是应该从利用优势地位影响人数之多寡、造成相关损害之量及程度、是否会对其他产业利益产生警惕效果及是否为针对特定团体或组群所为之等方面进行综合判断。正如在某判决意见书所分析的那样："互联网交易平台之间的公平竞争应主要通过技术创新来实现，即依靠不断的技术创新和产品优化来实现其竞争目的，达到商户、消费者、平台的多方共赢。三快公司金华分公司本应通过更高'性价比'的服务来吸引更多的商户入驻'美团外卖'平台，但三快公司金华分公司利用其优势地位，用种种不正当手段限制、阻碍大量商户与其竞争对手正常交易，这不仅扰乱了公平、有序、开放包容的互联网竞争秩序，且严重损害了拉扎斯公司的竞争性权益、商户的合法权益，并进而侵害了消费者的福祉，其行为已构成不正当竞争，必须给予否定性评价。"[②] 足见，在实践案例中，司法者会审查利用优势地位所引发的市场竞争秩序以及竞争者、消费者所遭受的损害的广泛性和严重性，以及结合模型算法来进行量的评估，[③] 进而以此对标"不正当性"的核心内涵，令违法者承担

[①] 参见宁立志主编《〈中华人民共和国反垄断法〉释评》，法律出版社2023年版，第70页。
[②] 浙江省高级人民法院〔2021〕浙民终601号民事判决书。
[③] 参见俞钟行《新型不正当竞争行为如何监管 质量方法破解网络刷票"玄机"》，《上海质量》2021年第3期。

相应的法律责任。

第三，利益衡量的质：是否具备正当理由。首先，在制度利益内部尚有不同的利益分配和目标保护，因此，我们在分析以损害市场竞争秩序为启动利益的同时，也应该兼顾看经营者群体与消费者群体的利益是否受损，当然，这三重利益本质上是一体两面的，往往对市场竞争秩序的损害，会以损害经营者群体与消费者群体的合法权益为具体表现。其次，在明确符合制度利益起点和损害显著性的前提下，我们还应给予行为人合法抗辩的权利，即针对自己所实施的利用优势地位的行为是否具有正当理由。一般来说，所谓"正当理由"的判定需要结合目的正当性、手段适当性、行为必要性、损益比例性四个判定步骤具体展开。[①] 具言之，实践中应考察行为实施者的目的是否正当，即实施者是否具有损害竞争秩序的意图；考察行为实施者的手段是否适当，即实施者的行为频率、恶劣影响以及是否符合行业惯例与商业道德；考察行为实施者的行为是否必要，即如果实施者不采取相关措施可能会对自身经营状况造成明显的损害，或陷入经营困境等；考察行为实施者的行为是否符合损益比例性，即，实施者在因正当理由实施时，是否与维护自身利益的价值相匹配和适当，还是为自身牟利显著损害私人权益或公共利益。因此，正当理由的评价还是应结合生产效率、配置效率以及成本抗辩、风险分担、特殊情势[②]等内容做综合判断。

[①] 参见贾海玲《滥用市场支配地位认定中"正当理由"的判定困境及对策——基于比例原则的视角》，《西北民族大学学报》（哲学社会科学版）2023年第4期。

[②] 参见杨文明《滥用市场支配地位规制中的正当理由规则研究》，《河南财经政法大学学报》2015年第5期。

第六章

非典型知识产权客体适用
一般条款保护的分析

正如《反不正当竞争法司法解释》（2022年）第1条中的规定："经营者扰乱市场竞争秩序，损害其他经营者或者消费者合法权益，且属于违反反不正当竞争法第二章及专利法、商标法、著作权法等规定之外情形的，人民法院可以适用反不正当竞争法第二条予以认定"，那些非典型知识产权客体虽然代表某种法益，但是难以达到知识产权保护的严格要求或因缺乏典型性而暂时归入反不正当竞争法的保护框架之下。[①] 此时，除在《反不正当竞争法》中已列举的有一定影响力的商业标志外，其余非典型知识产权客体则可以根据《反不正当竞争法》一般条款寻求保护与救济。

第一节 作品标题的法律保护问题研究

在作品标题的法律保护问题上，我国理论界和实务界存在权益认定与保护路径缺乏共识，法律调整与规范适用界限不清的基本问题。综合相关理论分析与域外经验，作品标题不宜作为《著作权法》的客体（作品）予以保护，而应视为经营者（作者）创作服务成果（作品）的商业标志，这一正当性主要来源于知识产权利益平衡机制及商业标志权益保护

[①] 参见彭学龙《作品名称的多重功能与多元保护——兼评反不正当竞争法第6条第3项》，《法学研究》2018年第5期。

的理论基础。同时，由于作品标题的特殊性和禁止市场混淆构成要件的法定性，应对经营者权益赋予的内容和条件施加必要的限制。

一 问题的提出

从早期的"铁臂阿童木案""娃哈哈案"，到近些年来的"邦德007 BOND案""哈利波特案""功夫熊猫系列案""五朵金花案"以及"红星照耀中国纠纷案"等，[①] 有关作品标题的法律争议一直在实务界与理论界存在，其本质上也反映了学界对于作品标题的权益认定、保护路径及规范适用等问题缺乏必要的共识。作品标题，顾名思义为《著作权法》意义上的作品的题目，也有学者称为作品标题，[②] 而按照《德国商标与其他标志保护法》的规定，作品标题是指印刷作品、电影作品、录音作品、舞台作品或其他同比性作品（游戏或计算机程序）的名称或特别标志，[③] 申言之，一方面作品标题既包括作品标题也涵盖作品的特别标志，另一方面在作品类型上亦延展至其他同比性的"作品"。而基于研究对象的明确性和聚焦性，本书则主要以我国法定类型作品的作品标题这一内容为研究的出发点。当然须指出的是，囿于作品与其他同比性作品的同质性，本书的研究思路和解决路径亦对上述范围的拓展具有积极的借鉴意义。

（一）权益认定与保护路径缺乏共识

在关于作品标题的权益属性认定与保护路径设计的问题上，各国理论与实践的态度并不一致，譬如作为大陆法系国家的法国、俄罗斯与巴西，在其知识产权法典或民法典中明确作品标题在符合独创性的要件时赋予作品标题与作品本身同等的著作权保护。但同属大陆法系国家的德国与意大利则选择了区别于前述著作权模式的权利赋予及保护路径，如德国主要通过《商标与其他商业标识保护法》为作品标题提供商业标志意义上的法

[①] 参见上海市第二中级人民法院【1998】沪二中知初字第5号民事判决书；云南省高级人民法院【2003】云高民三终字第16号民事判决书；北京市高级人民法院【2011】高行终字第374号行政判决书；北京市高级人民法院【2011】高行终字第541号行政判决书；北京市高级人民法院【2014】高民终字第2466号民事判决书；北京市高级人民法院【2015】高行（知）终字第1969号行政判决书；高丹《三家出版社卷入〈红星照耀中国〉的版权之争》，2018年8月11日，https://www.thepaper.cn/newsDetail_forward_2338776。

[②] 参见杨远斌、朱雪忠《论作品标题的法律保护》，《知识产权》2000年第6期。

[③] 参见范长军译《德国商标法》，知识产权出版社2013年版，第4页。

律保护,而意大利则在其《著作权法》中,界分了作品标题与作品本身作为不同的法律客体,仅赋予作品标题相应的邻接权模式的保护。反观以英美为首的普通法系国家,一方面美国《版权法》明确"赋予作者独创性作品的版权保护不得扩及到思想、概念等,亦无论作品以何种形式对其进行描述、解释、说明及体现",凸显出美国《版权法》对作品标题的版权保护所持的消极谨慎态度,另一方面美国的版权实务部门与各级法院在作品标题不能获得美国版权法保护的问题上亦具有一定的共识,甚至在英国,相关司法判例已然扩展至小说名称、期刊名称等内容,并明确即便简短的作品标题凝聚了创作者的智慧与劳动,亦不能构成版权法意义上的文字作品。而作为引入知识产权制度的后发国家,我国理论界与实务界的观点也不可避免受到上述各国的立法与司法实践的影响,但颇为遗憾的是,现实争议并未凝成共识,其具体体现可作如下分类:第一,基于著作权规则的视角,我国理论界与实务界在作品标题的权益认定问题上呈现出可版权性与非可版权性的争论,进而也引致作品标题是否可依据《著作权法》进行保护的路径差异;第二,如按照商业标志权益进行保护,由于学者们对域外经验借鉴的不同,对于作品标题的保护路径上亦出现了到底是创设权益(包括标题权、商品化权益等)进行保护,还是选择一既有权益(未注册商标权、在先权利、禁止市场混淆利益等)进行保护的争执。

(二) 法律调整与规范适用界限不清

从我国现实的司法实践与法律规范来看,在作品标题的法律调整问题上,相关判决明显呈现出规范适用界限不清的问题,进而模糊了权益保护的正当性及冲击了法律体系的稳定性。归结下来主要体现为以下三个方面:第一,著作权法与其他法律的适用关系问题。在我国的相关司法案件中,一些裁判者在否定作品标题的可版权性或独创性后,也去寻求其他法律的救济,有时甚至不能跳脱《著作权法》的体系框架,而导致《著作权法》与其他法律之间是补充适用还是排除适用,抑或是择一适用等关系不明确,如"铁臂阿童木商标异议复审案"及"功夫熊猫案"中,相关法院在摈弃著作权保护模式的同时,却仍以鼓励智慧成果的创作激情与财产投入为正当理由,甚至本着《著作权法》第一条立法目的中的"促进社会主义文化和科学事业的发展与繁荣"的立法精神,而适用《反不正当竞争法》的规则来裁判,这明显存在适法逻辑错位的嫌疑。第二,商业标识权益的规范体系化问题。这事实上也根源于我国现有立法规范本身,譬如我国《商标法》第 13 条、第 32 条凸显出我国对于未注册商标的保护提供的是禁止狭义混淆的保护，但我国《反不正当竞争法》在修法过后，其有关禁止市场混淆行为的规定也以"一定影响力加足以引人误认为是他人商品或者与他人存在特定联系的混淆"为构成要件而提供禁止广义混淆且附加行政救济的保护，因此导致实践中权益人倾向于向《反不正当竞争法》寻求救济的可能。更重要的是，《商标法》第 58 条仅就"企业名称"的问题做了单独的法律适用选择的处理，而没有明确其他在《反不正当竞争法》第 6 条中所列举的商业标识客体如与前述商标法的规范发生竞合时如何解决的问题。第三，《反不正当竞争法》一般条款与具体条款之间的适用关系问题，事实上这也牵涉商业标识权益和商品化权益的救济模式与界限，譬如，仅从《反不正当竞争法》第 6 条的具体规范来看，其对上述权益的保护提供的仅是一种禁止混淆的保护，而非其他防止淡化、侵占商业价值等涉及诚信及商业道德内容的利益保护，但在司法实践中，包括"金庸诉江南案"等则直接跳过具体条款的适用而向一般条款逃逸，既违反了一般条款的法律适用方法，也不当扩充了商业标识权益与商品化权益的保护界限与范围。

二　法理与实践：作品标题可版权性的辩驳

学界关于作品标题保护模式的观点的对立，凸显出学界对于作品标题的可版权性及独创性问题仍持有不同的法律解释和理论思维。著作权作为一项绝对权利，其也遵循着权利法定的体系和理论，而著作权保护客体法定则是著作权法定的应有之义，[①] 这在我国《著作权法》的立法和历次修订中也得到了充分体现。不过，值得注意的是，正如德国并未在其著作权法中明确否定作品标题的可版权性空间，我国立法在此问题上也处于模棱两可的状态，同时，即便如部分学者将作品本身与作品标题对立或并列起来看待，仍旧不能否定作品标题具备文字表达形式这一基本特征。而我国立法对于文字作品的界定，则是在小说、诗词、论文等典型客体的列举基础之上，以"等"字突出了文字作品的类推适用的空间，其核心特征就在于"以文字形式表现的作品"，故，仅从文义解释的角度，正如广告语一样，作为文字表达形式之一的作品标题亦有成为文字作品的可能，包括

---

① 参见王迁《作品类型法定——兼评"音乐喷泉案"》，《法学评论》2019 年第 3 期。

其成为区别于小说、诗词等其他客体形式的文字作品或者作品标题本身构成诗词等所列举的典型客体。某种程度上可以说，文字作品的规范条文为作品标题的著作权法保护提供了一定的规范基础，但现实是，这种朴素的规范解释背后也面临着一些理论质疑。

第一，作品标题作为作品众多组成要素的一部分，欠缺独立整体保护的理论基础。一方面，在上述文义解释之中，固然作品标题具有文字表达的外观形式，使得其具有成为文字作品的可能，但与此相比，美国版权办公室（the Copyright Office）就曾明确将标题、口号等成分或内容的简单列举视为一种思想而非表达。[①] 当然，从思想表达二分法的判断来看，作品标题仍应被视为一种思想的表达，不过正如前述学者所强调，作品标题是作品的元素之一，其是整部作品浓缩思想的抽象表达，脱离了作品本身将使其缺乏具体化的表达而减损其独立整体保护的理论支撑，否则将等同于为作品的组成元素或构成部分提供了与作品本身同样的著作权保护。另一方面，一些学者所强调的只要符合独创性就应认可相关智力成果的可版权性并赋予其著作权的思路，也不完全符合著作权的法理基础。正如欧盟法院在"食品味道案"中明确指出的，"符合独创性是《版权指令》第 2 条（a）款保护作品的必要条件，但并不能反向推导，任何满足独创性的客体均可自动认定为可受保护的客体"[②]，亦即智力成果具备的独创性仅是其可版权性并被赋予著作权的必要而非充分条件，因此英国法院才强调无论作品标题凝聚多少创作者的智慧与劳动都不能认定其为作品。

第二，著作权制度的利益平衡机制决定了《著作权法》对于作品的认定和保护应受到合理的限制。相比于商标、专利等知识产权客体，作品本身还肩负着思想自由和文化传播的重任，因此，对作品标题可版权性和独创性秉持谨慎态度是符合本旨的。一方面，对词语及短标题的过度保护可能会导致词汇在作品的创作过程中出现垄断的局面而影响社会公共利益，如在"红星照耀中国纠纷案"中，若其他作品将"红星照耀中国"改为"太阳照耀中国"进行使用，如此就侵犯了原著作权人的保护作品完整权吗？抑或形成了新的演绎作品吗？显然如果赋予作品标题独立完整的著作权，则容易导致著作权人的权利扩张，甚至与作品本身的著作权产

---

① 参见卢海君《论思想表达两分法的法律地位》，《知识产权》2017 年第 9 期。
② 王迁：《作品类型法定——兼评"音乐喷泉案"》，《法学评论》2019 年第 3 期。

生权利重叠，而损害信息交流及文化的传播与繁荣，尤其是对于"红星照耀中国"这类演绎作品来说影响更甚。另一方面，从著作权的权利设计与规范来看，《著作权法》中所规定的发表权、署名权、修改权、发行权、出租权等权利内容，也与作品标题在商业领域的实际运用并不相符，或者说，即便作品标题有着独创性价值，作品本身的著作权人也往往并非就作品标题单独或特别行使发表权或修改权等，因此，如按照前述的类推或扩大解释赋予作品标题以可版权性空间，无疑也会冲击著作权的法定性特征。

三 域外与借鉴：出版文学作品标题的保护

在出版文学作品时，出版商和作者往往花费大量时间琢磨和设计文学作品的标题，以使该作品标题能为公众所吸引、记忆和熟知，而这一目的背后事实上也具有明显的利益诉求，即让公众认可特定出版物源于特定出版商，以及附加在出版商资产表中的额外商誉和价值。[1] 在此基础之上，出版商和作者当然会寻求该利益诉求的法制保障，即知识财产权利。但众所周知，知识产权是通过赋予个人私有无形财产权来促进社会公共利益的进步，包括文学的繁荣（版权）、科技的创新（专利）和商品区分体系的健全（商标），这也就意味着知识产权的具体制度设计天然地需要进行私益和公益的平衡，否则天平失衡将导致制度激励不足或激励过度，进而无法实现最终的立法目的。因此，对于出版文学作品标题，立法者应选择何种保护路径和赋予何种保护程度，也成为利益平衡中的一道难题。

出版文学作品标题作为文字短语，其既符合文字作品的表达形式，也符合商业标志名称的潜在特征，这也引发出版文学作品标题到底是用版权法来保护还是用商标法来保护，甚至双重保护的难题，而这两种法制的保护路径则有着截然不同法律效果。首先，在权利生成方面，版权是一种自动权利，这意味着创作者无须申请即可获得版权，而商标则需要注册才能享受完整的权利。其次，在保护条件方面，版权法以独创性为核心要件，可对不同的主题作品赋予同等的版权保护，而商标法则对同一种或同一类商品上的两个相同的商标不提供保护。再次，在保护期限方面，版权法存在保护期限的确定限制，即作者生前加死后固定期限（如 50 年或 70 年），

---

[1] 参见李洋《作品标题法律保护模式的再审视》，《知与行》2016 年第 9 期。

而根据各国商标法的规定，注册商标专用权可以通过不断续展而永久拥有，也就意味着，如果将出版文学作品标题申请为商标，将会使其可以被永久的私人化。① 最后，在权利内容方面，版权人可以防止他人以非常广泛的权利（复制权、发表权、修改权、信息网络传播权等人身和财产性权利）公开使用其作品，而商标所有人仅能阻止他人商标性使用，而无法禁止他人其他非商业形式的公开使用。故，从以上的法律效果对比，我们可以发现，版权的保护范围更宽但有明确的时间限制，而商标的保护更窄但却可以被永久私人化，在两者保护路径各有利弊的情形下，如何进行制度设计则与法理基础和立法目的紧密相关。

由于出版文学作品标题和权益内容在现实中有多种分类，进而也导致理论界对于不同种类的出版文学作品标题赋予相同或者不同保护强度的争议。首先，依据出版文学作品的类型，可以将其划分为单一作品和系列作品，进而可以将出版文学作品标题界分为单一作品标题和系列作品标题，关于这一区分，事实上在美国和德国均有严格的区分保护标准，但由于我国对此问题没有形成明确的制度和理论共识，因此现实保护中往往不加区分。② 其次，依据出版文学作品及其标题的影响力，可以将其划分为知名作品标题、有一定影响力的作品标题和普通作品标题，该区分在不同的法制框架下将有不同的法律效果，譬如，在版权领域，这一区分对于权利认定而言并无意义，仅对损害赔偿计算有影响。而在商业标志法领域，这一区分则作用明显，一方面在商标法中，根据知名程度可以区分为驰名商标（可跨类别保护）和非驰名商标（不可跨类别保护），进而导致作品标题受到的法律保护强度也不同；另一方面在反不正当竞争法中，有一定影响力是构成该商业标识获得保护的核心要件，也就意味着不具有上述影响力的商业标志不能获得法律保护。最后，依据版权和商业标志权益的权利内容划分，也可对出版文学作品标题赋予不同强度的法律保护，如在版权领域，可以区分为版权和邻接权，而在商业标志领域，则可以区分为商标权和商业标志竞争利益等。

---

① 参见孔祥俊《作品标题与角色名称商品化权益的反思与重构——关于保护正当性和保护路径的实证分析》，《现代法学》2018 年第 2 期。

② 参见彭学龙《作品名称的多重功能与多元保护——兼评反不正当竞争法第 6 条第 3 项》，《法学研究》2018 年第 5 期。

（一）美国否定其版权保护的行政态度和司法逻辑

根据美国版权法的规定，文学作品是指以文字、数字或其他语言或数字符号或标记表示的，非视听作品的作品，包括如书籍、期刊、手稿、唱片、电影、录音带，及它们的磁盘或卡。因此，仅从文义解释的视角来看，这一定义并未直接否定出版文学作品标题本身作为文字或数字符号标记，进而被认定为文学作品的可能，甚至在美国版权学界，一直存在超长标题（如一小段诗歌）应受版权法保护的呼声。然而，从美国版权局和司法机关的态度和实践来看，均对此作出了否定性的回应。

1. 美国否定其版权保护的行政态度

美国版权局在其第 34 号通知和《美国版权局惯例汇编》中指出，作品标题和简短短语的表达不受版权法的保护，即使标题或短句是新颖的或与众不同的，或者使用了文字的形式，也依然不能受到版权保护。其否定的具体依据就是美国版权法在作品客体例外中的规定，"在任何情况下，对于原创著作的版权保护都不会扩展到思想、程序、系统、操作方法、概念、原理或发现，无论其描述、解释或说明的形式是什么或在此类作品中进行体现"[①]。美国版权局认为：第一，文学作品标题是一种抽象的思想，而非具体表达，同时由于作品标题的字数和创造性的限制，其不具有成为版权客体的可能。第二，不能将文学标题视为一本书。因为可能还有其他作品的标题也可以同样使用，因此，作品的形式必须是原始的文学、音乐、图画或图形表达，而不能是作品的组成部分作品标题。第三，作品标题或简称虽然无法获得版权法的保护，但可能会受到联邦或州商标法的保护，因此也不适合对作品标题给予双重保护。[②]

值得注意的是，在 2018 年 12 月，美国版权局和国家图书馆共同制定了《网上简短文学作品的团体注册规则》，该规则明确，要有资格使用简短文学作品的团体注册选项，所申请注册的作品必须包含足够的单词，且主要由数字、数字符号或标记组成的作品将不符合此选项的资格。而关于文字作品字数的规定，该规则要求，"简短的"在线文学作品应被定义为

---

① Robert G. Bone, "Rights and Remedies in Trademark Law: the Curious Distinction between Trademark Infringement and Unfair Competition", *Texas Law Review*, Vol. 98, No. 7, 2020, pp. 1187-1218.

② See Anna Phillips, "Copyright or Trademark? Can One Boy Wizard Prevent Film Title Duplication?", *San Diego International Law Journal*, Vol. 11, No. 1, 2009, pp. 319-338.

至少包含100个单词且不超过17500个单词的作品。关于可获得注册的作品类型，该规则也提供了典型的代表，例如诗歌、短篇小说、文章、专栏、博客条目和社交媒体帖子。而其解释100个单词的阈值设置是旨在排除简短的标题、短语和口号，因为它们不符合版权保护的条件。① 同时，该规则也明确要求，申请人将被要求提供一个标题，且该标题与文字内容被视作为一个整体。足见，美国通过制定此网上简短文学作品的团体注册规则，再一次明确否定了作品标题获得版权的可能性。

与美国版权局全面否定的态度不同，美国专利商标局则指出，商标保护的文字、词组、符号或外观设计可识别经营者一方的商品或服务的来源，并将其与另一方的商品或服务区分开，因此如果出版文学作品的标题（或品牌）是与众不同的独特商标，则可获得商标法的保护，但如果作品标题的术语被认为太笼统或任意，也将导致其无法被保护。

2. 美国否定其版权保护的司法逻辑

在有关美国出版文学作品标题的司法审判历史中，由美国联邦第七巡回上诉法院于1943年判决的 Becker v. Loew's, Inc. 案影响颇大，也奠定了美国司法机关处理出版文学作品版权问题的法理基础，成为此后各法院处理相关纠纷时所援引的经典判例。1936年8月，原告哈里·贝克尔（Harry Becker）撰写了一本名为"我们是年轻的人"（*We Who Are Young*）的书并获得了版权，该书讨论了经济和政治问题，并特别提到了罗斯福与朗登总统竞选的内容。但该书并没有被广泛地销售，而是大约有700本通过礼物或出售的形式分发给大众，且几乎是在1936年完成的。该书出版后不久也在报纸上获得了一些书评，如该书比较了罗斯福总统与卡尔·马克思的理论，并指出资料来源于马克思、罗斯福、陶西格、沃尔特·利普曼等人的著作和理论。不过，这本书只有摘要，却没有情节、故事、角色发展、序列或事件，主要是以论文形式进行的一般性讨论。因此，原告提出的侵权主张建立在文章的一个具有诗意的段落上，即"我们年轻，看到过这场财产争端，发现它不符合我们的喜好。我们不想为积累财产以获得虚幻的安全而不断地斗争，我们宁愿没有大笔财富就拥有安全"。1940年，被告从道尔顿·特伦博（Dalton Trumbo）那里购买、制作和发行了电影剧本，该剧本描述的是一对年轻夫妇艰辛的爱情故事。事实

---

① See Lirbrary of Congress Copyright Office：83 FR 65612-01, 2018 WL 6700756（F. R.）.

上，特伦博对原告的书和其内容一无所知，而是于 1939 年根据自己和试图解决低薪结婚问题的朋友的经历编写了这个故事。特伦博的故事的最初标题是"致我们自己的世界"（To Own the World），最后，在被告电影制作方雇员怀特贝克（Whitbeck）的建议下，将其命名为"We Who Are Young"，即与原告出版文学作品的标题相同。怀特贝克在作证期间说，直到他向被告提出标题修改后，他才听说过原告的书。①

  针对上述案情，美国联邦第七巡回上诉法院研究认为：版权的目的是促进科学和实用艺术的繁荣发展。如果作者通过提出某些思想或观念的新编排和表达形式，可以将这些思想或观念从其他作者使用的材料库中撤回，那么每种版权都会缩小到可供发展和利用的思想领域，而科学、诗歌、叙事和戏剧小说以及其他文学分支无疑将受到版权的阻碍，而不是立法目的所强调的推广。法院法官进一步认为，一首诗由单词、表达单词的概念或思路组成，但是诗歌中的版权并不能对单独的单词、单词所表达或描述的概念及事实造成垄断，可以说，版权保护仅扩展到单词的排列，而不应对文学作品中的任何事件造成垄断。据此，法院进一步判决认为，虽然原告主张被告的电影及其剧本侵犯了他的版权，但其认为他的论点没有充分根据，因为这两部作品的主要相似之处在于标题的身份，可以确定的是，书籍或戏剧的版权并未赋予版权所有者专有的标题使用权，且单词"We Who Are Young"的特殊组合也不是唯一的，是每个人都能非常普遍使用的单词，它们仅是描述性的短语。② 因此，美国联邦第七巡回上诉法院驳回了原告关于此问题的诉讼请求。

  上述判决建构的这些规则和司法逻辑是以版权法的两个原则为前提的。首先，版权法不会保护思想，而表达思想的短语通常以有限的几种方式表达，因此不应受版权保护。其次，组成作品标题的短语往往被认为是英语的常见习语，因此对所有人都是免费的，授予垄断最终将使公众受限，而版权条款旨在鼓励创造力的目的也将无法实现。最后，著作权法只保护作者对于思想观念独创性的表达，而不保护思想观念本身。不仅如此，著作权法要求思想观念的表达方式不是唯一和有限的，否则就相当于在事实上保护了该思想观念。其实，整部作品事实上可以看作作品内容这一主题思想的表达，因

---

① See Becker v. Loew's, Inc., 133 F. 2d 889 (7th Cir. 1943).

② See Becker v. Loew's, Inc., 133 F. 2d 889 (7th Cir. 1943).

此，脱离开整部作品，该作品标题更像是一种抽象的思想。

(二) 美国赋予其商业标志权益保护的路径选择和独特模式

虽然美国的版权局和法院否定了出版文学作品标题可版权性的空间，但基于作品标题可能具有的指示作品来源和凝聚商誉的功能，美国赋予了出版文学作品标题以商业标志权益的保护，并以出版文学作品的形式为界分标准，制定了截然不同的保护规则。譬如，出版文学作品标题可以受商标法和反不正当竞争规则的保护，而确定能否获得此类保护的重要因素取决于是为单个标题还是系列标题寻求保护。根据美国的法律规定，文学作品出版商无法获得单个标题的联邦商标注册而是适用未注册商标的反不正当竞争保护规则，但是系列标题可以进行联邦注册并适用注册商标的商标保护规则。

在美国，注册商标与未注册商标受到保护的强度差别较大，在法律范围内，联邦注册商标的所有人可以根据《商标保护法》第 32 条或 §43(a) 的要求援引《兰姆法》的侵权保护，而未注册商标的所有人只有在证明其商标具有独特性后才可以根据 §43(a) 援引保护（该条规范被视为是美国的反不正当竞争规则）。[1] 除此之外，两者还有如下显著区别：第一，注册商标权人可以在美国全境主张其所有权，并可以援引联邦法院的管辖权，而未注册商标则以其产品实际销售范围为限；第二，商标注册本身就是所有权的证据，而未注册商标只有证明其本身的使用情况和第二含义后方能获得禁止权的保护；第三，从权益行使来看，注册商标权可获得积极权能（许可、转让等）和消极权能（禁止使用、混淆等）的全面保护，而未注册商标则仅取得消极权益的保护；第四，根据国际注册商标合作的情况来看，在美注册商标可以享受在国外获得注册的基础，甚至可以向美国海关总署申请注册以防止进口侵权外国商品，而未注册商标则不享有此优厚待遇。足见，注册与未注册的区别将导致商业标志受到保护的强度差异明显，因此区分单一作品与系列作品保护模式的做法也在美国引起较大争论。

1. 单一作品标题保护：禁止商标注册+反不正当竞争规则保护

(1) 单一作品标题禁止商标注册

在美国，对单一文学作品标题进行的法律保护呈现了一种反常现

---

[1] See Anna Hołda-Wydrzyńska, "Protection of Literary and Artistic Titles under Trademark Law", *Silesian Journal of Legal Studies*, Vol. 9, No. 1, 2017, pp. 27-37.

象，即专利商标局不允许将此类标题注册为商标，但是联邦法院可根据《兰姆法》第43（a）条的规定，保护此类未经注册的所有权，以避免混淆性的相似用途。关于禁止注册的问题，美国专利商标局以1958年的Cooper裁决为解释依据，其认为，单件作品的标题不仅是"描述性的"，还是"通用的"，即使获得了次要含义的证明，也不是可保护或可注册的。该案也为文学标题创建了单一作品保护规则的先例，其判决指出，书籍的购买者对书籍的"种类"或"制造"并无要求，仅是在数百万种不同的书名中选择了以某书名命名的一类书而已，就像一个人走进杂货店，说"我想要某种食物"，并回答"什么样的食物？"这个问题一样。[①] 美国商标委员会和联邦巡回法院在过去几十年中一直坚持肯定对Cooper案的上述解释，即对诸如书之类的单个创意作品的标题不作为表明来源的商标。

不过值得指出的是，禁止单一作品商标注册的问题一直在美国学界存在争议，首先，从商标显著性的这个角度来讲，其问题在于为什么美国专利商标局认为一本书或一部电影的标题更像通用名称"汤"，而不是像"可口可乐"这样的商标呢？却又在后续的反不正当竞争规则保护中承认其第二含义？这某种程度上呈现出了逻辑上的悖论。其次，联邦巡回法院在Herbko裁决中曾坚持认为，一本书的书名不能用作识别和区分该书来源的可注册商标，其理由是，单一作品标题中的注册商标将损害版权到期后无限制使用的政策。[②] 但事实上，一方面，系列作品同样面临到此问题而法院却视而不见；另一方面，在操作性和法律衔接上，完全可以通过在单一作品标题的商标注册上加上诸如"该注册不得迟于构成该作品的版权之日届满的期限"的限制来弥补这种可能性。足见，在美国，关于禁止单一作品商标注册的问题更多的是一种政策取向，而非周延的法理决策，尤其是与《德国商标和其他标志保护法》赋予作品标题以统一的标题权相比，[③] 其前后矛盾的说理更值得推敲。

[①] See James E. Harper, "Single Literary Titles and Federal Trademark Protection: the Anomaly between the Uspto and Case Law Precedents", *IDEA: The Journal of Law and Technology*, Vol. 45, No. 1, 2004, pp. 77-96.

[②] See Robert Penchina, "2002 Trademark Law Decisions of the Federal Circuit", *American University Law Review*, Vol. 52, No. 4, 2003, pp. 999-1026.

[③] 参见范长军译《德国商标法》，知识产权出版社2013年版，第4页。

（2）单一作品标题的反不正当竞争规则保护

在美国，反不正当竞争规则的主要目的是防止有关商品来源的虚假陈述，因此普通法将不正当竞争行为视为假冒和盗用的学说为文学标题提供了保护的空间。正如美国法院曾将盗用定义为"出于不公平地利用财产所有者的善意和声誉而擅自使用他人财产"①，除此之外，假冒这种学说也阻止竞争对手使用重复或相似的标题，从而造成对该标题来源产生混淆的可能性。因此，美国法院有时会利用反不正当竞争规则来保护单一作品的标题，以维护业务或商业关系的完整性或防止"不正当交易"。

不过，美国反不正当竞争规则对于单一作品标题的保护是有前置条件的，即，无论标题的性质和市场状况如何，都要求出版商必须证明单一作品标题具有次要含义，然后该标题才能获得禁止混淆的保护。虽然目前法院对于所有单一作品标题始终要求具有次要含义证据的原因尚不清楚，但是一些学者认为这是由于法院不认为作品标题是作者和出版商竞争出售书籍的机制，他们认为每本书都是独一无二的，且书名是对书内容的描述，而不是在市场竞争中使该出版物与其他出版物竞争的元素。因此，一旦出版商选择了书名，其就可以刻意开始界定和传播该书名的次要含义。这可以通过出版前的宣传来实现，使得该宣传开始在公众心中建立与特定书籍的关联。书籍出版后，也可以通过持续的广告和书籍促销以及在可行的情况下通过开发使用书籍标题和字符的辅助产品来增强次要含义。当然，如果标题与辅助产品一起使用，则可以通过这些产品的联邦商标注册来进一步保护该标题。

从理论上来讲，当单个标题成功获取次要含义时，可以推断出公众不再仅识别该标题的字面意思，而是将该标题与单本书的来源相关联。这意味着，即使消费者不知道该书的来源是谁，或者即使该来源是匿名的，法院也将承认该标题具有次要含义。但是，美国不同的司法管辖区在对来源标识的解释上各不相同，因为有些管辖区要求公众能够将作品标识为源自特定的可识别来源，而其他管辖区则只要公众知道该作品标识来自某件作品就可以。总体上看，在确定作品标题是否获得次要含义时，法院将考虑几个因素，包括：第一，标题使用的时长和连续性；第二，用于广告和促

---

① See EMI Catalogue Partn. v. Hill, Holliday, Connors, Cosmopulos, Inc., 228 F. 3d 56, 63 (2d Cir. 2000).

销的金额范围和金额；第三，标题的销售结果；第四，后续出版者使用标题的尝试；第五，消费者研究表明公众知道来源；第六，由媒体不请自来地宣传标题。

2. 系列作品标题保护：允许商标注册+商标法保护

（1）系列作品标题的商标注册

系列作品标题有资格获得联邦商标注册，并且可以在美国专利商标局注册。此外，一系列书籍、期刊或报纸的标题在行使商标注册保护时，无须像单一作品标题需要辅助意义的证明。也就是说，系列作品标题在注册时不必须证明其第二含义，其原因是，此类系列标题具有商标作用，它表明系列中的每个作品都与该系列中的任何其他作品都来自同一来源，且系列标题不描述该系列中的任何一项特定作品，同时因为该系列中的任何特定作品也具有其自己的标题。然而，司法解释在系列作品标题是否必须获得次要含义以使该商标被视为固有的独特性方面并不一致。尽管存在这种不一致的地方，甚至那些不需要某些系列标题具有次要含义的法院，也可能对本质上更具描述性的系列标题施加限制。例如，注册系列标题"Garden Books"可能要比注册"Flowers And Shovels"在获得系列园艺作品标题的注册商标权上要困难得多，因为第一个标题显然更具描述性，而第二个标题则更具暗示性。因此，在实际生活中，出版商仍必须明确系列作品的标题是否具有固有的独特性，如果不是，则须其尽力建构其次要含义，以期获得更为稳定和充分的保护。

（2）系列作品标题的商标法保护

因为该系列作品标题向消费者表明系列作品的来源，所以系列作品标题享有与任何其他商标相同的保护，即在商标法中可获得积极权能（许可、转让等）和消极权能（禁止使用、混淆等）的全面保护，因此，书籍、杂志、报纸、百科全书、字典、软件以及其他印刷和电子文学系列标题商标的功能与其他任何产品或服务的商标相同。在此解释中，美国法院显然认为系列作品标题本身并不是唯一的，而是与其他系列竞争的。[①] 故，为了获得系列作品标题的联邦注册商标，出版商必须向专利商标局提交商标注册申请，如果专利商标局发现该系列标题不具有描述性，那么该系列标题将被注册在原则注册簿中。但是，如果专利商标局认为该系列名

---

① See JHP Ltd. v. BBC Worldwide Ltd., F.S.R. 29, 732 (Ch. 2008).

称具有描述性，则只能在补充注册簿上进行注册。在补充注册簿上注册并不能为出版商提供由主要注册簿所提供的全部保护，但可能会阻止其他出版商将注册系列标题用于其出版物。此外，在补充注册簿上注册的系列标题的发行者可以在以后的某个日期证明该系列标题具有次要含义。这里也涉及优先权的问题，联邦巡回法院曾裁定，如果以后的一方在创建系列之前，也就是在第二卷出版之前，使用或申请注册的，则后者拥有优先权，并且有权将该标题注册为商标，但使用优先权的日期不能早于该系列中第一本的发表日，以此平衡商标注册与实际使用之间的关系。

（三）借鉴与启示

出版文学作品的标题凝聚着作者和出版商的智慧劳动，也关系着出版产业的发展生态，因此明确其法律性质和受保护强度对于激励文学创作和解决经营纠纷具有非常重要的实践价值。从域外考察的视角可以发现，美国行政单位（版权局、专利和商标局、国会图书馆）到美国各级司法单位，均否定了出版文学作品的标题可版权性的空间，这一点也与我国版权单位的态度是一致的，如其认为"鉴于国外的实践经验，如果只对具有独创性的标题给予著作权保护，在司法审判中就必须划定是否具有独创性的界限，这无疑会给司法审判工作带来很大困难，因此，作品标题宜由《反不正当竞争法》保护，而不宜由《著作权法》保护"[①]。但与美国明确出版文学作品标题在商标注册时要区别对待和保护相比，我国在此问题上现在并无明确的答案，且关于如何适用《反不正当竞争法》，及是否要区分不同性质作品的保护强度也并无定论，因此，未来我国仍有待于在出版文学作品标题保护的法律制度设计、行政执法态度和司法实务发展上凝聚共识。首先，作品标题作为经营者创作成果的符号标识，在一定条件下，实现了识别商品来源的原始功能，提供了消费者寻求该服务成果创作者的途径，理应根据我国商业标志的相关规则进行规范和保护。从具体规范和构成要件的适用来说，除禁止抢注等程序性保护《商标法》外，作品标题的实体性保护理应适用《反不正当竞争法》第 6 条第 1 款的规定，如其规则适用后的结果未导致明显的利益失衡或违反正义，那不得再适用一般条款。其次，作品标题获得禁止混淆保护的法定构成要件则包括显著性、影

[①] 国家版权局办公室：《关于作品标题是否受著作权保护的答复》（权办〔1996〕59号）1996 年 7 月 17 日，http：//www.pkulaw.cn/fulltext_form.aspx？EncodingName&Gid=188265。

响力、主观条件及引人误认效果等。最后，作品标题作为特殊的商业标志，其保护强度也受制于作品类型及实际功能的调整和限制，并对单一作品标题与系列作品标题实施差异化的保护模式。

四 理据与标准："商业标志"认定路径的衡量

与上述著作权法的保护模式相比，将作品标题作为商业标识及其商品化权益的认定路径也逐渐被我国理论与实务界所重视和热议。但值得注意的是，相关学说在作品标题作为商业标志的正当性论证上与保护强度上仍存在较大的分歧，尤其是在具体规范的适用方法上，实务界缺乏方法论共识导致了司法实践中规范依据适用混乱的情形。

（一）对主流学说的述评

1. 强保护模式

在学者们所提出的众多保护思路中，有学者借鉴德国商业标识法的保护体系意图为作品标题提供较为全面的强保护模式，即根据作品标题所起到的实际作用和功能赋予相应权限，具体来看则分为三层保护：首先，如作品标题能起到标志作品的功能，那么立法者应赋予其创设的"标题权"，即通过为标题权设定积极的利用权、排他权，以及禁止权、损害赔偿请求权，以防止他人在后使用相同或足以引起混淆的近似作品标题；其次，如在作品传播过程中，其作品标题还具备了标志作品出处（指向作者或出版社等）的功能，那么还应认可其构成未注册商标权予以保护；最后，如若作品传播这一首次利用获得了较高人气和盛名，从而对其他商品产生了宣传和促销的功能，那么还应对这种商品化权益予以法律保护。[①] 德国这种尊重商业标志特殊性的立法模式和规范，确实为作品标题赋予了充分的动态性保护。但美中不足的是，一方面我国如美国一样奉行的是以商标权为基础的保护体系，"标题权"等特殊商业标志权利的创设既需要花费较大的立法成本，短时间内亦很难在学界凝聚共识；另一方面，切合本土的知识产权发展水平也应是选择保护模式的一个考量重点，尤其是在国内外版权贸易呈现较大逆差的情况之下，赋予作品标题较大的保护强度固然能帮助我国企业获得域外发达国家的对等保护，但某种程度

---

① 参见彭学龙《作品标题的多重功能与多元保护——兼评反不正当竞争法第 6 条第 3 项》，《法学研究》2018 年第 5 期。

上也会挤压国内的文创空间。

2. 弱保护模式

有些学者亦提出弱保护模式的思路，即仅为作品标题提供商品化权益的保护路径。至于其论证逻辑则为，只有经过实际商品化运作的作品标题才能成为受保护的现实法益，否则将进入公有领域，且此种法益应最终定位为商业标识权益，进而依据《反不正当竞争法》第 6 条或商标确权程序中的《商标法》第 32 条规定的"有一定影响的商标"来进行保护。① 值得指出的是，该说所倡保护模式特别强调的明确利益平衡机制下《著作权法》的制度界限问题确实是一个值得深思的问题，不过从论证逻辑的角度考察，该说在具体说理方面仍存在以下两点问题有待进一步商榷：首先，该说主张的保护条件要求作品标题的商品化权益必须源于原作品以外的实际商品化行为，而非基于作品本身的知名度所派生或既有的在先权利。但是，从 1993 年 11 月 WIPO 国际局发布的《角色商品化报告》关于角色商品化的定义来看，角色的商品化权益并未要求以虚拟角色的创作者或者自然人率先进行二次利用为前提。② 同时，该学说强调源于原作品以外的实际商品化行为应包括许可、使用等二次开发行为，但如果在不承认商品化权益可作为潜在利益的前提之下，权益人以何种法律基础进行许可呢？其次，该说用商品化权益的构成要件去论证作品标题应作为知名商品特有名称或有一定影响力的未注册商标进行保护的结论，有架空所谓商品化权益保护模式的嫌疑，甚至有叠床架屋之感。如果不认可商品化权益的潜在性，那么实际利用本身也完全可以用现有的商业标志规范进行保护，也无须绕道商品化权益这一各国尚乏共识的理论进行相关证成，更会导致作品的权利人被迫地需要在多个商品、服务类别上提前注册作品标题或进行其他商标性使用而无法专心地投入创作。

（二）法理正当性分析

在作品标题商业标识权益的保护正当性问题上，我国相关司法判例援

---

① 参见孔祥俊《作品标题与角色名称商品化权益的反思与重构——关于保护正当性和保护路径的实证分析》，《现代法学》2018 年第 2 期。

② 1993 年 11 月 WIPO 国际局公布的一份关于角色商品化权的研究报告，将角色商品化定义为："为了满足特定顾客的需求，使顾客基于与角色的亲和力而购进这类商品或要求这类服务，通过虚拟角色的创作者或者自然人以及一个或多个合法的第三人在不同的商品或服务上加工或次要利用该角色的实质人格特征"（例如某个人的姓名、肖像、扮演形象以及声音等）。

引了劳动价值论、激励创作论、侵占商业价值论、市场混淆论等试图为作品标题提供禁止混淆，甚至是防止淡化的保护，但事实上这些理论的适用也正遭遇着著作权法定主义及其利益平衡机制的指责与考验。

1. 立法选择和制度边界的困境与突破

首先值得指出的是，在上述弱保护模式的理论叙述中，由于立法者在法律体系中并未如一些域外国家给予作品标题以商品化权益的立法安排，这将导致司法实践在摈弃著作权法保护模式的情况下，作品标题是否具有寻求他法保护空间的问题，尤其是会遭受来自著作权法定主义的拷问，如作品标题的商业标志权益是否是基于作品本身派生的权益？而从强保护模式的视角来看则答案是肯定的，但此回答也会引发这是否会破坏著作权利益平衡机制的质疑。这在某种程度上可以说，如上的规范与理论的探讨陷入了立法论和解释论的困境，这也是我国相关法院判决和司法解释遭到弱保护模式支持者批判的重要症结。因为毋庸置疑的是，与一般商业标志不同，赋予作品标题以商业标志权益的保护与作者著作财产权的扩张之间有着重叠的脉络，正如有学者认为著作权保护的经济理性就是，文学、艺术和科学作品是商品，这些商品创造了市场及其外部性和适当性问题，其也是实现作者经济利益和激励功能的必要途径。[①] 其次，作者的著作财产权在依附于传统上的复制权、发行权、表演权、演绎权等法定权利的同时，如能以作品标题获得防止混淆的商业标志权益的救济，无疑为作者著作财产权的实现又增添了新的权益辅助，反之也意味着对公共利益的侵蚀，进而也动摇了原有的著作权利益平衡体制。显然，现实的司法实践演进已经基于道德价值（抑或道德直觉）的评判在著作权制度边界问题上做了诸多突破性尝试，并试图将这种利益取舍融入现有的规范体系之中，且域外立法的多元化途径也说明了原有的著作权利益平衡体制并非就应该固守其理，正如实用性物品设计在专利法的框架下，依然可在一定条件下获得著作权法的保护，[②] 最后，基于作品本身的商品属性及商业标志权益的理论基础去思考这个问题，仍然具有强烈的现实意义。

---

① 参见冯晓青《知识产权法哲学》，中国人民公安大学出版社 2003 年版，第 287 页。
② 参见胡心兰《从拉拉队制服案探讨美国实用性物品设计之著作权法保护》，《东海大学法学研究》2018 年总第 55 期。

2. 作为商业标志权益保护的正当性

有域外学者曾呼吁作品标题的使用应服从于反不正当竞争规则。[①] 事实上，作品标题能在德国商业标志法体系下，从竞争利益提升为专有权利，也反映了作品标题在商业标识权益保护正当性上有着一定的理论基石。

首先，在我国《类似商品和服务区分表》第 41 类第 5 项"文娱、体育活动的服务"中已列明"歌曲创作""剧本编写"和"诙谐诗创作"等几项服务类型，这就意味着，作者可视为提供创作服务的主体或经营者，[②] 而作品标题则可作为创作服务成果的商业标志与作者声誉之间建立稳定乃至唯一的对应关系，创作服务成果的商品属性和市场价值也决定了作品标题具有一般商业标志的功能及其获得保护的需求。正如知识产权的激励保护与知识社会的繁荣进步都离不开知识产权客体在市场中的价值流通和变现，[③] 当今时代所热捧的"大 IP"也在某种程度上凸显了作品愈发产业化的发展趋势。而在作品被投入市场时，作品标题作为作者精心创设的符号有时在其中也发挥着区分创作服务来源、传递创作者思想以及促进广告宣传等功效，而商业标识保护规则维护的正是作为符号的指代功能，而非符号或作品本身，其商业标志的价值也来源于上述商业活动。[④] 现实中，虽然作品标题并非导致消费者产生创作服务混淆的唯一原因，但基于作品标题影响力而引人误认的情况也不乏其例，故而在传播流通过程中累积较高市场声誉和价值的创作服务成果在面临不诚信的来源欺骗时也有着相应的救济诉求，这也契合了传统上保护知识财产的劳动理论、人格理论、激励理论以及市场混淆理论。

其次，从竞争规则和动态效率视角出发，作品本身在市场交易中一方面作为具有合法垄断权的智力成果存在，另一方面也是市场交易中的竞争性商品，而作品标题则在一定条件下担负着标志创作服务来源的竞争工具的角色，因此，对故意或过失混淆的市场竞争行为的规制也是消解市场失

[①] 参见［德］德利娅·利普希克《著作权与邻接权》，联合国教科文组织译，中国对外翻译出版公司 2000 年版，第 88 页。

[②] 《反不正当竞争法》第 2 条第 3 款规定："本法所称的经营者，是指从事商品生产、经营或者提供服务（以下所称商品包括服务）的自然人、法人和非法人组织。"

[③] 参见宁立志《经济法之于知识产权的底线与作为》，《经济法论丛》2018 年第 1 期。

[④] 参见李琛《论知识产权法的体系化》，北京大学出版社 2005 年版，第 137 页。

灵的一种法律手段,亦符合动态效率的理论。当然,赋予作品标题以有限的商业标志权益,也是在商业表达自由与标识权益保护之间的权衡选择。对于前者,由于经营者与消费者之间的信息不对称,商业表达对消费者或其他经营者的损害可能性会增加。正是基于这一潜在的消极影响,法律对其进行了相应的管制,并呈现出保护力度低于非商业表达自由的强度。[①] 进而使得作品标题在从思想表达自由向商业表达自由的转换过程中,对其的规制视角和力度也将呈现出某些变化,如限制一定程度的商业表达自由来规范市场竞争秩序和维护消费者合法利益等。

最后,不局限于著作权利益体制的视角,从知识产权利益平衡机制的角度来看,作品标题的商业标志模式保护在影响著作权公共利益的同时,也能在反哺于竞争秩序维护及消费者利益保护中达成新的平衡。正如有实务界人士所指出的那样,现实中消费者在为相关作品付出对价时,往往能通过作者、出版社、目录,甚至是版式设计等对不同的作品进行一定程度的区分和甄别,但这导致混淆的情况却并不常见。[②] 因此,如将对作品标题的商业标志权益的保护限缩在禁止混淆的消极权益范围内,仅是打击那些违背诚信和商业伦理的故意或过失的搭便车行为,那么其对于著作权公共利益的影响也相对有限,并可作为一支悬在空中的剑的存在,对维护竞争秩序和消费者利益产生裨益,从而实现知识产权制度内的利益再平衡。

作品标题毕竟不是一般的商业标志,其也关涉已有著作权利益平衡机制与知识产权利益平衡机制,因此对其权益赋予的条件也应具有其特殊性,正如德国立法及司法在其标题权的建构中也设计了诸多限制。更重要的是,在我国反不正当竞争规则体系中,仅是以商标权为参照为他类商业标志赋予了禁止广义混淆的保护,而并未特别区分这些不同的他类商业标志的保护条件,因此,如不考量作品标题的具体情况而一律赋予禁止广义混淆的保护,则将导致其保护范围过宽而有损利益平衡。故,明确赋予作品标题商业标志权益的内容、条件及其限制显得尤为必要。以《反不正当竞争法》第 6 条市场混淆条款为基本依据,可以型构和完善上述条件:第

---

① 参见孙敏洁《商标保护与商业表达自由》,知识产权出版社 2013 年版,第 56 页。
② 参见蒋利玮《不应当存在的商品化权》,2017 年 10 月 24 日,http://www.sohu.com/a/199975365_221481。

一，应明确赋予作品标题商业标志权益的内容仅为禁止混淆的消极权益，而非防止淡化、侵占商业价值等权益。第二，显著性特征应是商业标志受到保护的必要条件，因此不具有显著性的作品标题（如"春""神话"等）即便其获得了一定的影响力仍不能享有该消极权益。第三，须满足市场混淆条款的构成要件，即作品标题应具备一定的影响力及引人误认的效果，即引人误认为是他人的创作服务成果或者与他人存在特定联系。第四，在主观条件上，行为人应具有故意或过失。第五，应区分作品标题在传播过程中所具效果的不同情况，即，应结合具体情形考察其是否为商标性使用，是否起到了标志创作服务来源的效果及其影响的程度为何，以此相应赋予狭义或广义的禁止混淆的保护。第六，应注意作品类型差异所影响的作品标题保护的正当性和强度的问题，譬如相较于单一作品创作服务的商业标志，系列作品创作服务的商业标志更易获得禁止广义混淆的保护等。

3. 商品化权益的理论评价与适法处理

在商品化权益理论尚未形成定论的情况下，我国司法实践显然已有所超前，从"邦德007 BOND案""TEAM BEATLES添·甲虫案"以及最近的"金庸诉江南案"等，相关法院均通过劳动理论、侵占商业价值理论、禁止商业混淆理论等赋予了作品标题或角色名称等以商品化权益，这遭到了一些专家的猛烈批判。[1] 从理论发展来看，对自然人姓名和肖像的保护本依赖于隐私权制度，但对于一些娱乐及体育明星来说，由于其姓名和肖像早已公之于众，使得法律实践中不得不发展出形象权以阻止他人对名人的姓名和肖像不当利用。关于这一点域内外学界早有共识，而演变到作品中的虚拟角色等的商品化权时，相关学者则持有不同的意见，譬如以日本（我国最初的商品化权益概念就取材于日本）为例，日本在目前的判例法理中，对物、作品之影像和名称的商品化权则持较为消极的态度。[2] 美国知名学者如马克·A. 莱姆利（Mark A. Lemley）等也曾撰文明确反对商品化权。[3] 而搁置上述理论争议，仅从我国现有立法规范来看，我国《反不

---

[1] 参见蒋利玮《不应当存在的商品化权》，2017年10月24日，http://www.sohu.com/a/199975365_221481。

[2] 参见张鹏《日本商品化权的历史演变与理论探析》，《知识产权》2016年第5期。

[3] See Stacey L. Dogan, Mark A. Lemley, "The Merchandising Right: Fragile Theory or Fait Accompli?", *Emory Law Journal*, Vol. 54, No. 1, 2005, pp. 461-506.

正当竞争法》第 6 条第 3 款明确列举了"社会组织名称、姓名等"保护对象，某种程度上也可以视为对法人、自然人的形象权的保护，举重以明轻，即便对第 6 条中的"等"或"其他"做类推解释赋予虚拟角色或作品标题以商品化权益，也仅能说明我国《反不正当竞争法》对于商品化权益的保护提供的只是禁止混淆的保护，这种情况下又会与作品标题作为商业标志权益的保护产生叠床架屋的冲突。① 故，考量到上述情形，我国对于作品标题的保护应谨守商业标志权益的底线，而非另起炉灶引致商品化权益的岔路而徒增困扰。

（三）法律适用依据与标准

1. 《著作权法》《商标法》与《反不正当竞争法》的适用选择

在相关司法裁判中，法官们援引的法律适用依据既有《著作权法》《商标法》，亦有《反不正当竞争法》，而这种情况的成因与错综复杂的法理逻辑和诉讼案由具有直接的关系。首先，值得指出的是，在司法实践中，部分法官仍未摒弃著作权法的保护思路，而这将导致《著作权法》的规则被反复提及，甚至引发裁判思路迥异的情形，因此，正如前文所析，这种适用实无必要。其次，当一些法官将作品标题视为一种商业标志时，应当明确商业标志权益获得的正当性主要来源于知识产权利益平衡机制及商业标志权益保护的理论基础，而非著作权规则内的立法理论及宗旨。最后，关于《商标法》与《反不正当竞争法》的适用关系问题，一方面《商标法》第 32 条主要从认定在先权利、禁止商标抢注的程序性视角为作品标题这一可能的商业标志权益提供法律保护，另一方面《反不正当竞争法》主要从禁止混淆行为的实体性视角为其提供相适应的保护规则，如此区分也能够进一步明晰未注册商业标志在两部法律中的规范逻辑。

2. 《反不正当竞争法》市场混淆条款与一般条款之间的适用顺位

根据前文的分析，凡是落入具体条款的规制行为类型之内的，则不管该纠纷行为是否符合具体条款规范的构成要件，之后不得再依据一般条款进行重复判断和救济，除非其规则适用后的结果将导致明显的利益失衡或违反正义。正如美国最高法院在相关判例中的阐述，商业标识权与版权的

---

① 参见蒋利玮《不应当存在的商品化权》，2017 年 10 月 24 日，http://www.sohu.com/a/199975365_221481。

区别就在于前者并不禁止他人使用单词或词语，而仅是保护其所有人的声誉不被他人在销售商品时所冒用。申言之，将作品的组成要素之一作品标题适用著作权法予以保护，无疑将威胁文学艺术的创作与传播，并与著作权法的立法目的背道而驰。与此相比，现代意义上的商业标识自诞生之初，就作为防止消费者混淆商品来源的工具，以保护消费者免受虚假商标陈述的侵害为旨趣，并根植于信息传播和产权赋予等基础理论，服务于竞争资源的公平分配、消费者利益的合理保障及社会整体福利的有效促进等。而作品标题作为经营者创作服务成果的符号标识，在一定条件下，实现了识别商品来源的原始功能，提供了消费者寻求该服务成果创作者的途径，理应根据我国商业标志的相关规则进行规范和保护。从具体规范和构成要件的适用来说，除禁止抢注等程序性保护适用《商标法》外，作品标题的实体性保护理应适用《反不正当竞争法》如第 6 条第 1 款的规定，如其规则适用后的结果未导致明显的利益失衡或违反正义，那不得再适用一般条款。至于作品标题获得禁止混淆保护的法定构成要件则包括显著性、影响力、主观条件及引人误认效果等。同时，作品标题作为特殊的商业标志，其保护强度也受制于作品类型及实际功能的调整和限制，从适法的科学性及稳定性来讲，这也亟待更为权威的立法建构或法律解释。

五　个案分析："红星照耀中国"作品标题案例

近年来，一些记录中国共产党早期革命的文学作品引发了有关知识产权保护的法律争议，如在 2018 年，"红星照耀中国"作品标题的纠纷就引发了人民文学出版社、人民教育出版社和长江文艺出版社三家"隔空掐架"，甚至相关学者给出的法律意见都针锋相对。可以说，这一争议背后显示出我国理论和实务界对于给予出版文学作品标题何种模式和何种程度的法律保护具有严重分歧，进而引致出版文学市场在作品编辑出版的合规问题上遭遇适法困境。*Red Star over China* 作为一部纪实文学体裁的经典著作，其记录了特殊历史时期中国共产党人艰苦奋斗的革命精神，这种精神的传播不仅助力了中国早期的革命斗争，在新时代的民族复兴过程中仍意义深远。因此，在知识产权法制框架内传播 *Red Star over China* 中的革命精神，既是对革命时期著书者的尊重，也是对新时代法治建设成果的维护。故，本书结合相关争议和史料，仅对 *Red Star over China* 及其中文译名的知识产权保护问题分享一些思考。

(一) *Red Star over China* 作品保护期限的规范与厘清

Red Star over China 英文原著是一部由美国作家斯诺（1905—1972年）创作，在中国完成（1937年），于英国首次出版（即1937年发表）的经典作品，如要依法保护这样一部经典作品，那么明确其保护期限则是判断该作品是否进入公有领域及是否构成侵权的逻辑起点。

事实上，中国（1992年7月15日）、美国（1988年11月17日）和英国（1973年2月5日）均为《伯尔尼保护文学和艺术作品公约》（以下简称《伯尔尼公约》）的成员国，因此，各成员国均应遵守该公约的各项规定（除各国声明保留的规定外）及国际条约的优先适用原则。根据该公约第3条第1款a项的规定："作者为本同盟任何成员国的国民者，其作品无论是否已经出版，都受到保护。"因此，依照此规定，*Red Star over China* 应受到《伯尔尼公约》成员国的保护。同时，该公约第5条及第7条确立了以下几项原则：第一，国民待遇原则，即就享有本公约保护的作品而论，作者在作品起源国（首次出版国）以外的本同盟成员国中享有各该国法律现在给予和今后可能给予其国民的权利，以及本公约特别授予的权利。第二，独立保护原则，即享有和行使这些权利不需要履行任何手续，也不论作品起源国是否存在保护。第三，最低保护期限原则，即作品保护期限将由被要求给予保护的国家的法律加以规定；但是，除该国家的法律另有规定者外，这种期限不得超过作品起源国规定的期限。我国《著作权法》也都遵守和确立了以上规定。因此，根据上述规定，*Red Star over China* 理应获得我国《著作权法》同本国国民同等保护待遇的保护，且不需要该作品著作权人履行任何手续，也不论该作品在起源国是否存在保护。但这一问题的关键是，*Red Star over China* 的著作财产权是否还在我国《著作权法》规定的保护期限之内呢？事实上，我国《著作权法》规定的作品著作财产权的保护期限与《伯尔尼公约》规定的最低保护期限是一致的，即作者生前加死后50年（我国《著作权法》第21条），也比英美两国都更为短暂。以 *Red Star over China* 为例，*Red Star over China* 于1937年完成并于同年在英国出版发表，如果按照英国1988年《版权、工业设计及专利法》（*Copyright，Design & Patent Act，CDPA*）第12条的规定，文字作品的保护期限为作者生前加死后70年（1998年之前是50年），亦即保护期至1972+70=2042年。而美国版权法则在20世纪历经数次修订，如美国1909年出台的第三部版权法案规定，自作品出版或登记之日起，其保护期限扩展为 28 年（之前为 14 年），到期后可续展 28 年（之前也为 14 年）。此时，美国还施行的是联邦和州政府保护的双轨制模式。但直到美国颁布其 1976 年版权法案（1978 年 1 月 1 日生效），该法案一方面规定废止双轨制转由美国联邦的版权法案进行统一规制，另一方面规定续展期限拓展到 47 年，即将版权保护期限延长至 75 年。但到了 1998 年，美国国会则通过《松尼·波诺著作权期限延长法案》，根据该法案，在 1978 年以前已发表或已登记的作品，只要在 28 年版权保护期限届满后有效进行续展的，保护期还可以延长另外 20 年，也就是说，最长可以获得 95 年的保护。亦即该作品在美国最长的保护期为 1937＋28＋47＋20＝2032 年。因此，比较下来，中国直至 2022 年的保护期均短于英国的 2042 年及美国的 2032 年。但依据《伯尔尼公约》的规定，不管其他国家的保护期限及保护程序如何规范，如果成员国公民作为作品的著作权人想在中国保护其作品，其保护期就应依照被请求保护国的法律规定来确定。故，按照我国《著作权法》的规定，*Red Star over China* 作品在中国的保护期限为 1937—2022 年，也就是说，该作品在纠纷时仍在我国《著作权法》的保护期限之内（2023 年后则归入公共领域），其著作权人依法享有我国《著作权法》所规定的各项权利（包括著作财产权），我国公民或法人无正当理由不得侵犯该著作权人的合法权利。

（二）作品标题可版权性的法理分析与实践否定

从立法层面来讲，依照我国《著作权法》总则第 1—3 条的规定，我国《著作权法》的保护客体（或曰保护对象）仅限于作品本身，而未明确是否包含作品标题。而依照我国《著作权法实施条例》第 4 条的规定："文字作品，是指小说、诗词、散文、论文等以文字形式表现的作品。"其中也未明确列举作为文字表达形式之一的作品标题。[①] 因此，这种立法结构就会产生两种解读。一是如果将作品标题与作品本身严格对立起来看，如王迁教授认为："作品标题与作品本身不同"[②]，那么，作品标题将不受我国《著作权法》保护，实践中"娃哈哈著作侵权纠纷案"也是按

[①] 赵丰：《比较视野下出版文学作品标题的法律保护研究》，《电子知识产权》2020 年第 8 期。

[②] 参见路艳霞《书名本身不受著作权法保护》，《北京日报》2018 年 8 月 14 日第 3 版。

照该逻辑判决的，① 该案认为"由于法律没有明文规定对作品标题予以保护，那么请求保护作品标题的主张就无现行法上的依据，作品标题也不在著作权法保护之列"。二是将作品标题和作品本身从可并列保护的角度来讲，作品标题可仿照作品的独创性来进一步判断其是否符合保护的要件。② 如熊琦教授认为："根据《著作权法》法理，只要作品标题具备独创性，完全可以与作品本身受到同等保护。"③ 甚至冯晓青教授认为："作品标题可以转化为作品本身，即如果作品标题非常新颖别致，具有强烈的个性和独到特色，就应成为具有独创性的作品受到保护。"④ 但实践中，这种独创性说法不仅没有助力于作品标题得到《著作权法》的保护，反而使作品标题在实践认定中更倾向于被认定为不具有独创性。如在"舌尖上的中国著作权纠纷案"中，法院认为："涉案书名'舌尖上的中国'系两个通用名词的简单组合，缺乏相应的长度和必要的深度，无法充分地表达和反映作者的思想感情或研究成果，无法体现作者对此所付出的智力创作，不符合作品独创性的要求，不是我国著作权法所保护的作品。"⑤ 同时，从执法层面来看，相较于数例成功的广告语著作权维权案，在我国司法中还没有简短的作品标题被认定为享有著作权的案例。⑥ 同样的情况也发生在同为大陆法系的德国，即德国法院虽然在理论上认可作品标题的可版权性，但尚未出现过一例肯定保护的判例。事实上，有关作品标题能否获得著作权法单独保护的问题不仅在我国尚无定论，在国外也立法不一，争执犹存，我国知识产权学界已在此方面做了诸多介绍，本书在此不再赘述。但是，值得注意的是，我国国家版权局版权管理司曾发布过两个答复来回应这一问题，其中 1996 年 7 月 17 日的《关于作品标题是否受著作权保护的答复》指出："我国著作权法没有明确规定，标题可否作为单独的作品受到著作权法的保护。鉴于国外的实践经验，如果只对具有独创性的标题给予著作权保护，在司法审判中就必须划定是否具有独创性的界限，

---

① 参见上海市第二中级人民法院〔1998〕沪二中知初字第 5 号民事判决书。
② 参见卢纯昕《作品标题的可版权性探究》，《编辑之友》2015 年第 3 期。
③ 参见邹韧《翻译出版有哪些相关的版权问题》，《中国新闻出版广电报》2018 年 8 月 23 日第 5 版。
④ 冯晓青：《著作权法》，法律出版社 2010 年版，第 45 页。
⑤ 北京市东城区人民法院〔2012〕东民初字第 09636 号民事判决书。
⑥ 参见傅姚璐《广告语著作权保护的实证分析》，《中国版权》2016 年第 6 期。

这无疑会给司法审判工作带来很大困难。因此，笔者认为，作品的名称宜由《反不正当竞争法》保护，而不宜由《著作权法》保护。"①

综上可见，以上的立法理论与实践在"作品标题是否可单独受到著作权法保护"的这一问题上并没有达成统一的共识。但是，我们可在争执中大致梳理出以下三个结论：第一，我国《著作权法》对作品标题是否可单独受到保护的问题并无相关规定；第二，即便认可作品标题可以通过分析其独创性来判断其是否可获得《著作权法》的保护，但在实践认定中也不易行得通；第三，从我国版权局的角度出发，其更倾向于通过《反不正当竞争法》来保护作品标题，而非通过《著作权法》来保护。故，本书认为，不宜将作品标题作为《著作权法》的客体予以保护，且即便法理能说通，实践也难行，如果符合条件，可适用《反不正当竞争法》来进行规范。

（三）作品标题不正当竞争的要件构成与侵权判定

出版的书既是作品的体，也是商品的客体，因此，作品的名称在某种程度上可视为商品的名称。故有专业人士认为，如果书籍译名难以通过《著作权法》来保护的话，可以考虑从《反不正当竞争法》的角度来分析。②其根据就是2017年《反不正当竞争法》第6条第1款的规定："经营者不得实施下列混淆行为，引人误认为是他人商品或者与他人存在特定联系：（一）擅自使用与他人有一定影响的商品名称、包装、装潢等相同或者近似的标识。"回归到"红星照耀中国"的版权争议来看，如要判定该具体市场行为是否构成上述不正当竞争行为，则需要考察以下因素：

其一，"红星照耀中国"这一书籍译名是《反不正当竞争法》规范所保护的法益吗？

如果说前面的分析是在重点关注"红星照耀中国"作为作品标题为何难以构成《著作权法》所保护的法益，那么同样的，要想适用《反不正当竞争法》，亦需考察其是否构成《反不正当竞争法》规范所保护的法益。根据《反不正当竞争法》第1条立法目的来看，该法保护的是"经营者和消费者的合法权益"，具体结合到市场混淆条款，就是要求"红星

---

① 国家版权局办公室：《关于作品标题是否受著作权保护的答复（权办〔1996〕59号）》1996年7月17日，http：//www.pkulaw.cn/fulltext_form.aspx? EncodingName&Gid=188165。

② 参见路艳霞《书名本身不受著作权法保护》，《北京日报》2018年8月14日第3版。

照耀中国"这一作品标题应为人民文学出版社"具有一定影响力的"且"合法的"商业标志。

首先,"红星照耀中国"这一作品标题是具有一定影响的商品标志吗?自 1979 年董乐山译本(其主书名为《西行漫记》,但在封面标注"原名《红星照耀中国》")问世以来,从其发行量来看,《西行漫记》(原名《红星照耀中国》)这本书确实在当时已有一定的知名度,甚至在当下也有着新时代价值和阅读受众,这也促使现今各家出版社在原著首次出版 80 年后又相继出版原著的中文译作。可以说,2016—2018 年,随着该书一定数量的销售、官方的积极推荐宣传和版权的白热化争夺,"红星照耀中国"几个字作为"Red Star over China"的中文译本书名已经具有较高的知名度,认定其为有一定影响力的商品名称也具有较大的可能性。

其次,从《伯尔尼公约》以及国内外的著作权法规范来看,并无禁止任何作品标题使用的相关规定。也就是说,即便作品标题违反国家利益或社会公共利益(如地域歧视、种族歧视等),依然不影响该作品自动获取著作权,正如非法作品依然能获得著作权一样。不过,作品的传播却可以受到法律的限制,如《伯尔尼公约》第 17 条规定,"本公约的规定绝不妨碍本联盟每一成员国政府以立法或行政程序行使允许、监督或禁止任何作品或其制品的发行、演出或展出的权利,如果有关当局认为有必要对这些作品行使这种权利的话。"根据我国《出版管理条例》(2016 年修订)第 25 条规定,"任何出版物不得含有下列内容:(一)反对宪法确定的基本原则的;……(三)泄露国家秘密、危害国家安全或者损害国家荣誉和利益的;(四)煽动民族仇恨、民族歧视,破坏民族团结,或者侵害民族风俗、习惯的;……(六)扰乱社会秩序,破坏社会稳定的;……(八)侮辱或者诽谤他人,侵害他人合法权益的;(九)危害社会公德或者民族优秀文化传统的;(十)有法律、行政法规和国家规定禁止的其他内容的。"第 27 条规定:"出版物的内容不真实或者不公正,致使公民、法人或者其他组织的合法权益受到侵害的,其出版单位应当公开更正,消除影响,并依法承担其他民事责任。"总之,只要作品标题并未违反我国《出版管理条例》(2016 年修订)的相关规定,其就具有纳入《反不正当竞争法》规范所保护的法益的可能与空间。

最后,人民文学出版社获得的在先权益是合法的吗?这里强调合法性是反映诚实信用原则作为解决商业标志权利冲突最基本的原则的一个重要体现。也就是说，保护在先权利要立足于保护在先的合法权益。① 根据最高人民法院《关于全国部分法院知识产权审判工作座谈会纪要》在"知识产权权利冲突的处理原则"中指出"对于经合法程序未能解决权利冲突的，人民法院应按照诚实信用原则和保护公民、法人的合法民事权益原则，依法保护在先授予的权利人或在先使用人享有继续使用的合法的民事权益"，对在先权益的保护当然是遵循诚实信用原则的具体体现，同样地，在先权益的取得也应遵循诚实信用原则。回归此纠纷，依照我国《著作权法》第 10 条的规定："翻译权，即将作品从一种语言文字转换成另一种语言文字的权利"。也就是说，在未获得原作品著作权人同意的情况下，其他人不能将原作品翻译成另外一种语言。同时，对于演绎作品的出版来说，出版者亦需要获得演绎作品著作权人及其原创作品著作权人的双重许可。因董乐山先生在翻译该著作时（1979 年），我国尚未加入《伯尔尼公约》，本国著作权立法也还未践行，但即便未获得原著著作权人的同意，董乐山先生依旧对其翻译的《西行漫记》（原名《红星照耀中国》）享有著作权。不过，随着 20 世纪末我国《著作权法》的立法及《伯尔尼公约》在我国的批准适用，如果人民文学出版社在未获得原著著作权人同意翻译和出版的情况下，出版原著的中文译作，即便其在销售中获取较大成功，并凝聚了商品的信誉，但因其并非来源于《反不正当竞争法》所保护和鼓励的诚实的经营行为，而是基于非法翻译和出版所获得的"权益"，那么对于其他获得翻译和出版许可的出版社来说也就很难认定为是对经营者合法权益的侵害了。

其二，其他出版社在 Red Star over China 的其他中文译本上使用"红星照耀中国"这一作品标题的行为，是否会引人（消费者）误认？

长江文艺出版社使用"红星照耀中国"这一作品标题的行为与引人误认之间是否存在联系也有待进一步考察。首先从包装上来说，长江文艺出版社的版本与其他两个出版社的版本差异较大，一方面从视觉颜色上来看，长江文艺出版社的版本有着独特的近 2/3 的红色印刷，并具有两个鲜明的红色五角星；另一方面从封面内容来看，三个版本分别出自三位翻译者的手笔，并且都在封面予以了明确注明。更重要的是，长江文艺出版社在书名之下特别标注了"新译本"字样以区别于其他版本，以及特别注

---

① 参见孔祥俊《商标与不正当竞争法原理和判例》，法律出版社 2009 年版，第 545 页。

明该书为"斯诺基金会官方授权简体中文版",可以说,单纯从包装来说消费者很难产生混淆。其次,从购销渠道上来说,通过在"当当网"和"京东商城"等主流书籍网购平台上输入搜索商品名称"红星照耀中国",不仅搜索框的选项会自动显示出版社来源,而且在搜索结果页面都会显示各家出版社的作品,部分标注了出版来源,对比比较鲜明,对于在上述平台购买或查询的一般消费者来说,其很难在出版来源上产生混淆。同时随着相关版权争论的见诸网络,也在一定程度上对消费者从出版社的来源上区分书籍具有推动作用。最后,即便假设会产生出版来源上的混淆,那么根据《最高人民法院关于审理不正当竞争民事案件应用法律若干问题的解释》,"因后来的经营活动进入相同地域范围而使其商品来源足以产生混淆,在先使用者请求责令在后使用者附加足以区别商品来源的其他标识的,人民法院应当予以支持"。也就是说,长江文艺出版社可以通过附加其他标注的形式予以区别,而非一定要通过改变作品标题的形式。事实上,正如前文所析,长江文艺出版社已在包装及译者(附加"新译本"字样)等方面做出特别处理,该差异确实在一定程度上能够抵消商品名称相同带来的误认可能性。

综上,在"红星照耀中国"这一书籍译名难以认定为人民出版社的合法权益的情况下,及其他出版社的中文译本在包装、销售渠道等因素上很难产生商品名称相同所带来的误认可能性的情况下,该行为不宜认定为不正当竞争行为。

中国共产党革命文学作品的名称凝聚着作者和出版商的智慧劳动,也关系着红色文化的传播声誉和发展生态,因此明确其法律性质和保护依据对于激励文学创作和解决经营纠纷具有非常重要的实践价值。从国际立法体系和司法实践来看,虽然如法国、俄罗斯与巴西等少数国家赋予了出版文学作品标题以版权保护,但是包括以德国为代表的大陆法系国家,以及以英美为首的普通法系国家,均否决了出版文学作品标题的可版权性空间,而是通过认定其商业标志权益来进行相应的规范,并将其纳入市场竞争秩序之中进行处理和考察。

第二节 商用字体的法律保护模式探析

汉字是促进信息交流和传承中华文化的重要载体,随着互联网时代数字技术与出版模式的迅速发展,新型字体的出现极大丰富了出版作品个性化的表达方式,与此同时,有关字体知识产权保护与公共利益的平衡等问题也成为商业出版实践中的热点话题。其实,早在我国《著作权法》第三次修订启动之时,全国人民代表大会教育科学文化卫生委员会就针对许智宏等 31 名代表提出的"关于数字化中文字体、字库知识产权保护的议案(第 304 号)"指出:"对数字化中文字库中的汉字字体应如何进行知识产权保护,各界认识尚不一致。教科文卫委员会将会同有关部门在著作权法修改工作中认真研究、考虑有关数字化中文字体、字库的知识产权保护问题。"[1] 但遗憾的是,从新修订的《著作权法》《商标法》《专利法》等知识产权单行法来看,它们均没有对此直接进行回应和规定,包含字体、书名等非常规类知识产权客体的保护限度问题仍面临多重挑战。而实践中日益繁多和复杂的商业出版字体使用权纠纷,使得出版秩序面临不确定性的困境,[2] 同时,国际近期立法和理论的新发展为我们提供了新的参考视角和经验,因此,我国对这一问题的权威解释和规范有待尽快证成和确立,以为设计者和出版业提供相应的法律保护和合规指引。

一 问题的提出

按照《辞海》(第七版)的解释,"字体"是指同一文字的不同书写体式,而在商业出版中使用的印刷字体,则包含了中国汉字习用的宋体、仿宋体、楷体、黑体(方体)等以及各种美术体。其中,除了由历史演变而成并已成为公共领域知识的传统字体外,那些对不同文字所进行的字体形态艺术设计的现代美术体,已成为目前公众号、电子期刊等用以创造美感和营销宣传的重要工具。而从现代字体的实质内容来看,其主要涉及形状、笔形、结构、排列等部分,并常常采用变异、归纳、象征等手法取得字形的良好艺术效果,并具有潜在的商业价值。同时,字体由于其本身具有的文本特性、设计特性等,使其能关联到我国《民法典》第 123 条所确立的部分知识产权法定客体类型的基本特征,譬如美术作品的独创

---

[1] 参见全国人大教育科学文化卫生委员会《关于第十一届全国人民代表大会第五次会议主席团交付审议的代表提出的议案审议结果的报告》,2012 年 12 月 28 日,https://www.pkulaw.com/chl/635e527be8efbfc9bdfb.html?keyword=%e5%ad%97%e4%bd%93&tiao=1。

[2] 参见王金雄《字体侵权忽视的背后是巨额的代价》,《赣商》2020 年第 1 期。

性、商业标志的显著性以及外观设计的美感性等。但字体能获得何种知识产权的保护不仅是一个法律规范的解读问题，更是一种知识产权政策的倾向性问题。由于目前两者都没有权威定论或解释，其仍然是一个有待进一步探讨和研究的难题。

（一）字体是否具有可版权性尚无定论

从我国的理论与实务界来看，字体获得著作权法的保护，成为字体敲开知识产权保护大门的第一道关卡。因为与其他知识产权保护模式不同，著作权法保护的法定实质性条件要求较低，且无专利、商标等法定程序性要件的约束，是一种完成即可获权的强保护模式。因此，在理论探讨和诉讼纠纷中，字体的可版权性问题一直是争论字体知识产权保护的核心问题。目前，我国学界对字体是否具有可版权性的争议主要分为以下三种学术观点：第一，字体应然具有可版权性，应受到著作权法的保护。如有学者认为，无论是单个汉字抑或是某一类型的字体，均可能符合著作权法独创性的要求，而著作权法未法定排除对于字体可版权性，因此，字体理当获得著作权法的保护，尤其是那些经过精心设计且具备可复制性的字体，如达到独创性的一般标准就可以被认定为是作品。① 第二，字体有限度的具有可版权性。有判决认为，只有那些因为倾注心血而创作的具备显著独创性的字体，方获得著作权法的保护，反言之，独创性程度不显著的字体则不应受到著作权法的保护。其理由就在于，字体根植于汉字，如果对那些仅具备较低独创性的字体提供版权保护将严重影响社会公共利益。② 第三，字体不具有可版权性。有学者指出，一方面，那些可重复使用的计算机字体艺术性程度较低，无法达到著作权法对于独创性的一般要求；另一方面，那些尽管具有独创性但却以实用功能为主的客体，也应被排除于著作权法的保护范围，因此，字体不能获得我国著作权法的强保护。③ 综上可见，字体是否应然具有可版权性是一个饱受争议的问题，不同的学者和判决从不同的视角给出了迥异的法律意见，这其中涵盖了著作权规范的视角、利益平衡的视角等，但对于凝聚共识来说，仍然需要将这些考察视角

---

① 参见李海侨、张乾良《从方正字体侵权案谈字体著作权保护的四个问题》，《中国版权》2016年第6期。
② 参见江苏省高级人民法院〔2012〕苏知民终字第161号民事判决书。
③ 参见何炼红、晏亮敏《计算机字库单个字体不宜受著作权法保护》，《政治与法律》2012年第6期。

进行统合,并根据社会发展的新近况和新理论做出知识产权保护政策上的取舍。

(二) 字体知识产权保护模式缺乏共识

除单个字体本身的可版权性考量外,字体是否享有软件著作权(字体库)、商标权(文字或图形商标)、专利权(外观设计)或竞争利益(防止搭便车)等知识财产权,以及这些保护模式之间具备何种关系,成为另外一个争议焦点。首先,在字体库的软件著作权方面,有些学者认为由字体组成的字体库属于作品的集合,其应当被赋予著作权但不应单独构成汇编作品;[①] 而有些学者则认为赋予字体库予著作权将同样危害社会公共利益,因此反对将其认定为软件作品。[②] 其次,在具有字体元素的商标权方面,学界的讨论较为匮乏。一方面,根据我国《商标法》的规定,改变字体的商标是一个新的商标,且字体改变后的新商标如不注册仅使用,那么商标法将不予保护,足见,字体是商标设计中非常重要的元素,这可以视为在商标权领域字体可以获得禁止混淆的保护,也可以在《商标法》的规范中加以解决;另一方面,则由于字体是否具有著作权的问题,导致如商标申请者使用了字体创造者的字体,那么其是否侵犯了原告的在先权利,即著作权中的复制权,这也是一个尚未确定的命题。再次,在具有字体设计的外观设计专利权方面,图案是外观设计专利的重要组成部分,而富有美感的字体设计可能成为符合外观设计专利要求的图案,但至于不同字体的图案呈现是否会侵犯外观设计专利权以及外观设计专利使用了其他字体创造者的字体是否侵犯了原告的著作权,这都是一个有待体系化处理的问题。另外,有些学者认为,对字体的保护可以通过《反不正当竞争法》的弱保护来加以实现,即认定字体创造者的字体是一种劳动成果并构成竞争利益,那么为防止搭便车和食人而肥,可以将未经许可使用他人字体的商业行为认定一种不正当竞争行为。[③] 最后,上述保护模式之间具备何种关系也是需要进一步明晰的问题,即,各种保护模式能否同时并用,以及各保护模式之间是否具有优先顺序之别等,这都会反映我国对于字体

[①] 参见吴伟光《中文字体的著作权保护问题研究——国际公约、产业政策与公共利益之间的影响与选择》,《清华法学》2011 年第 5 期。

[②] 参见黄武双《实用功能排除了计算机字体著作权保护的可能性》,《法学》2011 年第 7 期。

[③] 参见胡冰清《我国计算机字体保护问题研究》,《现代商业》2014 年第 8 期。

的知识产权保护强度问题和对字体设计行业的激励程度问题，但显然，这个界限和准则由于缺乏权威释明而仍处于摸索的阶段。

二 理论与实证：字体可版权性的政策否定

在国际社会中，通行的版权保护公约——《伯尔尼公约》并未对字体的可版权性问题做出直接规定，而是将其保护的选择权赋予各个成员国自行决定（独立保护原则）。同时，根据该公约确立的版权保护应与各国给予本国国民的作品保护相同的原则（国民待遇原则），如果一国赋予了本国公民设计的字体的可版权性空间，那么其也需要对外国公民的字体设计提供等同的法律保护。因此，是否赋予字体可版权性就成为一国基于理论支撑和制度考量的政策性选择。譬如，美国在1978年即通过判例法的形式明确了美国版权法不提供字体版权保护的选择，此后包括《联邦规则法》《关于数字化字体可版权性的政策决定》《美国版权局做法纲要》（2021年版）等法律法规进一步对此意见进行了肯定，并将字体直接纳入不受版权保护的对象。与此相对的是，欧洲一些主要国家则对字体的保护相对积极，如在1973年德国、英国、法国等11个欧洲国家曾达成《维也纳协定》或称为《印刷字体保护及其国际备案协定》，但是此协定至今尚未生效，不过，德国、英国等国家则分别通过不同的制度建构给予字体以特殊的及有限度的版权保护。其中，德国制定专门法《字体法》赋予字体版权保护，其保护期限为自首次出版起10年，该10年期结束后，权利人可以支付费用将版权状态最长延续15年；英国则在其统一的《著作权、工业设计和专利法》中确认字体受版权保护，其保护期限为自首次出版起25年（爱尔兰为15年），且排除了印刷人员使用字体行为的侵权认定。[①] 足见，信息网络产业发达的美国与欧洲传统工业强国在字体版权保护的问题上产生了迥异的认知和政策，而作为国际上引入知识产权制度的后发国家，我国理论界与实务界的观点也不可避免受到上述各国的立法与司法实践的影响。因此，单一的规范演绎并不能解决字体的可版权性问题，相对应的是，最新理论与实证的考察则对于构建我国的字体可版权性政策十分重要。

---

① See Blake Fry, "Why Typefaces Proliferate Without Copyright Protection", *Journal on Telecommunications and High Technology Law*, Vol. 8, No. 2, 2010, pp. 425-490.

（一）理论：知识产权负空间视角下的利益平衡

众所周知，知识产权保护不仅服务于经济目标，还服务于道德和社会目标。因此，在一些学者依托功利主义、劳动荒漠、自然人格和分配正义等传统知识产权保护理论提出赋予字体以版权法保护时，[1] 一种基于平衡目标利益冲突与传统理论空间开拓的知识产权负空间理论在国际上逐渐赢得呼声，并成为当前国际社会知识产权保护政策选择中的典型理论分析工具，而其核心要义就在于，研究和探索何种情况下缺乏正式的知识产权制度保护却正当合理及利于创造。因此，将该理论置于字体可版权性保护的讨论视阈中，我们可以发现，其或可为我们讨论字体的版权保护政策提供新的解读视角和理论指导。

第一，功利主义理论。功利主义观点认为，知识产权法应从经济角度实现社会福利最大化，它也进一步提供了宪法高度的推理，即知识产权保护促进了科学和艺术的进步，因为排他性将使创作者能够对其创作收取费用，这反过来又为创作提供了物质激励。而功利主义方法的一个基本前提就是复制成本低于初始创造，如果没有禁止复制的法律，消费者会复制作品而不是购买它们，这将剥夺创作者进行进一步创作所需的资源。但值得注意的是，功利主义方法虽然依赖排他性作为生产激励，不过它在知识产权保护方面既不赞成也不反对。相反，它认识到保护将使消费者的作品更加昂贵，甚至可能会抑制进一步地创造和创新。[2] 因此，功利主义理论也主张在排他性的潜在利益激励与减少享受或使用作品的潜在公益减损之间取得平衡。其中，字体的可版权性就面临这样一个困境，即，广泛认可字体的版权排他性权利将在激励创造的同时，对于字体的商业化使用及再创新造成一定的冲击，故，其是否能真正促进我国字体艺术的进步就成了一个依赖于实证分析的命题。

第二，劳动荒漠理论。该理论源自自然法，是指当有人将劳动与公地的原材料混合在一起时，劳动者应该拥有（即控制和受益）由此产生的产品。这完全不同于功利主义的财富最大化理论。相反，它体现了这样一

---

[1] 参见杨书林《计算机字体单字著作权保护——兼评北京方正诉宝洁公司著作权纠纷案》，《内蒙古电大学刊》2020年第1期。

[2] See Elizabeth L. Rosenblatt, "Intellectual Property's Negative Space: Beyond the Utilitarian", *Florida State University Law Review*, Vol. 40, No. 3, 2013, pp. 441-486.

种观念，即"作者的劳动应得到报酬，无论他们是否会在没有这种报酬的情况下继续工作，都应该得到报酬"。但是，"别人播种的地方谁也不应该收获"这句格言只是劳动荒漠图景的一部分，而并不是全部。因为该理论也承认了知识公地丰富性的价值，从而为劳动与获得施加了两个限制性条件：第一，如果移除劳动产品不会为其他人留下"足够一样好"的共同点，那么劳动产品必须仍然可供公地使用。第二，财产不能浪费。一些学者将这些附带条件解释为，只有在这种所有权不会导致损害的情况下，才应完全拥有财产。① 因此，劳动荒漠理论并不一定支撑知识产权设置的必要性，因为知识产权保护也会使智力资源更加昂贵并造成反公地悲剧。因此，就像功利主义理论一样，劳动荒漠理论也必须在创造者的所有权和其他人使用知识的权利之间进行平衡。尤其是，字体作为文字信息的重要表现形式，具有非常强的公共属性，在字体资源有限的情形之下，赋予其高强度的版权保护可能会助长反公地悲剧的出现。

第三，自然人格理论。人格理论主张社会应该允许创造者拥有（即控制和受益）他们的创造物，因为创造——在世界上留下印记的过程——对人类的繁荣发展很重要。一个人拥有自己的基本权利，其中产品归属就是这种自我的体现。因此，拥有一个人的创作满足了一个人的基本需求。创造者必须控制其创作，因为财产的持有者"不能成为没有它的那个特定的人"，而知识产权的创造和控制对于"自我实现、个人表达和挖掘"是有价值的。不像劳动沙漠理论，人格理论最初只是作为一种有形财产的哲学，但黑格尔将知识产权设想为体现个性，将作品视为作者身份的体现。尽管黑格尔不主张对个人财产赋予排他性权利，但他和其他人都依靠他的理论来证明对智力创造的排他性是合理的，因为自我实现、安全、休闲和身份等基本需求或利益将与个人的生活更紧密地联系在一起。② 可以说，人格理论更关注认可而不是支付或生计。从人格的角度来看，付款只是间接的，因为对特定作品的埋单仅反映了对创作者的人格的认可和承认，进而设置这样一种单独的版税来证明人格权。因此，有偿的支付方式并不是展现艺术设计者"精神权利"的唯一方式，事实上可以通过保护命名等

---

① See Jeanne C. Fromer, "Expressive Incentives in Intellectual Property", *Virginia Law Review*, Vol. 98, No. 8, 2012, pp. 1745-1824.

② 参见冯嘉荟《黑格尔人格理论及其知识产权法哲学内涵》，《武陵学刊》2016 年第 5 期。

特定方式予以实现,这在字体设计领域也完全可以通过非营利模式得以运行。

第四,分配正义理论。该理论粗略地描述了一种与基本公平有关的理论方法,以推进公正分配和有吸引力的文化愿景。从表面上看,它与功利主义理论非常相似,因为两者都是依托于工具主义的;但与严格的功利主义方法不同,分配正义除了考虑创造者之外,还考虑知识产权使用者和社会的利益。分配正义理论认为,政府有责任培养人们的基本独立性和塑造自己社会和经济环境的能力。如一些学者指出,大部分的社会政策可以描述为分配的公平性问题,如果要使知识产权政策充满活力应至少考量以下因素:消费者福利、创造丰富的思想、创造丰富的艺术表现、分配正义、符号民主、社交性和尊重等。这些利益可能经常相互矛盾,在某些情况下,它们本身也不一致,但要实现促进分配正义的知识产权制度,必须考虑平衡它们。可以说,分配正义理论对知识产权法的要求既不宽松也不严格,因为知识产权保护既可以使资金不足的人受益,也可以伤害他们。那么,否定的保护模式、较短的保护期限、基于使用的剥离和强制许可等也将有助于分配问题,特别是应剔除那些对个人用户具有社会价值但价格又很昂贵的用途。[①] 因此,该理论要求平衡复制者、创作者与公共社会之间的分配价值。而从字体可版权性政策来看,简单的价值比对可能无法得出孰轻孰重的结果,但如果产业的发展受到否定版权保护模式的影响较小,那么基于消费者福利、分配正义、社交性等因素考量,立法者应采取否定政策。

(二)实证:否定版权保护模式下的产业发展

从上述理论分析可以得知,在平衡创作者权益、产业发展、消费者福利、社会公共利益过程中,如果字体设计产业无须依赖版权法的保护制度依然可以获得相当的创新发展,那么从多重利益平衡视角出发,否定版权保护模式是一个值得采纳的政策选择。因此,对于国际社会中的那些采取否定字体版权性政策的法域进行产业发展的考察,将对于我们评估此否定版权保护模式的可行性提供经验参考。而在考察的对象上,我们的分析应侧重于那些在互联网产业、出版产业上与我国市场体量和发展程度相近的

[①] See Lateef Mtima, "IP Social Justice Theory: Access, Inclusion, and Empowerment", *Gonzaga Law Review*, Vol. 55, No. 3, 2019, pp. 401–420.

国家，譬如美国等。从一些研究报告和学术文献中，可以发现，在缺乏版权保护模式的情况下，就创造和传播的字体数量而言，字体设计产业依然发展得很好。以美国为例，1974 年的字体数量大约为 3600 种，到了 1996 年其数量达到 60000 种。而进入 21 世纪以来，2002 年的估计是 100000 种。足见，在 30 年左右的时间里字体创造的数量增加了近 2800%。[①] 截至 2021 年 6 月 1 日，仅一些字体专业网站，如 fonts.com 就列出了近 21000 种计算机字体。此外，任何浏览过该网站的人都可能发现，目前已有数万种廉价且免费的字体可供合法下载。简而言之，这种情况对消费者来说是理想的：字体丰富且便宜。那么为什么在缺乏版权强保护的模式下，字体设计产业依然受到了如此的激励，并产生爆发式增长呢？总结来看，除其他知识产权保护模式的保障外，大致还有以下三点关键原因：

1. 依托于技术进步的产业发展

在数字技术发达的今天，字体设计比以前更容易和更便宜地实现。因为在数字化之前，建立字体设计工厂需要在设备和劳动力方面进行大量投资，这意味着只有规模较大、资本充足的企业才能进入市场。现在，只要拥有字体编辑软件（其中一些甚至是免费的）和互联网，便能使一个人可以在自己的地下室里经营一家字体设计工作坊，甚至有些人仅仅将它作为兼职或业余爱好。以前大型字体设计工厂每年可能会发布五种字体，而现在即使是小型字体设计工作坊也可以发布数百种字体，因为生产字体设计所需的日常开销和财务风险非常小。可以说，尽管数字化促进了复制和文件共享，但更重要的是，它刺激了需求并导致字体爆炸式增长。相比之下，欧洲通过授予数字字体设计版权垄断权进而导致字体的获取和需求受到了极大的压制。虽然这也许很难最终证明字体行业是由于缺乏版权保护，才导致美国的字体设计产业比欧洲强，但欧洲因为较强的版权保护所造成的消费者福利和社会公共利益损失却是显而易见的。[②] 因此，即使没有版权保护的激励，技术带动的设计便利和市场需求也一直是激励字体设计行业创造新字体的重要驱动力。

[①] See Blake Fry, "Why Typefaces Proliferate Without Copyright Protection", *Journal on Telecommunications and High Technology Law*, Vol. 8, No. 2, 2010, pp. 425-490.

[②] See Blake Fry, "Why Typefaces Proliferate Without Copyright Protection", *Journal on Telecommunications and High Technology Law*, Vol. 8, No. 2, 2010, pp. 425-490.

2. 依托于行业规范的产业发展

因为字体设计行业规模相对较小且关系密切，所以行业内的规范可以有效地减少其中的抄袭问题。这种现象既符合一般的规范理论，又符合其他知识产权法中开放领域的做法（如服装设计），从而有效地采用行业规范来减少复制，以帮助抵消行业必须维护新设计创造动力的理论损失。事实上，字体设计行业一个基本规范，就是反对逐字复制。然而，除了文件共享或数字复制之外，字体设计的精确副本实际上相对少见，即使在仿冒品中也是如此，尽管其与原始设计的差异可能微不足道。例如，微软的 Helvetica 版本 Arial 与原始版本并不完全相同，也许大多数人没有注意到其中的区别。在行业规范中，当一个设计借鉴另一个设计时，它要么包含自己的原始元素，要么创造性地改变借用元素，要么以原始方式组合借用元素。因为设计很少是逐字复制的，而且只要满足某些条件，即使是从当代设计中复制也是可以接受的。最重要的是，这一规范既是不可能创造完全非衍生设计的结果，也是市场现实的结果，即仅略有不同的字体实际上可能满足不同的需求。这种始于照相排版时代的模式在互联网时代得以延续，在互联网时代，监控抄袭的责任现在主要落在设计师自己身上。[1] 至于行业规范的矫正措施，可以是联系设计单位以提醒他们注意仿冒的情况，甚至可能会升级为羞辱、抵制威胁或拒绝与以销售复制或剽窃设计而闻名的单位合作。这些制裁最终可能导致供应商移除那些计算机字体，即使他没有合法理由这样做，不过其仍在商业道德层面构筑了一层强有力的保护墙。

3. 依托于非排他性竞争的产业发展

当然，行业规范并不总是有效的，不过抄袭（不同于复制计算机字体文件）一种字体或创建一个近似的衍生版本，无论是通过视觉还是通过将字体的印刷版本扫描到字体编辑程序中，并不总能产生完美的替代设计，而且开发时间越长、投资越多的字体也越能抵抗抄袭。可以说，字体设计中的排他性现象在知识产权法的其他开放领域也有类似之处。当表现性作品没有得到强有力的版权保护，并且它们通常是非竞争性和非排他性时，作者会添加更具竞争性或排他性的功能或服务——或者强调表现性内容中

---

[1] See Aaron X. Fellmeth, "Uncreative Intellectual Property Law", *Texas Intellectual Property Law Journal*, Vol. 27, No. 1, 2019, pp. 51-104.

已经更具竞争性或排他性的部分——增强他们的作品对复制的适应性。有趣的是，美国数据库行业的成功可能归因于该行业缺乏版权保护。由于事实本身无法得到保护，该行业不得不通过向这一被法律认定的事实，添加功能和绑定服务来相互竞争，这使得数据库比其信息的总和更有价值。最重要的是，这些功能难以与数据库本身一起复制。同样，魔术师更看重他们的整体"行为"和表演的独创性，而不是他们魔术背后的秘密。[1] 因此，我们不能低估创作者在缺乏版权保护模式的情境下，通过其他商业模式的创新，以改变其非排他性竞争产品的欲望和能力，这不仅会使那些本就很难盗版的字体披上了竞争性的外衣，而且字体的价值能在此商业模式中获得相应实现。

综上所述，理论的拓展和实证的考察已为我们字体的可版权性政策划定了一个大致的方向，即，基于多重利益的平衡，在满足技术进步、行业规范及非排他性竞争商业模式充分发展的情况下，字体设计无须依托强大的版权保护来获得所谓劳动付出与人格尊重的保障。而就我国的字体设计产业发展环境而言，互联网技术的规模化普及和迭代更新已满足了技术进步的基本条件，而非排他性竞争商业模式的创新，相信在利益的驱使之下也会日益纯熟和复杂，那么接下来的任务应该是引导字体设计行业的规范确立和诚信竞争，这也是推动劳动与商业文明进步的重要过程。

三 规范与标准：多元产权保护模式的协调

否定字体本身的版权强保护模式并不意味着完全视其为知识产权的负空间或负资产，而是需要将其保护模式进行协调，以鼓励字体设计产业无尽的创造。而它的独特之处就在于，字体所具备的特性，已能有效在知识产权保护规定的范围内获得救济，从而为该行业提供以富有成效的方式塑造的多元知识产权保护模式。因为在当前关于字体知识产权保护的学术观点中，多数倾向于采取相当两极分化的立场，即，要么持"知识产权否定"的观点，即尽管缺乏知识产权保护，字体设计数量却激增，因此根本不需要保护；或支持版权扩展的观点，因为字体目前严重缺乏保护。但是，这两种立场都忽略了当今行业中的一个基本但重要的事实：字体已经

---

[1] See Lateef Mtima, "Digital Tools and Copyright Clay: Restoring the Artist/Audience Symbiosis", *Whittier Law Review*, Vol. 38, No. 2, 2018, pp. 104-129.

得到了足够的保护。而该保护并不关注字体设计缺乏版权保护或掩盖字体程序已经享有的保护,来将字体设计元素和程序作为单独的实体进行分析,而是现实要求将字体设计的这两部分作为一个整体进行分析。因此,通过结合字体程序的版权保护、字体名称的商标权保护和字体设计的外观设计专利权保护等,字体设计师可以为他们的"作品"争取一套彻底和完整的知识产权保护。而且这种协调的知识产权保护模式在鼓励新型的、高质量的设计(通过将字体识别为艺术)和为设计师提供与其他艺术家相同的保护之间取得了合理的平衡。[①] 虽然这是一种独特的并公认为零碎的保护类型,但它非常适合独特的字体行业,并且与我国的知识产权立法精神和规范相契合。

(一)字体程序的软件版权保护

根据我国《著作权法》和《计算机软件保护条例》的相关规定,著作权法保护的计算机软件是指计算机程序及其有关文档。而"字体程序",全称为"字体设计的计算机程序",也符合计算机程序的基本定义,即,为了得到某种结果而可以以计算机等具有信息处理能力的装置执行的代码化指令序列,或者可以被自动转换成代码化指令序列的符号化指令序列或者符号化语句序列。从国际视角来看,允许设计者将字体程序注册为软件版权是主要国家通行的做法。同时,从我国的司法实践观之,法院一直在认定字体程序构成单一计算机软件或美术作品还是获得软件和美术作品双重保护上存在拉锯,譬如在"方正诉文星案"中,一审法院认定字体程序构成软件作品和美术作品,但二审法院认为字体程序仅构成美术作品但不构成软件作品;"中易诉微软案"中,一审法院认为字体程序构成美术作品但不是软件作品,二审法院却认为字体程序构成软件作品但不是美术作品。直至近期的"汉仪诉青蛙王子案"中,一审法院认定计算机字体程序构成美术作品,但是二审法院认为不应忽视字体程序的计算机软件的属性,计算机字体程序整体应当构成软件作品。[②] 除了司法机关的态度逐渐倾向于为字体程序提供计算机软件保护外,我国立法机关如全国人

[①] See Emily N. Evans, "Fonts, Typefaces, and IP protection: Getting to Just Right", *Journal of Intellectual Property Law*, Vol. 21, No. 2, 2014, pp. 307-340.

[②] 参见陈志兴、蓝满凤《54篇涉字体侵权判决书的启示》,2019年8月23日,https://www.sohu.com/a/335978555_221481。

大教育科学文化卫生委员会也认为："数字化中的文字库软件属于计算机软件作品，可以依据计算机软件保护条例的规定进行保护。"① 不过值得注意的是，其字体设计的程序部分虽然可以作为软件版权进行保护，并享有该软件的发表权、署名权、修改权、复制权、网络信息传播权等一系列版权权利，但由于其所存储的内容是不享有版权的，因而字体单字的复制是被法律所允许的。

（二）字体元素和名称的商标权保护

值得指出的是，在否定字体可版权性的前提下，他人使用该字体库中的单字进行商标设计和申请的行为不构成侵权，申言之，字体设计的所有者不能通过禁止他人使用字体元素进行商标权注册的形式来寻求法律救济。但在以下两种情形中，商标设计人则可能构成商标侵权：第一种情形是如果某字体设计企业将其设计的字体或字体库进行命名后，由于其字体库构成一种商品，因此，该命名就具有商业标志的法律意义，甚至该企业可以依法为其字体库商品申请商标权，此时，如果其他同业竞争企业在此之后也为其字体库商品命名了相同或相似的名称，进而造成市场混淆的，则构成商标侵权；第二种情形是字体设计企业获得了字体库商品的商标权后，经过一系列的运营和宣传，使得该商标获得一定的影响力，从而被行政机关或司法机关认定为驰名商标后，那么该字体元素或名称的商标权则可以获得商标法中的跨类保护，如根据我国相关司法解释的说明："复制、摹仿、翻译他人注册的驰名商标或其主要部分在不相同或者不相类似商品上作为商标使用，误导公众，致使该驰名商标注册人的利益可能受到损害的行为，是商标侵权行为"②。因此，其他非同业竞争的企业未经许可擅自使用他人的字体库商品的驰名商标后，并导致市场消费者混淆，损害字体库商品所有者的利益的，其可能要承担商标侵权的法律责任。

（三）字体设计的外观设计专利权保护

外观设计专利旨在保护工业产品中的装饰部分，包括色彩、图案及外

---

① 参见全国人大教育科学文化卫生委员会《关于第十一届全国人民代表大会第五次会议主席团交付审议的代表提出的议案审议结果的报告》，2012年12月28日，https://www.pkulaw.com/chl/635e527be8efbfc9bdfb.html?keyword=%e5%ad%97%e4%bd%93&tiao=1。

② 蒋志培：《〈最高人民法院关于审理商标民事纠纷案件适用法律若干问题的解释〉的理解与适用》，2008年12月18日，http://www.npc.gov.cn/zgrdw/huiyi/lfzt/qqzrfca/2008-12/18/content_1462612.htm。

形设计，但须与该设计有用的功能部分完全分离。这意味着，在实践中，外观设计专利将保护一组具有装饰性的文字字体的任何特征，且超出这些文字字体在传达语言意义上纯粹实用的部分。因此，外观设计专利可以说是字体设计最现实和最有用的保护形式之一。此外，大多数字体将满足获得外观设计专利保护的新颖性和非显而易见性要求。尽管理论上有许多字体可以作为任何新设计的现有技术，虽然看起来很难创造出真正新的和不明显的东西来清除这两个法定障碍，但重要的是要记住，细小的变化凝聚起来将赋予字体设计这两个法律特征。譬如添加或删除衬线、使字体更细或更粗等都可以完全改变字体的外观，如果同时实施其中的几个小改动，差异会更加明显，这足以满足新颖性和非显而易见性要求。而且这种方法似乎已反映在现实世界的字体业务中，如美国旧金山的一家字体设计公司不仅通过视觉测试来运行字体，还通过放大它已经销售的任何看起来相似的字体的字母，将它们与预期的新字体进行比较来确定字体是否足够新颖以进行许可销售。[1] 可以说，这些细小的设计特征，虽然对于普通消费者来说可能可以忽略不计，但对于设计师和专家来说却是非常明显的，因此字体所有者可以向法院解释这些特征的重要性，从而为论证字体设计元素的非功能性、新颖性和非显而易见性提供证据支撑。从效果来看，字体设计通过外观设计专利权保护，可以有效禁止那些将其字体设计应用于工业产品的行为，虽然其保护期限相对于版权长保护来说仅有十年，但至少能为字体设计行业的收益获取留足宝贵的时间和空间。

（四）字体编码技术方案的专利权或商业秘密权保护

我国《专利审查指南》第二部分第九章第四节就汉字编码方法与计算机汉字输入方法分别作了规定，汉字编码方法选择、指定和组合汉字编码单元，形成表示汉字的代码/字母数字串，没有解决技术问题，未使用技术手段，不具有技术效果，属于智力活动的规则和方法。但若将汉字编码方法与相应的特定键盘相结合，形成一种计算机汉字输入方法，则属于专利保护的客体。这样的思路在字体编码技术方案中，如果将识别程序与特定的手写识别相关硬件相结合，属于可以获得专利授权的客体，便可以申请专利，从而使其编码技术的创新方案获得切实的保护，避免侵权人通

---

[1] See Mark Sableman, "Typographic Legibility: Delivering Your Message Effectively", *Scribes Journal of Legal Writing*, Vol. 17, No. 1, 2017, pp. 9-32.

过简单代码转换来规避责任。而对于那些并未采取与硬件结合进行专利申请的计算机程序中的技术方案，如果竞争对手通过反向获取并复制源代码，后根据源代码的技术特征进行改写从而达到获取技术方案的情形，并不构成侵权。但由于在反向工程获取源代码过程中必然会涉及对源代码进行复制，因此，所以人可以通过使用技术手段对竞争对手复制源代码的可能性进行限制，从而以获取商业秘密权来禁止他人的复制。在这过程中，所有者可以使用两种技术手段，具体包括编写混乱代码和采取加密技术，如对软件中部分实现核心功能的程序采取技术屏蔽手段，使侵权者不能对该部分的源代码进行破译、复制、改写，这将显著增加竞争者复制该源代码的成本和难度。[①] 在这种情况下，如果他人试图避开或者破坏权利人对软件核心功能模块所采取的技术保护措施，那就可能构成商业秘密侵权行为。

（五）字体库的反不正当竞争利益保护

计算机字体库是按照字体设计标准存储的一系列字体信息资料，这与学界讨论的"数据库"的定义相似，即数据库是根据既定标准挑选的经过系统整理并被存储在可供用户存取的计算机系统内的一整套信息资料，因此，从基本概念和原理来说两者是具有同一性的。关于数据库的保护模式，我国《著作权法》及其他知识产权单行法律法规并未给出明确的规范和解释，但根据主流学说和司法实践来看，一般是将符合数据库的知识财产纳入《著作权法》和《反不正当竞争法》的保护范畴，[②] 不过这两者的保护模式适用前提是有区别的。其中，根据我国《著作权法》的规定，如果数据库所存储的信息是有著作权的作品，那么可以将其作为汇编作品进行保护，不过根据前述分析，在不认可单字字体可版权性的前提下，任何单字都不可能构成独立作品，因此存储这些字体的计算机字体库也当然不可能构成汇编作品；如果数据库汇编的是没有著作权的作品、数据或者其他材料，如法律数据库等，那么这些体现和凝聚汇编人创造性劳动的知识财产，主要应通过《反不正当竞争法》一般条款中所规范的禁止食人而肥、搭便车等违反公认商业道德的不正当竞争行为规制来解决。后者在

---

① 参见杨安进、耿琛《字库软件著作权保护评析》，2019 年 5 月 5 日，https://www.sohu.com/a/311969203_221481。

② 参见于海防、姜沣格《数据库的法律保护体系分析》，《当代法学》2007 年第 2 期。

具体适用时应根据《反不正当竞争法》的规定来进行衡量，即数据库不正当竞争行为的判定要件包括：主观过错上为故意或重大过失；客观表现上实施了违反数据库研发和使用领域公认的商业道德的行为；行为危害性上要造成数据库所有者的潜在或实际利益损失，如此方能获得反不正当竞争规则的救济。

（六）多元知识产权保护模式的关系及协调

从上述字体的多元知识产权保护模式的分析中，我们可以发现，每种保护模式的侧重点事实上是各有不同的，而且在具体的保护范围和面向上存在显著差异，如字体程序、名称、设计、编码技术等分别作为作品、商标、专利等获得专有权利的保护。由于这些知识产权专有权利之间并没有明确的排除适用关系，且侧重的字体保护内容不同，因此这些保护模式本质上是互不冲突的，权利人可以根据权利状态和侵权事实来选择具体的救济方式。但值得注意的是，在上述知识产权保护模式中，有两个类型的权益需要特别区别对待：第一个是商业秘密权，其虽然也规定于《反不正当竞争法》中，但是它也被我国《民法典》列为典型的知识产权，因此，其与其他版权、商标权以及专利权一样是一种专有权利，其法律位阶高于一般法益，而且其保护模式的触发只会在字体编码技术方案不具有专利权（未公开）的前提下才有实现的可能；第二个是《反不正当竞争法》一般条款规定的反不正当竞争利益，其作为一般法益，法律位阶低于其他知识产权专有权利，[①] 因此，通常情况下，只有在软件版权保护无法获得救济的情况下该条款才能提供有限补充的保护。而且从现实司法实践的具体适用来看，知识产权的权利保护模式要比竞争利益的行为禁止模式在评判标准的确定性和稳定性方面更强。因此，字体设计权益人在选择救济模式时，应根据纠纷的具体情况进行案由的选择，防止掉入单一化或缺乏针对性保护的思维误区。

在一个网络技术与商业模式共同引领的新数字时代，对于非典型知识产品的保护模式考察不能仅仅局限于传统理论的思维，而是应用经验实证主义的镜头去进行产业发展与利益平衡的审视，即，一个特殊行业如果没有强有力的知识产权保护它会如何发展？以及否定强保护模式之下的公益

[①] 参见卢纯昕《知识产权法与反不正当竞争法竞合的适用规则》，《法治论坛》2021 年第 1 期。

与私益平衡是否更加符合立法宗旨？显然，有关字体、作品标题等非典型知识产品的纠纷近些年来日益增长，这也为我们反思保护模式和进行制度回应提供了广阔的讨论空间。从现实层面来看，网络技术、行业规范以及非排他性竞争模式应用等环境和条件，已能初步保证了字体设计产业在不被赋予版权强保护的情况之下，仍能在快速迭代的行业发展进程中取得创新发展的动力。同时，设计师通过结合字体程序的版权、字体名称的商标权、字体设计的专利权、字体库的反不正当竞争利益等已能为保护他们的创作提供恰到好处的保护和激励。因此，再去试图构建一个如学界内提出的更高的保护标准或者例外保护模式，事实上有些徒劳无益，甚至与传统理论的预测效果相去甚远。更值得注意的是，与严格保护知识产权理念一样，保护知识产权开放领域不被制度侵蚀，同样对于文化与技术领域私益的合理保障和公益的有效维护至关重要。

第三节　商业数据的不当抓取行为规制

互联网的本质即在于信息的互联互通，数据抓取则是互联网经营者获取、更新及共享数据的重要手段，即，通过促进数据在不同主体间的自由流动，提升数据的要素价值，减轻用户在不同平台间切换的成本。[①] 然而，"数据抓取"抑或称为"数据爬取"，不仅仅充当着数据共享的技术手段，也成为当下开展竞争的商业模式。运用竞争法治的思维可以发现，数据抓取行为超越某个限度，则也可能构成不正当竞争行为，因此，实践中也开始出现运用反不正当竞争规则来治理数据抓取乱象的典型案例。当然，关于数据抓取的主题，学界也存在一定的争鸣，本节将从以下三个方面展开对应性分析。

一　规制需求与难点

商业数据在数据概念的基础上，强调数据的"商业"属性。目前，学界对商业数据无固定定义。商业数据的形成过程体现出经营者辛勤付出，从最原始的用户个人数据、用户发布的数据到衍生数据，经营者付出

[①] 参见许可《数据爬取的正当性及其边界》，《中国法学》2021年第2期。

了大量的劳动，这也体现出商业数据的经济价值。我国市场监督管理总局2022年公布的《反不正当竞争法（修订草案公开征求意见稿）》第18条定义"商业数据"为"经营者依法收集、具有商业价值并采取相应技术管理措施的数据"。数据抓取行为涉及抓取方和持有方的双边利益，在此攻防之间，积极抓取或消极开放都有可能涉及扰乱市场竞争秩序的问题。① 实践中所反映的规制需要和规制难点也正逐渐呈现出来，并激励理论研究和规范补给的不断前进和发展。

（一）规制需求

商业数据作为新生产要素，其经济价值变现日益被社会所期待和重视。② 数据的正当抓取可以促进市场实现互利共赢，在数据市场竞争中，应积极促进数据的流通，只要使用合法的经营手段获取数据，就不应该禁止。然而，从深层次的理论来看，商业数据的规制需求事实上和劳动成果的根基、激励效应的嵌入与实践需求的反映密切相关，故，需结合理论与实践的内容，进一步扼要地剖析不当抓取商业数据行为的规制需求。从劳动和激励理论来看，商业数据的收集、处理和汇编等都需要一定程度的体力和脑力劳动，以及花费金钱、时间和精力去进行商业化运作，如果不保障商业数据经营者的应有付出，而任意由其他竞争者或经营者抓取数据，那将会极大地挫伤商业数据经营者的经营积极性，长期来看，将不利于我国商业数据产业的发展。互联网数字经济的高度发展体现出数据资源的经济效益。在数据为王的当下，经营者为夺取数据资源、获取竞争优势，展开了一场场数据竞争，以下实践纠纷也反映了这一点（见表6-1）。

表6-1　　　　　商业数据不当抓取纠纷的典型案例

序号	案件名称	判决意见	核心观点
1	领英（LinkedIn）限制HIQ抓取用户数据的不正当竞争纠纷案③	HIQ的抓取行为构成不正当竞争	用户协议明确禁止抓取网站和创建虚假个人资料的情况下可以禁止数据抓取

---

① 参见龙俊、王天禹《数据积极抓取与消极开放的竞争法规制》，《中国市场监管研究》2023年第9期。

② 参见张翔《数据权益之内涵划分及归属判断》，《上海法学研究》2020年第1期。

③ See LinkedIn Corporation v. HiQ Labs, Inc.

续表

序号	案件名称	判决意见	核心观点
2	微博限制今日头条抓取后台数据的不正当竞争纠纷案①	微博限制抓取的行为不构成不正当竞争	综合考量多方主体利益侵害情况和竞争秩序，否定不正当性的构成
3	珍分夺秒公司抓取微信公众号用户数据的不正当竞争纠纷案②	珍分夺秒公司的抓取行为构成不正当竞争	对于损害网络平台经营者合法提供的网络服务正常运行秩序、危及数据安全及用户权益的，应认定为不正当竞争行为
4	复娱文化公司抓取微博后台数据的不正当竞争纠纷案③	复娱文化公司的抓取行为构成不正当竞争	根据是否存在竞争关系、技术手段的破坏性及干扰后果、数据安全威胁和运营商的损失情况等综合判断
5	微播视界公司抓取抖音App中用户数据的不正当竞争纠纷案④	微播视界公司的抓取行为构成不正当竞争	公司通过合法经营和商业投入形成的非独创性数据集合构成反不正当竞争法所保护的经营者合法权益

（二）规制难点

在规范层面，商业数据爬取不正当竞争纠纷往往适用"一般条款"和"互联网专条"，但两个条款的适用都存在一定的局限性。在司法层面受传统民法侵权思维的影响，法官认定商业数据爬取不正当竞争行为的范式存在向权利侵害式思想逃逸的现象，此外，行为认定标准也不完全统一。在规制层面主要存在以下两方面的困境和难点。

第一，权益界定难。综合现有的司法判例可得出，法院在审理商业数据爬取不正当竞争纠纷案件时容易陷入传统民法的"存在权利+损害行为+损害结果"的侵权思维，视不正当竞争行为为民事侵权行为。⑤譬如，在相关案件审理时，常常从诚信原则和商业道德的角度出发，判断行为是否有所违背，进而默认存在一个需要被保护的法益，即，以"默认存在的利益是否因被诉行为受到损害"为行为认定范式。⑥在此逻辑支撑下，默

---

① 参见北京市高级人民法院〔2021〕京民终281号民事判决书。
② 参见广州知识产权法院〔2022〕沪73民终162号民事判决书。
③ 参见北京知识产权法院〔2009〕京73民终2799号民事判决书。
④ 参见北京知识产权法院〔2021〕京73民终1011号民事判决书。
⑤ 参见谢晓尧《论反不正当竞争法的性质》，《政法论丛》2022年第6期。
⑥ 参见王敏《我国〈反不正当竞争法〉一般条款司法适用的逻辑理路》，《中国价格监管与反垄断》2024年第1期。

认存在的利益可能是经营者对被爬取的商业数据所享有的竞争权益，也有可能是经营者基于其被爬取的商业数据享有的竞争优势。这种把民法侵权思维全盘运用于反不正当竞争案件中的行为，忽视了竞争的本质，弱化了竞争行为在反不正当竞争法中的主导作用。而且，采用"存在权利+损害行为+损害结果"的思路范式，将会扩大数据持有者的私法权益，并在一定程度上起到抑制创新的作用。市场经济的发展需要不断创新，而竞争又是创新的催化剂，因此需要在竞争法领域摒弃民事侵权思维，重新审视市场竞争的作用，审理商业数据爬取案件时应始终以行为是否正当为出发点，考虑消费者、社会公众和经营者多方利益。

第二，行为正当性判定难。在司法实践中，部分案件倾向于将竞争行为是否引发损害后果作为数据不正当竞争的首要考量因素。然而，数据市场以其强烈的对抗性为特点，损害与竞争往往相伴而生。在数字平台之间的激烈竞争中，单纯地夺取他人的市场份额或客户并不自动构成侵权行为。损害通常需要在特定条件下达到一定程度，才需要法律介入进行救助。值得注意的是，我国在数据领域的竞争损害判断上，相关立法尚显模糊。这种模糊性不仅给司法实践带来了挑战，也反映了竞争与损害之间紧密相连、相互交织的复杂关系。[①] 在追求公平竞争的同时，也应审慎评估损害的边界，确保法律的适用既能够维护市场秩序，又能够鼓励创新和发展。尤其在数字领域，数据爬取行为，不管其行为是否正当，都会在一定程度上给被抓取方带来流量流失、客户减少、交易广告投资下降等大大小小的损害，所以不应当将实际损害作为数据爬取不正当竞争行为的判断标准，即使考虑到损害效果，也应该结合反不正当竞争的立法理念和竞争的天然性质进行综合判定。[②] 换言之，以正当方式抓取数据也会对被抓取方造成实际损害。但是，当造成的实际损害达到实质性替代效果时，损害转为实质性替代时便可能达到认定行为不正当性的标准。因此在司法实践中，应避免将损害要件放在第一位，若无视对竞争行为的审视，将在一定程度上扩大本身具有市场优势地位的经营者的竞争优势，加大了具有市场

---

① 参见史欣媛《商业数据反不正当竞争法调整的方法论检视》，《南开学报》（哲学社会科学版）2024年第1期。

② 参见陈兵《规制数据不正当竞争行为的司法实践检视及改进方向》，《知识产权》2024年第3期。

支配地位或优势地位的企业对数据垄断的可能,违背了竞争鼓励创新的基本理念。

二 规制理论与分析

事实上,反不正当竞争的规制理论并未形成共识。从其与侵权法、知识产权法和反垄断法之间的紧密关系来看,反不正当竞争的规制理论可以汲取的理论养分来源和途径有很多。不过,笔者认为,在众多的潜在选项中,为因应复杂多变的新型不正当竞争行为演变和技术发展环境,我们应强调作为市场规制法的反不正当竞争法的谦抑性,并基于此立场,从权益配置、利益平衡、动态竞争等视角去剖析和判定竞争行为的正当与否,如此才能避免反不正当竞争法在规制数据抓取这一利弊兼存的竞争行为时引发寒蝉效应或矫枉过正的治理效果。

(一) 公法的谦抑性理论

谦抑性理论在刑法学界讨论较多,但其在反不正当竞争领域也同样起着重要的作用。反不正当竞争法作为对自由竞争的一部干预之法,其具有公共规制的色彩,理应保持谦抑性,即,遵循市场优先原则、保护市场自治机制,优先让市场自身调节竞争,在不得已需要对市场和竞争干预时,发挥其后盾作用。[①] 尤其是当前反不正当竞争法对不正当竞争行为的认定规则存在边界模糊、过于宽泛等问题。因此,在数据竞争激烈的态势下,立法者应当意识到新型领域的竞争行为相较于传统竞争行为,具有种类多、复杂化等特点。虽然滞后性是法律固有的缺点,但需要重新审视竞争行为的边界。只有损害市场竞争秩序的行为才能纳入反不正当竞争法规制的范围,立法规制不正当竞争行为应着重竞争行为本身,而非仅衡量经营者利益。目前,一些学者指出,认定数据不正当竞争行为时容易受传统民法侵权思维的影响,先确立经营者对其商业数据赋有的权益,再从侵权的角度出发,推定行为方损害了数据持有者的权益,依此认定竞争行为的不正当性。[②] 这种"权利侵害式"的不正当竞争行为认定范式,以"损害效果"为不正当竞争行为的第一考量因素,在一定程度上加深了"只要有损害发生,就属于不正当竞争行为的"的误解。"权利侵害式"的认定范

---

① 参见张占江《论反不正当竞争法的谦抑性》,《法学》2019年第3期。
② 参见李勇《论"权益"在不正当竞争认定中的作用》,《宜宾学院学报》2022年第9期。

式无疑会不断扩大反不正当竞争法的规制领域，降低不正当竞争行为的门槛，违背了反不正当竞争法的谦抑性。竞争是市场的本质，经济的发展离不开竞争，而理解竞争的本质是识别不正当竞争的前提。竞争的本质是与其他经营者争夺交易机会、消费者的偏好，总而言之，在竞争的过程中势必伴随损害，一方获利，另一方极有可能亏损，优胜劣汰是市场竞争永恒的主旋律。竞争行为是否正当关键不在于损害，损害是对不正当竞争行为认定的一个考量因素。但也不能盲目否认损害的效果，当损害程度到达"实质性替代"的程度，扭曲市场机制、干扰市场秩序时，反不正当竞争法才有干预的必要。保护优胜劣汰的竞争规则不被扭曲，识别不正当竞争行为是不正当竞争法的目标。因此，应彻底摒弃权利侵害的行为认定范式，在司法裁判中，应保持谦抑性，以"行为"为重点，衡量各方基于市场竞争享有的权益，依此划定竞争行为正当和不正当的边界。

（二）权益配置理论

《中共中央 国务院关于建构数据基础制度更好发挥数据要素作用的意见》的出台引发了学界热议，但其并未提供完整的数据保护框架，对此，反不正当竞争法领域的学者将目光聚焦于企业数据之上，希冀利用反不正当竞争法为企业数据提供保护。崔国斌教授认为商业秘密保护机制能够有效应对企业数据保护问题。企业收集的与经营活动相关的数据属于商业秘密法上的"经营信息"，由文学艺术作品条目组成的数据集合也不应被排除在外。崔教授进一步指出，商业秘密法只保护数据集合，并不延及单个或有限数量的数据条目。在秘密性的认定上，崔国斌教授指出，其一，数据条目的公开性不会影响数据集合本身的秘密性；其二，没有创造性但有实质投入的数据集合仍应当被认定为"不容易获得"；其三，企业通过前台公开的数据条目会丧失秘密性，但后台存储的受有效技术措施保护的数据集合整体的秘密性不受影响。[①]而张素华教授认为，作为数据产权客体的企业数据应当与商业秘密相区分，前者侧重防止他人突破技术措施获取企业控制的原始数据，而后者的重心在于防止泄密。张素华教授主张对于企业数据集合应当以邻接权进行保护，对于企业数据产品而言，可形成企业数据产品持有权和企业数据产品使用权二元并立的产权结构分置

[①] 参见崔国斌《新酒入旧瓶：企业数据保护的商业秘密路径》，《政治与法律》2023 年第 11 期。

状态，并由此形成权利体系。①学者刘鑫则立足于企业数据本体，将其与知识产权保护客体、运行机制进行比较，指出企业数据与知识产权理论架构具有契合性。在企业数据知识产权法律保护的体系建构上，刘鑫指出要设置商业秘密权与企业数据专有权相结合的产权保护机制，并进一步形成产权保护与行为规制相结合的体系框架，建立起企业数据全链条知识产权保护架构，此外还应当注意与其他法益之间的协调，形成多元共治的制度体系。②学者吴桂德基于商业数据的多重私权属性和不同程度的独创性，提出了一种商业秘密综合保护论，将商业数据纳入知识产权、民事权益、反不正当竞争三条保护进路。吴桂德又提出了"三层五步走"的具体保护路径，第一层数据产品维度实现商业数据的著作权法和商业秘密法保护，第二层数据资源维度进行动态平衡保护，第三层数据竞争利益维度进行行为规制的兜底保护。③实务专家邱福恩立足于《反不正当竞争法（修订草案公开征求意见稿）》指出，反不正当竞争法规定数据保护专条既能为数据提供确定的保护规则，又可以为应对新问题预留灵活空间，因此，商业数据受反不正当竞争法保护具有适当性。邱福恩还认为，"破坏技术管理措施"获取商业数据不宜作为认定不正当竞争的普遍标准，仅应适用于具有特定属性的商业数据。而"实质性替代"标准有利于平衡数据保护和数据流通利用，可以作为一般性的不正当竞争认定标准。④吴汉东教授认为，在数据赋权上要采取数据制作者权与数据使用者权的二元权利主体结构，并且要注重权利限制，明确数据财产权效力的合理边界。⑤王利明教授指出，现有法律制度无法对数据实现全面保护，因此需要对数据进行确权立法，应当构建数据来源者和数据处理者的双重权益结构，既要保护数据来源者的在先权益，又要赋予数据处理者一系列财产权益和应对侵害或妨碍的请求权。⑥陈兵教授认为应当从以"数据相关行

---

① 参见张素华《数据产权结构性分置的法律实现》，《东方法学》2023年第2期。
② 参见刘鑫《企业数据知识产权保护的理论证立与规范构造》，《中国法律评论》2023年第2期。
③ 参见吴桂德《商业数据的私法保护与路径选择》，《比较法研究》2023年第4期。
④ 参见邱福恩《商业数据的反不正当竞争保护规则构建》，《知识产权》2023年第3期。
⑤ 参见吴汉东《数据财产赋权的立法选择》，《法律科学》（西北政法大学学报）2023年第4期。
⑥ 参见王利明《数据何以确权》，《法学研究》2023年第4期。

为"为基准，进一步细化、活化数据权属设置；规范与健全数据交易市场制度，着力场内市场建设；加强数据要素市场化竞争制度供给；依法强化数据要素安全治理这四个方面完善数据要素市场化配置治理模式。① 上述有关于数据的权益配置理论主要涉及数据的知识产权和其他民事权益的性质匹配，但基于权益规制和行为规制的双重路径并非绝对的对立或排斥关系，而是一种竞合状态，此时对于当事人而言可以进行救济路径的选择。但值得说明的是，选择不正当竞争行为的规制路径时应强调行为的正当性，而选择权益保护规范的规制路径时则应考察对权益的损害问题。

（三）利益衡量理论

利益衡量，顾名思义，指在不正当竞争案件中综合考虑多方利益，主要是对各利益所在位阶进行比较取舍，并在不存在绝对位阶高低的情况下进行多维度比较。② 总而言之，利益衡量原则可从四个维度理解：第一，在个案中充分考虑双方当事人的利益；第二，在认定行为的性质时考虑与数据抓取方和被抓取方处于相同立场的其他经营者的利益；第三，对所维护的竞争秩序的考量；第四，考量数据爬取行为规制后所能实现的社会福祉，即对消费者利益的衡量。利益衡量原则最早在美国法院的一些判例中出现。美国在 1984 年颁布了《计算机欺诈和滥用法》即 CFAA，规定不得未经授权或超越权限访问受保护的计算机。对数据抓取行为而言，如果没有获得授权或越权进入他人计算机系统便违反了该法律。但美国法院对数据抓取案件的审理思路也有所改变。起初，法院引用动产侵害来规制数据爬取行为，如在较早的"eBay 诉 Bridder's Edge 案"中，法院引用动产侵害判决 Bridder's Edge 未经授权抓取 eBay 网站上的数据，损害了 eBay 的财产权益。此案中，法院未要求数据抓取行为要有损害要件，只要未经授权抓取数据便侵犯了数据持有者的权利。但这种对数据保护持强硬态度的判决思路，极大地阻碍了数据的流通，所以后期美国法院对数据抓取行为的审理态度有了改变，法官不再追求对数据持有者的保护，而是衡量多方利益。美国学者也对利益衡量原则进行了研究，如 D. Daniel Sokol 和

---

① 参见陈兵《因应数据要素市场化配置全周期治理的挑战》，《法学》2023 年第 10 期。
② 参见袁星宇《互联网企业间数据抓取纠纷的〈反不正当竞争法〉规制》，《中国价格监管与反垄断》2022 年第 11 期。

Roisin Comerford 认为数据抓取不正当认定的关键因素在于进行利益衡量;① Ioannis Lianos 认为认定行为的正当性应当首要考虑社会公共利益;② Rastislav Funtar 认为在数据爬取案件中应当加强对消费者利益的保护③。近年来,我国互联网不正当竞争案件数量不断增加,主审法院在积累一定审理经验的同时对于行为认定范式有更为理性成熟的思考。在"字节跳动与微博的诉讼"中,北京市高级人民法院明确指出,反不正当竞争法的规制重点是竞争行为,互联网不正当竞争案件的审理,不应把重点放在静态利益和既有商业成果上,而应该更侧重于竞争手段的正当性。④ 法院强调了维护公平、健康的竞争环境的根本目标。而在"微播视界诉六界、扒块腹肌、淘宝"一案中,杭州余杭区人民法院强调了利益衡量的重要性。法院认为判断某种行为是否正当,需要综合考虑该行为对经营者利益、消费者利益以及社会公共利益的全面影响。⑤ 这一观点不仅体现了反不正当竞争法在互联网竞争行为中的核心地位,也凸显了在互联网环境下,基于竞争手段的正当性和竞争机制的健全性进行整体利益衡量的必要性。这种转变有助于促进互联网市场的公平竞争和健康发展。综上,利益衡量原则要求在对原被告之间的诉讼请求进行判定时,应综合考量经营者利益、消费者利益以及社会公共利益。就商业数据而言,对数据生产者、持有者、加工者以及使用者背后所代表的价值和利益之间的衡量和取舍,系竞争行为正当性认定的关键。

(四) 动态竞争理论

竞争观是对市场竞争的基本判断、态度与观念。⑥ 立法者以及司法裁判采取何种竞争观将影响对不正当竞争行为的认定。竞争主要存在静态竞

---

① See D. Daniel Sokol, Roisin Comerford, "Antitrust and Regulating Big Data", *George Mason Law Review*, Vol. 23, No. 5, 2016, pp. 1129-1162.

② See Ioannis Lianos, "Competition Law as a Form of Social Regulation", *The Antitrust Bulletin*, Vol. 65, No. 1, 2020, pp. 3-86.

③ See Rastislav Funta, "Data, Their Relevance to Competition and Search Engines", *Masaryk University Journal of Law and Technology*, Vol. 15, No. 1, 2021, pp. 119-138.

④ 参见北京市高级人民法院〔2021〕京民终 281 号民事判决书。

⑤ 参见浙江省杭州市余杭区人民法院〔2021〕浙 0110 民初 2914 号民事判决书。

⑥ 陈耿华《我国竞争法竞争观的理论反思与制度调适——以屏蔽视频广告案为例》,《现代法学》2020 年第 6 期。

争和动态竞争之分,其中静态竞争观着眼于现有的市场机制的竞争模式,致力于使市场主体处于和平共处的状态,认为牺牲其他经营者的利益使自己获利是非法行为。北京市高级人民法院在"百度诉奇虎科技案"中提出了"非公益必要不干扰"原则,认为在某些特殊情况下,可以适当允许未经网络用户和其他经营者的知情和同意,干扰其他经营者互联网产品或服务的正常运行,但这种干扰应当具有必要性和合理性。① 此后非公益必要不干扰原则成为众多法官审理案件的重要思路,但也引起了诸多学者的批判。"非公益必要不干扰"原则强调经营者之间互不干扰,体现了静态竞争思维,不符合市场动态竞争的基本规律。② 竞争向来都是激烈和残酷的,极少会出现经营者之间,尤其是同行业的竞争对手之间互不干扰、和平共处的状态。一方面,对互联网领域而言,竞争的对抗性和激烈性比传统竞争更强烈。互联网经营者早已不是被动参与竞争,而是积极主动争夺数据资源、用户满意度等。另一方面,竞争也推动着创新,给消费者提供更优质的产品和服务。竞争行为离不开对他人成果的使用,模仿是竞争的天然血脉,将"搭便车""不劳而获"等一般商业伦理观念当成不正当竞争行为的具体判断标准,会造成反不正当竞争法的滥用,从而增加司法负担,造成大企业市场支配地位的滥用和垄断行为的形成。将商业道德作为认定不正当竞争行为的标准,实质上容易形成"道德绑架",何况现阶段在数据竞争领域还没有形成默认的商业道德,既会造成一般条款的滥用,也不利于创新。反不正当竞争法的立法理念是维护竞争秩序,保护经营者自由竞争,确保消费和社会公众利益。与民法、知识产权法等保障权利主体的合法权益不同,反不正当竞争法不侧重保护某一方的利益,而是保障社会公共利益。因此,动态竞争理念才是符合反不正当竞争法的竞争观。

三 一般条款的适用

互联网领域的经营者主要通过"开放应用端口"(open API)实现数据共享或通过爬虫软件爬取他人数据。在"大众点评诉百度"不正当竞争案中,法院认为,百度地图、百度大量抄袭、复制大众点评网点评信

---

① 参见北京市高级人民法院〔2013〕高民终字第 2352 号民事判决书。
② 孔祥俊:《论反不正当竞争的基本范式》,《法学家》2018 年第 1 期。

息，导致消费者无须再跳转至大众点评网阅看更多的信息，已构成对大众点评网服务的实质性替代。① 尽管针对经营者是否享有涉案数据的所有权，司法实务尚未达成一致，但目前各法院认可经营者为获取相应数据的经济投入与商业努力应受《反不正当竞争法》保护，不正当的数据抓取行为可能产生竞争损害效果。当违法行为人未经经营者同意即获取、适用、展示、分析或存储数据时，司法裁判者通常会考量涉案行为是否构成实质性替代、竞争损害等因素，进而作出判决。可见，关于"数据抓取行为"的裁判思路逐渐成熟，加之相关案例基数较大，立法及时对其进行类型化立法，有关于一般条款的适用将愈发严格。

（一）竞争关系的认定

反不正当竞争法旨在规范市场中的不正当竞争行为，其基础便是对竞争关系的审视。然而近几年有学者针对竞争关系在反不正当竞争纠纷中的地位提出了质疑。这些学者主张反不正当竞争法的核心在于行为本身，而非过度强调竞争关系的认定，应当摒弃对竞争关系的认定。② 尽管这一观点似与国际接轨，但现阶段司法实践完全摒弃对竞争关系的认定面临诸多困难。因为竞争关系不仅是市场竞争行为的背景和基础，更是评估不正当竞争行为的重要依据，因此司法实践中很难彻底摒弃对竞争关系的认定。目前，学界主流观点认为竞争有狭义与广义之分。狭义理解下，竞争关系的认定较为直接，双方提供的产品或服务吸引同一类用户即经营模式相同便可认定存在竞争关系。而广义理解下竞争关系更为宽泛，不限于经营者处于同一行业，也不要求经营模式相同，只要一方的竞争行为能够对另一方的正常经营产生实质影响，甚至损害其合法权益，便存在竞争关系。对于竞争关系，传统行业对于商品或服务的竞争较简单，判断竞争关系也较之容易。而互联网行业竞争的核心在于对用户的争夺，扩大自身用户规模以及对数据资源的争夺。与传统行业竞争相比，互联网领域不具有明确的行业界限，有跨界竞争的特点，没有唯一明确的竞争对手。互联网不同行业之间对于数据和用户的争夺具有重叠性。虽然采取广泛竞争关系观念在一定程度上会将竞争关系扩大，但采用广泛竞争关系更方便将商业数据爬

---

① 参见上海知识产权法院〔2016〕沪73民终242号民事判决书。
② 参见郑友德《知识产权与公平竞争的博弈——以多维创新为坐标》，法律出版社2011年版，第271页。

取行为利用反不正当竞争法规制。广义竞争关系全面衡量多方利益，[①] 有利于将商业数据爬取行为用反不正当竞争法规制。

（二）商业数据分类保护

实行商业数据的分类保护是未来立法和信息技术部门的一项重要的工作，尤其是既有案例对商业数据的分类依据存在不同标准、学界也各执一词的情况下，对商业数据实行分类保护显得日益重要。目前，被广泛接受的一种商业数据的分类方式是依据商业数据的加工程度，分为原始数据和衍生数据。对原始数据和衍生数据的差异化保护可在保护商业数据的同时确保数据的自由流通。原始数据是经营者对用户信息和搜索记录等的简单数字化转换，衍生数据是在原始数据的基础上深度分析、整合、加工而成的数据。原始数据往往是经营者公开的数据，而公开的数据原则上应互通共享，对原始数据的抓取也不能理所当然地认为为不正当竞争行为，还要考量是否形成实质性替代的损害后果。虽然经营者对原始数据的形成也付出了一定的成本，但原始数据仍然是理应共享的公开数据。换言之，原始数据应开放共享，经营者对其原始数据的限制抓取措施应当有合理、正当的理由。[②] 因此，对原始数据的抓取应当以"破坏管理措施抓取"和"实质性替代"的双重标准作为行为不正当性的认定门槛。衍生数据由于在原始数据的基础上加工处理后具有了一定商业价值，经营者往往对其衍生数据采取防御措施，并拒绝或限制向公众和其他经营者提供。此时未经授权或超越权限抓取商业数据的，可根据抓取时的情形、对数据控制者和消费者的影响、对数据控制者提供的产品或服务是否形成实质性替代等因素认定抓取行为的不正当性。

（三）实质性替代标准

实质性替代是数据不正当竞争行为的损害后果的判断标准。我国第一例商业数据爬取反不正当竞争纠纷案是 2011 年大众点评诉爱帮网案。在该案中，一、二审法院均认为："爱帮网对大众点评网的点评内容使用，已经达到了网络用户无须进入大众点评网即可获得足够信息的程度，超过了适当引用的合理限度，事实上造成爱帮网向网络用户提供的涉案点评内容对大众点评网相应内容的市场替代，对汉涛公司的合法利益产生实质性

[①] 参见孔祥俊《论反不正当竞争的基本范式》，《法学家》2018 年第 1 期。
[②] 参见周樨平《数据爬取的不正当竞争认定规则研究》，《南大法学》2023 年第 2 期。

损害。因此，爱帮科技公司的行为，客观上是有竞争目的的市场竞争行为，违背了公认的商业道德，扰乱了网络环境下的经济秩序，对市场竞争产生了损害，已经构成了《反不正当竞争法》所禁止的不正当竞争行为。"① 在该案之后，实质性替代成了各地法院审理数据爬取不正当竞争案件对损害后果的判断标准。实质性替代是指抓取数据后将抓取的数据直接用于与被抓取者提供相同产品或服务，或运用于相同的经营模式，导致被抓取者用户资源减少、流量损失大、交易机会减少。数据爬取行为的不正当竞争判断包括不正当抓取和不正当使用。作为一种事后对损害后果的衡量标准，实质性替代也对损害的程度做出了要求，即当损害程度达到实质性替代时才可能把损害后果作为不正当竞争行为认定的考量因素。基于现有案例分析，损害后果达到实质性替代程度的案例不占多数。大多数案例中，原告发现被告抓取了数据并使用了抓取的数据，就依此以扰乱自身正常经营、扰乱竞争秩序为由控诉被告的抓取行为。在被告的行为还未对原告构成实质性替代之前原告便发现被告的抓取行为并主张权利。因此，司法实践中极少存在"实质性替代"的滥用现象。虽然有学者指出实质性替代作为损害判断标准存在理论意义上的缺陷，但是现阶段司法实践对损害后果的衡量仍然离不开实质性替代标准，② 当然，这也需要结合具体案情进行针对性分析和适用。

---

① 北京市第一中级人民法院〔2011〕一中民终字第 7512 号民事判决书。
② 参见傅显扬《大数据领域不正当竞争行为的法律规制》，武汉大学出版社 2021 年版，第 30—35 页。

参考文献

一 著作类

（一）中文著作

曹叠云：《立法技术》，中国民主法制出版社1993年版。

陈立骅、刘昭昭、杨建等：《中华人民共和国反不正当竞争法解读》，中国政法大学出版社1993年版。

陈甦主编：《民法总则评注》（上册），法律出版社2017年版。

丁邦开、戴奎生、邵建东：《〈中华人民共和国反不正当竞争法〉释义》，南京大学出版社1994年版。

范长军：《德国反不正当竞争法研究》，法律出版社2010年版。

范长军译：《德国商标法》，知识产权出版社2013年版。

冯晓青：《知识产权法哲学》，中国人民公安大学出版社2003年版。

冯晓青：《著作权法》，法律出版社2010年版。

傅显扬：《大数据领域不正当竞争行为的法律规制》，武汉大学出版社2021年版。

高言、曹德斌主编：《反不正当竞争法理解适用与案例评析》，人民法院出版社1996年版。

顾祝轩：《制造"拉伦茨神话"：德国法学方法论史》，法律出版社2011年版。

国家工商行政管理局条法司：《反不正当竞争法释义》，河北人民出版社1993年版。

黄赤东、孔祥俊主编：《反不正当竞争法及配套规定新释新解》，人民法院出版社 1999 年版。

黄茂荣：《法学方法与现代民法》（第五版），法律出版社 2007 年版。

黄绮、曹群进、屠天峰编著：《反不正当竞争法的实例说》，湖南人民出版社 1998 年版。

江国华：《常识与理性：走向实践主义的司法哲学》，生活·读书·新知三联书店 2017 年版。

孔祥俊、刘泽宇、武建英编著：《反不正当竞争法原理·规则·案例》，清华大学出版社 2006 年版。

孔祥俊：《法律方法论》，人民法院出版社 2006 年版。

孔祥俊：《法律解释与适用方法》，中国法制出版社 2017 年版。

孔祥俊：《反不正当竞争法的创新性适用》，中国法制出版社 2014 年版。

孔祥俊：《反不正当竞争法的适用与完善》，法律出版社 1998 年版。

孔祥俊：《反不正当竞争法原理》，知识产权出版社 2005 年版。

孔祥俊：《商标与不正当竞争法原理和判例》，法律出版社 2009 年版。

孔祥俊：《司法哲学与裁判方法》，人民法院出版社 2010 年版。

孔祥俊、武建英、刘泽宇编著：《反不正当竞争法实用问答》，知识产权出版社 2006 年版。

赖源河编审：《公平交易法新论》，元照出版有限公司 2002 年版。

李琛：《论知识产权法的体系化》，北京大学出版社 2005 年版。

李双元、温世扬主编：《比较民法学》，武汉大学出版社 2016 年版。

李天霞编著：《反不正当竞争法释疑与诉讼策略文书标准格式》，吉林人民出版社 2000 年版。

梁慧星主编：《民商法论丛》（第 2 卷），法律出版社 1994 年版。

梁慧星：《民法解释学》，中国政法大学出版社 1995 年版。

梁慧星：《民法总论》（第五版），法律出版社 2017 年版。

梁上上：《利益衡量论》，法律出版社 2013 年版。

廖义男、吴秀明、刘华美等：《公平交易法施行九周年学术研讨会论文集》，元照出版有限公司 2001 年版。

廖义男：《公平交易法之释论与实务》（第二册），元照出版有限公司

2015 年版。

刘孔中：《公平交易法》，元照出版有限公司 2003 年版。

龙卫球：《民法总论》，中国法制出版社 2001 年版。

陆宁、朱砚、周卫民等：《中华人民共和国反不正当竞争法实用问答》，新华出版社 1994 年版。

吕来明、熊英：《反不正当竞争法比较研究——以我国〈反不正当竞争法〉修改为背景》，知识产权出版社 2014 年版。

吕明瑜：《竞争法教程》（第二版），中国人民大学出版社 2015 年版。

茆荣华主编：《〈民法总则〉司法适用与审判实务》，法律出版社 2017 年版。

宁立志主编：《〈中华人民共和国反垄断法〉释评》，法律出版社 2023 年版。

邵建东、方小敏主编：《案说反不正当竞争法》，知识产权出版社 2008 年版。

邵建东编著：《竞争法教程》，知识产权出版社 2003 年版。

舒国滢、王夏昊、梁迎修等：《法学方法论问题研究》，中国政法大学出版社 2007 年版。

舒国滢主编：《法学方法论论丛》（第一卷），中国法制出版社 2012 年版。

孙海龙、姚建军编著：《知识产权判解示例》，人民法院出版社 2008 年版。

孙敏洁：《商标保护与商业表达自由》，知识产权出版社 2013 年版。

孙琬钟主编：《反不正当竞争法实用全书》，中国法律年鉴社 1993 年版。

台湾大学法律学院、台大法学基金会编译：《德国民法典》，北京大学出版社 2017 年版。

汪渡村：《公平交易法》，五南图书出版有限公司 2015 年版。

王利明：《民法总则研究》（第三版），中国人民大学出版社 2018 年版。

王利明主编：《中华人民共和国民法总则详解》（上册），中国法制出版社 2017 年版。

王明湖主编:《反不正当竞争法概论》,中国检察出版社 1994 年版。

王瑞贺主编:《中华人民共和国反不正当竞争法释义》,法律出版社 2018 年版。

王先林:《竞争法学》(第二版),中国人民大学出版社 2015 年版。

王先林主编:《竞争法律与政策评论》(第 3 卷),法律出版社 2017 年版。

吴从周:《民事法学与法学方法:概念法学、利益法学与价值法学:探索一部民法方法论的演变史》,中国法制出版社 2011 年版。

吴炯主编:《反不正当竞争法答问》,中国经济出版社 1994 年版。

吴秀明:《竞争法研究》,元照出版有限公司 2010 年版。

吴秀明:《竞争法制之发轫与展开》,元照出版有限公司 2004 年版。

吴振国:《〈中华人民共和国反垄断法〉解读》,人民法院出版社 2007 年版。

谢晓尧:《竞争秩序的道德解读:反不正当竞争法研究》,法律出版社 2005 年版。

谢晓尧:《在经验与制度之间:不正当竞争司法案例类型化研究》,法律出版社 2010 年版。

许中缘、屈茂辉:《民法总则原理》,中国人民大学出版社 2012 年版。

易继明主编:《私法》(第 3 辑第 2 卷),北京大学出版社 2004 年版。

虞伟华:《裁判如何形成》,中国法制出版社 2017 年版。

张玲、刘茂林主编:《中外反不正当竞争法律问题指南》,中国政法大学出版社 1994 年版。

张绍俊、庄一敏、孙艺军编著:《不正当竞争的识别与对策》,北京经济学院出版社 1994 年版。

郑友德:《知识产权与公平竞争的博弈:以多维创新为坐标》,法律出版社 2011 年版。

中国人民大学知识产权教学与研究中心、中国人民大学知识产权学院编:《中华人民共和国最高人民法院公报知识产权案例全集(1987—2011)》,华中科技大学出版社 2012 年版。

周旺生:《立法学》(第二版),法律出版社 2009 年版。

(二)中文译著

[德] K·茨威格特、[德] H·克茨:《比较法总论》,潘汉典、米

健、高鸿钧等译，法律出版社 2003 年版。

［德］鲍尔/施蒂尔纳：《德国物权法》，张双根译，法律出版社 2004 年版。

［德］德利娅·利普希克：《著作权与邻接权》，联合国教科文组织译，中国对外翻译出版公司 2000 年版。

［德］迪特尔·梅迪库斯：《德国民法总论》，邵建东译，法律出版社 2001 年版。

［德］迪特尔·施瓦布：《民法导论》，郑冲译，法律出版社 2006 年版。

［德］弗诺克·亨宁·博德维希主编：《全球反不正当竞争法指引》，黄武双、刘维、陈雅秋译，法律出版社 2015 年版。

［德］贡塔·托依布纳：《法律：一个自创生系统》，张骐译，北京大学出版社 2004 年版。

［德］京特·雅科布斯：《规范·人格体·社会——法哲学前思》，冯军译，法律出版社 2001 年版。

［德］卡尔·恩吉施：《法律思维导论》（修订版），郑永流译，法律出版社 2014 年版。

［德］卡尔·拉伦茨：《德国民法通论》，王晓晔、邵建东、程建英等译，法律出版社 2003 年版。

［德］罗尔夫·克尼佩尔：《法律与历史——论〈德国民法典〉的形成与变迁》，朱岩译，法律出版社 2003 年版。

［美］罗斯科·庞德：《法理学》（第三卷），廖德宇译，法律出版社 2007 年版。

二 论文类

（一）中文论文

［奥］伊姆加德·格里斯：《反垄断和反不正当竞争法之间的接口》，张世明译，《内蒙古师范大学学报》（哲学社会科学版）2015 年第 2 期。

［德］安斯加尔·奥利：《比较法视角下德国与中国反不正当竞争法的新近发展》，范长军译，《知识产权》2018 年第 6 期。

柴耀田：《反不正当竞争法一般条款的体系化功能——德国 2015 年〈反不正当竞争法〉改革对中国修法的启示》，《电子知识产权》2016 年第 10 期。

柴耀田：《论中国〈反不正当竞争法〉的结构性问题——兼评 2018 年新修订〈反不正当竞争法〉》，《知识产权》2018 年第 1 期。

陈兵：《规制数据不正当竞争行为的司法实践检视及改进方向》，《知识产权》2024 年第 3 期。

陈兵：《因应数据要素市场化配置全周期治理的挑战》，《法学》2023 年第 10 期。

陈耿华：《我国竞争法竞争观的理论反思与制度调适——以屏蔽视频广告案为例》，《现代法学》2020 年第 6 期。

陈景辉：《原则与法律的来源——拉兹的排他性法实证主义》，《比较法研究》2006 年第 4 期。

陈科：《公平责任一般条款的司法适用——以 100 份侵权案件判决书为分析样本》，《法律适用》2015 年第 1 期。

陈可、侯利阳：《电子商务平台滥用相对优势地位行为的违法性辨析》，《财经问题研究》2023 年第 9 期。

陈永伟：《滥用相对优势地位的经济学分析》，《中国市场监管研究》2023 年第 2 期。

崔国斌：《新酒入旧瓶：企业数据保护的商业秘密路径》，《政治与法律》2023 年第 11 期。

崔建远：《基本原则及制度本质乃解释的基点》，《求是学刊》2017 年第 1 期。

崔明伍：《浅析美国出版言论审查的特点》，《出版科学》2015 年第 5 期。

崔志伟：《破坏生产经营罪的口袋化倾向与司法消解》，《法律适用》2018 年第 7 期。

戴龙：《滥用相对优势地位的法律规制研究——兼议〈反不正当竞争法（修订草案送审稿）〉第 6 条的修改》，《中国政法大学学报》2017 年第 2 期。

戴龙：《论我国〈电子商务法〉竞争规制条款的适用》，《法治研究》2021 年第 2 期。

戴龙等：《"〈反不正当竞争法〉修订的重大问题学术研讨会"综述》，《竞争政策研究》2017 年第 4 期。

戴长林、周小军：《新刑法条文中"等"字含义辨析》，《法学》1999年第7期。

范剑虹、张琪译注：《德国〈反不正当竞争法〉（2016修订版）》，《澳门法学》2017年第1期。

范长军：《违法行为与不正当竞争》，《知识产权》2014年第10期。

范长军：《行业惯例与不正当竞争》，《法学家》2015年第5期。

方剑：《道德诚信与法律诚信的法理解读》，《政法学刊》2006年第5期。

冯嘉荟：《黑格尔人格理论及其知识产权法哲学内涵》，《武陵学刊》2016年第5期。

傅姚璐：《广告语著作权保护的实证分析》，《中国版权》2016年第6期。

郭传凯：《美国中心辐射型垄断协议认定经验之借鉴》，《法学论坛》2016年第5期。

何炼红、晏亮敏：《计算机字库单个字体不宜受著作权法保护》，《政治与法律》2012年第6期。

贺雪峰：《饱和经验法——华中乡土派对经验研究方法的认识》，《社会学评论》2014年第1期。

胡冰清：《我国计算机字体保护问题研究》，《现代商业》2014年第8期。

胡心兰：《从拉拉队制服案探讨美国实用性物品设计之著作权法保护》，《东海大学法学研究》2018年总第55期。

黄武双：《实用功能排除了计算机字体著作权保护的可能性》，《法学》2011年第7期。

吉善雷：《论网络背景下破坏生产经营罪的适用范围》，《中国检察官》2018年第10期。

纪振清：《两岸竞争法之概括条款研究》，《法令月刊》2010年第6期。

贾海玲：《滥用市场支配地位认定中"正当理由"的判定困境及对策——基于比例原则的视角》，《西北民族大学学报》（哲学社会科学版）2023年第4期。

江怡：《滥用相对优势地位的法律规制》，《人民司法》2022年第

10 期。

蒋舸：《〈反不正当竞争法〉网络条款的反思与解释以类型化原理为中心》，《中外法学》2019 年第 1 期。

蒋舸：《〈反不正当竞争法〉一般条款在互联网领域的适用——以 robots 协议案一审判决为视角》，《电子知识产权》2014 年第 10 期。

焦宝乾：《我国司法方法论的学理研究、实践应用及展望》，《法制与社会发展》2018 年第 2 期。

焦海涛：《不正当竞争行为认定中的实用主义批判》，《中国法学》2017 年第 1 期。

孔祥俊：《〈反不正当竞争法〉修改完善的若干思考》，《经济法论丛》2017 年第 1 期。

孔祥俊：《保护经营者和消费者与维护公平竞争机制的关系——从一起行政诉讼案的法律适用谈反不正当竞争法的立法目的》，《工商行政管理》2000 年第 5 期。

孔祥俊：《反不正当竞争法的司法创新和发展——为〈反不正当竞争法〉施行 20 周年而作》，《知识产权》2013 年第 12 期。

孔祥俊：《继承基础上的创新——新修订反不正当竞争法解读》，《中国市场监管研究》2017 年第 12 期。

孔祥俊：《论反不正当竞争的基本范式》，《法学家》2018 年第 1 期。

孔祥俊：《论反不正当竞争法的新定位》，《中外法学》2017 年第 3 期。

孔祥俊：《作品标题与角色名称商品化权益的反思与重构——关于保护正当性和保护路径的实证分析》，《现代法学》2018 年第 2 期。

李海侨、张乾良：《从方正字体侵权案谈字体著作权保护的四个问题》，《中国版权》2016 年第 6 期。

李剑：《论结构性要素在我国〈反垄断法〉中的基础地位——相对优势地位滥用理论之否定》，《政治与法律》2009 年第 10 期。

李舒东：《社会主义商业道德的特点及其变化》，《学习月刊》2001 年第 12 期。

李洋：《作品标题法律保护模式的再审视》，《知与行》2016 年第 9 期。

李勇：《论"权益"在不正当竞争认定中的作用》，《宜宾学院学报》

2022 年第 9 期。

李有根：《经营者公平竞争权初论——基于判例的整理与研究》，《南京大学学报》（哲学·人文科学·社会科学版）2009 年第 4 期。

刘大洪、殷继国：《论公平竞争权——竞争法基石范畴研究》，《西北大学学报》（哲学社会科学版）2008 年第 6 期。

刘仁贵：《利益考量：道德认同的现实基础》，《道德与文明》2017 年第 4 期。

刘涛：《企业资本经营与企业生产经营的区别和联系》，《前线》1998 年第 4 期。

刘鑫：《企业数据知识产权保护的理论证立与规范构造》，《中国法律评论》2023 年第 2 期。

刘银良：《"公序良俗"概念解析》，《内蒙古大学学报》（人文社会科学版）2004 年第 6 期。

刘颖：《民法典中立法目的条款的表达与设计——兼评〈民法总则〉（送审稿）第 1 条》，《东方法学》2017 年第 1 期。

刘治斌：《立法目的、法院职能与法律适用的方法问题》，《法律科学》（西北政法大学学报）2010 年第 2 期。

龙俊、王天禹：《数据积极抓取与消极开放的竞争法规制》，《中国市场监管研究》2023 年第 9 期。

龙俊：《〈电子商务法〉中竞争条款设置的正当性及其制度优化》，《大连理工大学学报》（社会科学版）2022 年第 4 期。

龙俊：《滥用相对优势地位的反不正当竞争法规制原理》，《法律科学》（西北政法大学学报）2017 年第 5 期。

卢纯昕：《知识产权法与反不正当竞争法竞合的适用规则》，《法治论坛》2021 年第 1 期。

卢纯昕：《作品标题的可版权性探究》，《编辑之友》2015 年第 3 期。

卢海君：《论思想表达两分法的法律地位》，《知识产权》2017 年第 9 期。

卢均晓：《关于禁止滥用优势地位的理论辨析——〈电子商务法〉第 35 条的竞争法属性：检视与改造》，《价格理论与实践》2021 年第 10 期。

马得华：《法律空白与法官造法》，《法律方法》2005 年第 00 期。

孟雁北：《〈反不正当竞争法（修订草案）〉研讨会综述》，《竞争政策研究》2017 年第 2 期。

孟雁北：《论我国反不正当竞争法的修订：包容、增减与细化》，《中国工商管理研究》2015 年第 2 期。

宁立志、冯晓美：《〈反不正当竞争法〉中的"经营者之困"及其破解》，《私法》2018 年第 1 期。

宁立志、董维：《商业烦扰防治体系之构建》，《河南师范大学学报》（哲学社会科学版）2019 年第 1 期。

宁立志：《〈反不正当竞争法〉修订的得与失》，《法商研究》2018 年第 4 期。

宁立志：《反垄断和保护知识产权的协调问题》，《竞争政策研究》2017 年第 5 期。

宁立志：《继往开来：变迁中的中国反不正当竞争法》，《郑州大学学报》（哲学社会科学版）2018 年第 6 期。

宁立志：《经济法之于知识产权的底线与作为》，《经济法论丛》2018 年第 1 期。

彭学龙：《作品标题的多重功能与多元保护——兼评反不正当竞争法第 6 条第 3 项》，《法学研究》2018 年第 5 期。

邱福恩：《商业数据的反不正当竞争保护规则构建》，《知识产权》2023 年第 3 期。

任超：《民法中一般条款的界定——德国法上的理论以及对中国的借鉴》，《南京大学法律评论》2016 年春季卷。

盛茹：《数据抓取行为的反不正当竞争法规制研究》，《中国物价》2023 年第 8 期。

史欣媛：《商业数据反不正当竞争法调整的方法论检视》，《南开学报》（哲学社会科学版）2024 年第 1 期。

孙晋：《数字经济时代反不正当竞争规则的守正与创新——以〈反不正当竞争法〉第三次修订为中心》，《政治与法律》2023 年第 3 期。

唐兆凡、曹前有：《公平竞争权与科斯定律的潜在前提——论公平竞争权的应然性及其本质属性》，《现代法学》2005 年第 2 期；

陶钧：《在数字网络环境下"公认的商业道德"判定的考量因素》，《竞争政策研究》2017 年第 1 期。

王金雄：《字体侵权忽视的背后是巨额的代价》，《赣商》2020 年第

1 期。

　　王利明：《侵权法一般条款的保护范围》，《法学家》2009 年第 3 期。

　　王利明：《数据何以确权》，《法学研究》2023 年第 4 期。

　　王琳：《论法律原则的性质及其适用——权衡说之批判与诠释说之辩护》，《法制与社会发展》2017 年第 2 期。

　　王敏：《我国〈反不正当竞争法〉一般条款司法适用的逻辑理路》，《中国价格监管与反垄断》2024 年第 1 期。

　　王迁：《作品类型法定——兼评"音乐喷泉案"》，《法学评论》2019 年第 3 期。

　　王喜军：《德国民法典的编纂及其对我国民法典的启示》，《兵团党校学报》2010 年第 3 期。

　　王夏昊：《论法律解释方法的规范性质及功能》，《现代法学》2017 年第 6 期。

　　王先林：《我国〈反不正当竞争法〉修订完善的宏观思考》，《中国工商管理研究》2014 年第 7 期。

　　王晓晔：《论滥用"相对优势地位"的法律规制》，《现代法学》2016 年第 5 期。

　　王学政：《对竞争立法模式的比较研究》，《中国法学》1997 年第 5 期。

　　王艳林：《论反不正当竞争法向统一竞争法修改的取向——兼评〈反不正当竞争法修订草案〉隐含的新冲突》，《法治研究》2016 年第 6 期。

　　魏治勋：《类推解释的思维结构及其与类推（适用）的根本区分》，《东方法学》2018 年第 1 期。

　　吴桂德：《商业数据的私法保护与路径选择》，《比较法研究》2023 年第 4 期。

　　吴汉东：《数据财产赋权的立法选择》，《法律科学》（西北政法大学学报）2023 年第 4 期。

　　吴宏伟：《论〈反不正当竞争法〉的规制范畴》，《法治研究》2016 年第 4 期。

　　吴峻：《反不正当竞争法一般条款的司法适用模式》，《法学研究》2016 年第 2 期。

　　吴伟光：《中文字体的著作权保护问题研究——国际公约、产业政策与公共利益之间的影响与选择》,《清华法学》2011 年第 5 期。

谢斐：《以立法意图重构类推解释的边界——基于法律续造相关理论的反思》,《法律方法》2018 年第 1 期。

谢光旗：《专利侵权警告函：正当维权与滥用权利的合理界分》,《重庆大学学报》(社会科学版) 2022 年第 1 期。

谢晓尧：《论反不正当竞争法的性质》,《政法论丛》2022 年第 6 期。

谢晓尧：《未阐明的规则与权利的证成——不正当竞争案件中法律原则的适用》,《知识产权》2014 年第 10 期。

谢晓尧：《一般条款的裁判思维与方法——以广告过滤行为的正当性判断为例》,《知识产权》2018 年第 4 期。

徐国栋：《诚实信用原则二题》,《法学研究》2002 年第 4 期。

许光耀：《掠夺性定价行为的反垄断法分析》,《政法论丛》2018 年第 2 期。

许可：《数据爬取的正当性及其边界》,《中国法学》2021 年第 2 期。

杨峰：《商法一般条款的类型化适用》,《中国社会科学》2022 年第 2 期。

杨书林：《计算机字体单字著作权保护——兼评北京方正诉宝洁公司著作权纠纷案》,《内蒙古电大学刊》2020 年第 1 期。

杨文明：《滥用市场支配地位规制中的正当理由规则研究》,《河南财经政法大学学报》2015 年第 5 期。

杨远斌、朱雪忠：《论作品标题的法律保护》,《知识产权》2000 年第 6 期。

叶明、陈耿华：《反不正当竞争法视野下商业道德认定的困局及破解》,《西南政法大学学报》2017 年第 5 期。

于飞：《论诚实信用原则与公序良俗原则的区别适用》,《法商研究》2005 年第 2 期。

于海防、姜沣格：《数据库的法律保护体系分析》,《当代法学》2007 年第 2 期。

于连超：《反垄断法的一般条款解读——中国反垄断法第 4 条释义》,《黑龙江省政法管理干部学院学报》2009 年第 2 期。

俞钟行：《新型不正当竞争行为如何监管 质量方法破解网络刷票"玄机"》,《上海质量》2021 年第 3 期。

袁嘉：《德国滥用相对优势地位行为规制研究——相对交易优势地位与相对市场优势地位的区分》，《法治研究》2016 年第 5 期。

袁嘉：《以多元利益保护观重塑反不正当竞争法立法目的条款》，《经济法论丛》2017 年第 1 期。

袁星宇：《互联网企业间数据抓取纠纷的〈反不正当竞争法〉规制》，《中国价格监管与反垄断》2022 年第 11 期。

张茅：《关于〈中华人民共和国反不正当竞争法（修订草案）〉的说明——2017 年 2 月 22 日在第十二届全国人民代表大会常务委员会第二十六次会议上》，《中华人民共和国全国人民代表大会常务委员会公报》2017 年第 6 期。

张梅：《德国民法典的制定背景和经过》，《比较法研究》1997 年第 4 期。

张民安：《民法一般原则的补充性、强制性和公共秩序性》，《法治研究》2017 年第 6 期。

张鹏：《日本商品化权的历史演变与理论探析》，《知识产权》2016 年第 5 期。

张素华：《数据产权结构性分置的法律实现》，《东方法学》2023 年第 2 期。

张翔：《数据权益之内涵划分及归属判断》，《上海法学研究》2020 年第 1 期。

张新宝：《侵权责任法学：从立法论向解释论的转变》，《中国人民大学学报》2010 年第 4 期。

张占江：《论反不正当竞争法的谦抑性》，《法学》2019 年第 3 期。

赵丰：《比较视野下出版文学作品标题的法律保护研究》，《电子知识产权》2020 年第 8 期。

赵希：《德国司法裁判中的"法感情"理论——以米夏埃尔·比勒的法感情理论为核心》，《比较法研究》2017 年第 3 期。

郑友德、王活涛：《新修订反不正当竞争法的顶层设计与实施中的疑难问题探讨》，《知识产权》2018 年第 1 期。

郑友德、杨国云：《现代反不正当竞争法中"竞争关系"之界定》，《法商研究》2002 年第 6 期。

郑友德、张钦坤、李薇薇等：《对〈反不正当竞争法（修订草案送审稿）〉的修改建议》，《知识产权》2016 年第 6 期。

郑友德、胡承浩、万志前：《论反不正当竞争法的保护对象——兼评"公平竞争权"》，《知识产权》2008 年第 5 期。

周樨平：《数据爬取的不正当竞争认定规则研究》，《南大法学》2023 年第 2 期。

朱一飞：《论经营者的公平竞争权》，《政法论丛》2005 年第 1 期。

（二）英文论文

Aaron X. Fellmeth, "Uncreative Intellectual Property Law", *Texas Intellectual Property Law Journal*, Vol. 27, No. 1, 2019.

Anna Hołda-Wydrzyńska, "Protection of literary and artistic titles under Trademark Law", *Silesian Journal of Legal Studies*, Vol. 9, No. 1, 2017.

Anna Phillips, "Copyright or Trademark? Can One Boy Wizard Prevent Film Title Duplication?", *San Diego International Law Journal*, Vol. 11, No. 1, 2009.

Blake Fry, "Why Typefaces Proliferate Without Copyright Protection", *Journal on Telecommunications and High Technology Law*, Vol. 8, No. 2, 2010.

Chester James Antieau, "The Jurisprudence of Interests As a Method of Constitutional Adjudication", *Case Western Reserve Law Review*, Vol. 27, No. 4, 1977.

D. Daniel Sokol, Roisin Comerford, "Antitrust and Regulating Big Data", *George Mason Law Review*, Vol. 23, No. 5, 2016.

Elizabeth L. Rosenblatt, "Intellectual Property's Negative Space: Beyond the Utilitarian", *Florida State University Law Review*, Vol. 40, No. 3, 2013.

Emily N. Evans, "Fonts, Typefaces, and IP protection: Getting to just right", *Journal of Intellectual Property Law*, Vol. 21, No. 2, 2014.

Ioannis Lianos, "Competition Law as a Form of Social Regulation", *The Antitrust Bulletin*, Vol. 65, No. 1, 2020.

James E. Harper, "Single Literary Titles and Federal Trademark Protection: the Anomaly between the Uspto and Case Law Precedents", *IDEA: The Journal of Law and Technology*, Vol. 45, No. 1, 2004.

Jeanne C. Fromer, "Expressive Incentives in Intellectual Property",

Virginia Law Review, Vol. 98, No. 8, 2012, pp. 1745-1824.

Lateef Mtima, "Digital Tools and Copyright Clay: Restoring the Artist/Audience Symbiosis", *Whittier Law Review*, Vol. 38, No. 2, 2018.

Lateef Mtima, "IP Social Justice Theory: Access, Inclusion, and Empowerment", *Gonzaga Law Review*, Vol. 55, No. 3, 2019.

Mark Sableman, "Typographic Legibility: Delivering Your Message Effectively", *Scribes Journal of Legal Writing*, Vol. 17, No. 1, 2017.

Rastislav Funta, "Data, Their Relevance to Competition and Search Engines", *Masaryk University Journal of Law and Technology*, Vol. 15, No. 1, 2021.

Robert G. Bone, "Rights and Remedies in Trademark Law: the Curious Distinction between Trademark Infringement and Unfair Competition", *Texas Law Review*, Vol. 98, No. 7, 2020.

Robert Penchina, "2002 Trademark Law Decisions of the Federal Circuit", *American University Law Review*, Vol. 52, No. 4, 2003.

Stacey L. Dogan, Mark A. Lemley, "The Merchandising Right: Fragile Theory or Fait Accompli?", *Emory Law Journal*, Vol. 54, No. 1, 2005.

三 司法案例类

北京市第一中级人民法院〔2011〕一中民终字第7512号民事判决书

北京市东城区人民法院民事判决书〔2012〕东民初字第09636号民事判决书

北京市高级人民法院〔2013〕高民终字第2352号民事判决书

北京市高级人民法院〔2021〕京民终281号民事判决书

北京知识产权法院〔2009〕京73民终2799号民事判决书

北京知识产权法院〔2021〕京73民终1011号民事判决书

北京知识产权法院〔2021〕京73民终691号民事判决书

北京知识产权法院〔2022〕京73民终4583号民事判决书

广东省佛山市禅城区人民法院〔2017〕粤0604民初15831号民事判决书

广东省广州市天河区人民法院〔2016〕粤0106民初12068号民事判决书

广州知识产权法院〔2022〕沪 73 民终 162 号民事判决书

湖北省高级人民法院〔2021〕鄂知民终 568 号民事判决书

江苏省高级人民法院〔2012〕苏知民终字第 161 号民事判决书

江苏省高级人民法院〔2021〕苏民终 919 号民事判决书

江苏省南通市中级人民法院〔2017〕苏 06 民终 4035 号民事判决书

江苏省张家港市人民法院〔2017〕苏 0582 民初 7992 号民事判决书

江苏省苏州市吴江区人民法院〔2017〕苏 0509 民初 5514 号民事判决书

山东省济南市高新技术产业开发区人民法院〔2017〕鲁 0191 民初 271 号民事判决书

上海市第二中级人民法院〔1998〕沪二中知初字第 5 号民事判决书

上海市徐汇区人民法院〔2018〕沪 0104 民初 243 号民事判决书

上海知识产权法院〔2016〕沪 73 民终 242 号民事判决书

上海知识产权法院〔2022〕沪 73 民终 162 号民事判决书

四川省乐山市中级人民法院〔2014〕乐民初字第 218 号民事判决书

浙江省高级人民法院〔2017〕浙民申 3327 号民事裁定书

浙江省高级人民法院〔2020〕浙民终 515 号民事判决书

浙江省高级人民法院〔2021〕浙民终 601 号民事判决书

浙江省杭州市余杭区人民法院〔2021〕浙 0110 民初 2914 号民事判决书

浙江省杭州市中级人民法院〔2020〕浙 01 民终 293 号民事判决书

浙江省宁波市中级人民法院〔2017〕浙 02 民初 1088 号民事判决书

最高人民法院〔2009〕民申字第 1065 号民事裁定书

四 网络文献类

陈立彤：《聚焦反不正当竞争法修订之滥用相对优势地位行为》，2016 年 3 月 11 日，https：//opinion.caixin.com/2016-03-11/100919064.html。

陈志兴、蓝满凤：《54 篇涉字体侵权判决书的启示》，2019 年 8 月 23 日，https：//www.sohu.com/a/335978555_221481。

国家版权局办公室：《关于作品标题是否受著作权保护的答复（权办〔1996〕59 号）》1996 年 7 月 17 日，http：//www.pkulaw.cn/fulltext_form.aspx？EncodingName&Gid = 188165。

国家市场监管总局：《关于〈中华人民共和国反不正当竞争法（修订草

案征求意见稿）〉的说明》，2022 年 11 月 27 日，http：//www.gov.cn/xinwen/2022-11/27/content_5729081.htm。

黄武双：《互联网不正当竞争的认定》，2021 年 12 月 29 日，https：//mp.weixin.qq.com/s/lfzaQQl-6RuQCXk-iZThHA。

蒋利玮：《不应当存在的商品化权》，2017 年 10 月 24 日，http：//www.sohu.com/a/199975365_221481。

全国人大教育科学文化卫生委员会：《关于第十一届全国人民代表大会第五次会议主席团交付审议的代表提出的议案审议结果的报告》，2012 年 12 月 28 日，https：//www.pkulaw.com/chl/635e527be8efbfc9bdfb.html?keyword=%e5%ad%97%e4%bd%93&tiao=1。

王晓晔：《〈反不正当竞争法（修订草案征求意见稿）〉研讨会会议纪要》，2023 年 1 月 10 日，https：//www.163.com/dy/article/HQO7N6T-A05149FJG.html。

杨安进、耿琛：《字库软件著作权保护评析》，2019 年 5 月 5 日，https：//www.sohu.com/a/311969203_221481。

余福明：《论提高基层法院法官司法能力的途径和方法》，2005 年 8 月 29 日，https：//www.chinacourt.org/article/detail/2005/08/id/176265.shtml。

张宏斌：《审慎考虑将"相对优势地位"引入〈反不正当竞争法〉》，2022 年 12 月 8 日，https：//www.sohu.com/a/615068439_120133310。

中华人民共和国商务部条约法律司：《反垄断法的特点》，2005 年 4 月 27 日，https：//tfs.mofcom.gov.cn/gzdt/art/2005/art_d9225670f5a8487fb177-c63056231acd.html。

最高人民法院：《关于充分发挥知识产权审判职能作用推动社会主义文化大发展大繁荣和促进社会主义文化大发展大繁荣和促进经济自主协调发展若干问题的意见》，2011 年 11 月 26 日，http：//www.law-lib.com/law/law_view1.asp?id=370632。

后　　记

　　一般条款的理解与适用是反不正当竞争法研究的基础和重点问题之一。立足于我国《反不正当竞争法》的修订概况与研究进展，本书尝试凝练作者研习阶段形成的理论认知框架，通过梳理规范演进脉络与典型案例裁判逻辑，力求在既有学术共识基础上形成更具解释张力的方法论阐释。

　　本书聚焦反不正当竞争法一般条款的适用机理，揭示其作为动态规则在应对新型不正当竞争行为中的核心功能。在市场形态持续演进的语境下，执法实践和司法裁判需突破静态规则依赖，转向方法论层面的制度创新。相较于传统立法论的局限，当前学理争鸣已形成三重共识维度：主体权限的边界厘定、适用顺位的层级建构、利益衡量的范式转型。执法和司法审查应聚焦市场竞争秩序维护，确立"严格主义+利益平衡"的双轨路径，既规避寒蝉效应对创新利益的抑制，又确保裁判的可预期性。期冀这种从规范解释到制度累积的演进逻辑，能为构建兼具灵活性与稳定性的竞争法治提供参考方案。

　　本书是在导师宁立志教授的悉心指导下完成的。老师的谆谆教诲和亲切关怀仍历历在目。从选题确定、论证思路到基础资料的收集无不倾注着老师的心血和汗水，也帮助我把握了本书的写作方向，顺利地完成了书稿的写作。特别需要说明的是，书稿中部分章节的内容系导师和我一起完成，并曾整理发表在《知识产权》《出版科学》等期刊中。然而，导师考虑到我的科研考核和职业发展需要，毅然全力支持本成果由我独立署名出版，并在我博士生涯结束后持续提供学术指导与专业支持。故，借此书稿付梓之际，我谨向导师致以诚挚的敬意和深深的祝福。

后 记

在本书策划出版期间，重庆大学法学院领导的鼎力襄助和学院的专项资助为成果转化提供了重要学术支撑。经济法教研室对青年教师科研探索的包容与激励，也构筑了本研究形成专著的实践底气。还要特别感谢资深编辑梁剑琴老师，在书稿修订的整个阶段，她严谨的学术审校与职业精神持续给予我专业指引与精神鞭策。而学界同仁的智识襄助与业界实践智慧的淬炼，共同塑造了本书的学术特质。然学理深湛如海，疏漏在所难免，恳请方家匡正及不吝赐教。

谨以此记铭刻学术成长道路上的温暖印记。